D1726866

Die Einheit der Gesellschaftswissenschaften

Studien in den Grenzbereichen der Wirtschafts- und Sozialwissenschaften

Band 120

Begründet von

ERIK BOETTCHER

Unter der Mitwirkung von

HANS ALBERT · ANDREAS DIEKMANN · GERD FLEISCHMANN · DIETER FREY
VOLKER GADENNE · WOLFGANG KERBER · CHRISTIAN KIRCHNER · ARNOLD PICOT
VIKTOR VANBERG · CHRISTIAN WATRIN · EBERHARD WITTE · REINHARD ZINTL

herausgegeben von

KARL HOMANN

Rolf Ackermann

Pfadabhängigkeit, Institutionen und Regelreform

Mohr Siebeck

Rolf Ackermann: Jahrgang 1966; 1986–93 Studium der Volkswirtschaftslehre und Germanistik an der Universität Freiburg und am Holy Cross College in Worcester, Massachusetts (USA); 1995–2000 Wissenschaftlicher Mitarbeiter am Lehrstuhl für Wirtschaftspolitik des Instituts für Allgemeine Wirtschaftsforschung der Albert-Ludwigs-Universität Freiburg; 1999 Abschluß der Promotion; seit Beginn des Jahres 2000 Redakteur in der Wirtschaftsredaktion der Frankfurter Allgemeinen Zeitung.

Die Deutsche Bibliothek – CIP-Einheitsaufnahme

Ackermann, Rolf:
Pfadabhängigkeit, Institutionen und Regelreform / Rolf Ackermann. –
Tübingen : Mohr Siebeck, 2001
  (Die Einheit der Gesellschaftswissenschaften ; 120)
  ISBN 3-16-147678-6

Das Buch wurde von der Druckerei Gulde in Tübingen auf alterungsbeständiges Werkdruckpapier gedruckt. Den Einband besorgte die Großbuchbinderei Heinr. Koch in Tübingen nach einem Entwurf von Uli Gleis in Tübingen.

ISSN 0424-6985

Vorwort

Das vorliegende Buch ist aus meiner Dissertation hervorgegangen, die ich in meiner Zeit als wissenschaftlicher Assistent am Institut von Herrn Professor Dr. Viktor Vanberg in Freiburg geschrieben habe. Sie wurde im November 1999 von der Wirtschaftswissenschaftlichen Fakultät der Albert-Ludwigs-Universität Freiburg als Dissertation angenommen. Für die Veröffentlichung habe ich sie in einigen Teilen noch einmal überarbeitet. Mein besonderer Dank gilt meinem Doktorvater, Herrn Professor Vanberg, der immer diskussionsbereit war und mich an den Wald erinnerte, wenn ich einmal nur noch Bäume sah. Über sein Angebot, die Arbeit für die ‚Einheit der Gesellschaftswissenschaften' vorzuschlagen, habe ich mich ganz besonders gefreut; über die Aufnahme in diese wunderbare Reihe umso mehr.

Wertvolle Anregungen verdanke ich auch Herrn Professor Dr. Günter Knieps und Herrn Professor Dr. Berhard Külp sowie den Teilnehmern unseres gemeinsamen Doktorandenseminars, und natürlich meinen Kollegen am Institut, Dr. Susanne Cassel, PD Dr. Chrysostomos Mantzavinos, Dr. Olaf Prüßmann, Dr. Jörn Sideras, Lic. rer. pol. Hansueli Stamm und Diplom-Volkswirtin Ingrid Zoll. Ihre Bereitschaft, über Pfadabhängigkeit zu diskutieren, hat den Pfad des Wohlwollens nie verlassen. Danken möchte ich auch den Teilnehmern unseres wöchentlichen mittäglichen ‚Brown-Bag-Seminars', bei dem braune Tüten eher die Ausnahme, gute Ideen aber die Regel waren. Meinem Vater, Diplom-Volkswirt Herbert Ackermann, danke ich für die Durchsicht des Manuskripts und meiner Freundin, Diana Morat, für ihre Geduld in meinen – wahrscheinlich unvermeidbaren, hoffentlich aber seltenen – Phasen intrinsischer Ungenießbarkeit.

Frankfurt, im Juli 2001   Rolf Ackermann

Inhaltsverzeichnis

Teil II

Institutionen

3. Kapitel: Pfadabhängigkeit und positive Rückkopplungen bei Institutionen 85

Teil III
Regelreform

Einleitung

In allen ‚Sprachspielen' kann es bisweilen vorkommen, daß Begriffe in so inflationärer Weise verwendet werden, und mit so vielen verschiedenen Konnotationen, daß am Ende nurmehr eine leere Hülse übrigbleibt. Zwar mag man darüber debattieren, *welchen* Begriffen wohl am ehesten ein solches Schicksal zuteil wurde – so käme etwa Hayeks Kritik des Begriffs ‚soziale Gerechtigkeit' in den Sinn,[1] oder die Diskussion um den Kuhn'schen Begriff des ‚wissenschaftlichen Paradigmas',[2] oder speziell in der ökonomischen Wissenschaft die Mehrdeutigkeit von Begriffen wie ‚Gleichgewicht', ‚Wettbewerb' oder ‚Effizienz'. Dennoch erscheint es hinreichend offensichtlich, daß die Sinnentleertheit von Begriffen bisweilen für Mißverständnisse und Fehlschlüsse (mit)verantwortlich sein kann. In diesem Sinn ist die Ausgangshypothese der vorliegenden Arbeit, daß das Konzept der ‚Pfadabhängigkeit' einerseits nützlich und wertvoll sein kann, andererseits aber auch in besonderer Weise vom Schicksal der ‚Aushöhlung durch inflationäre Verwendung' bedroht ist, so daß Klärungsbemühungen hohe Grenzerträge versprechen.

Insbesondere Hayeks Diskussion ‚sozialer Gerechtigkeit' erinnert uns daran, daß es dabei nicht nur um einen Begriff geht. Guy Kirsch macht die Bedeutung von Begriffen deutlich, wenn er schreibt: „Auf die Frage, was man tun müsse, um die *Ordnung im Reich* wiederherzustellen, antwortete Konfuzius, man solle die *Begriffe in Ordnung* bringen. In der Tat: Wie sollte eine Ordnung des gesellschaftlichen Zusammenlebens auch nur gedacht, geschweige denn mit einiger Aussicht auf Erfolg angestrebt werden, wenn in den Köpfen keine Ordnung besteht (...)."[3]

Wie das Beispiel ‚sozialer Gerechtigkeit' auch illustriert, ist ‚Ordnung in den Köpfen' insbesondere dann wichtig, wenn es um Begriffe geht, denen unmittelbare politische Relevanz zugeschrieben wird. Dies trifft für das Pfadabhängigkeitskonzept zu, weil es regelmäßig gemeinsam mit der Idee daherkommt, daß sich ‚falsche Pfade' ereignen können, wenn man

---

[1] Siehe Hayek 1980 (Bd. 2, insbesondere Kapitel IX). Für Hayek war das Wort ‚sozial' bekanntlich ein ‚weasel-word', weil es, als Attribut vor Begriffe wie ‚Marktwirtschaft' oder ‚Gerechtigkeit' gesetzt, diese jeglichen Inhaltes beraubt, so wie das Wiesel „angeblich aus einem Ei allen Inhalt heraussaugen kann, ohne daß man dies nachher der leeren Schale anmerkt." (Hayek 1979, S. 16.)

[2] Kuhn selbst führt die Unklarheiten und Mißverständnisse, die im Zusammenhang mit seiner Theorie auftraten, auf unklare Begriffsverwendung zurück, wenn er in seinem Postscriptum von 1969 schreibt: „Mehrere Hauptschwierigkeiten der ursprünglichen Fassung gruppieren sich um den Begriff des Paradigmas (...)." (Kuhn 1996, S. 186.)

[3] Kirsch 1998, S. 77. (Hervorhebung im Original.)

den Dingen ihren Lauf läßt. Dieser Gedanke wird gerne auch dramatisiert. So veröffentlichte DIE ZEIT einen Artikel zum Thema Pfadabhängigkeit mit der Überschrift „Der Pfad ins Unglück",[4] und Farrell und Saloner vergleichen die Adoptionsdynamik bei technologischen Standards mit Lemmingen, die sich kollektiv ins Meer stürzen und ertrinken: „The story of the QWERTY typewriter keyboard ... is an instructive lesson. Lemmings would be well advised to look before they leap."[5] Abgesehen davon, daß Lemminge ein solches Verhalten gar nicht an den Tag legen:[6] Im Zusammenhang mit Schreibtastaturen erscheint eine so tragische Metapher – zumindest für *Nicht-Ökonomen* – etwas übertrieben und ist wohl nur durch die berufsbedingte Fixierung der Ökonomen auf Effizienz und Optimalität zu erklären.

Die entgegengesetzte Haltung formuliert der Biologe Stephen Jay Gould, für den das Problem suboptimaler Technologiepfade vor wesentlich gewichtigeren Implikationen des Pfadabhängigkeitskonzepts verblaßt:

> „But why fret over lost optimality. History always works that way. If Montcalm had won the battle on the Plains of Abraham, perhaps I would be typing *en français*. If a portion of the African jungles had not dried to savannas, I might still be an ape up a tree. If some comets had not struck the earth (if they did) some 60 million years ago, dinosaurs might still rule the land (...). Compared with these weighty possibilities, my indenture to QWERTY seems a small price indeed for the rewards of history. For if history were not so maddeningly quirky, we would not be here to enjoy it. Streamlined optimality contains no seeds for change. We need our odd little world, where QWERTY rules (...)."[7]

Gould macht hier deutlich, daß Pfadabhängigkeit etwas mit ‚Kontingenz' zu tun hat, mit dem Gedanken also, daß historische Entwicklungen offen

---

[4] Siehe Drösser 1997.

[5] Farrell und Saloner 1987, S. 16 f. Siehe auch Tietzel 1994, S. 342.

[6] Die folgende Passage zweier Lemming-Forscher liest sich, als wäre sie an die Adresse von Farrell und Saloner gerichtet: „The small mammal ecologist delving into the older literature on lemmings will find an incredible mixture of myths and sagas, which, no doubt, still influence people today, and even scientists in fields other that biology." Sie fahren fort: „Perhaps the best-known example of lemming myths is the famous Disney's film *White Wilderness*. In one dramatic episode masses of lemmings rush down from a steep cliff to the sea. The film-makers made only two mistakes: first they described behaviour which is not true. Second, and perhaps more irritating to zoologists, they used the wrong species (and the wrong genus)." (Henttonen und Kaikusalo 1993, S. 158.)

[7] Gould 1987, S. 22.

sind und nicht in irgendeinem Sinn ex ante festgelegt. Wie Farrell und Saloners Lemming-Metapher illustriert, ist dieser Gedanke für Ökonomen störend, da sie gewohnt sind, die Meßlatte globaler Effizienz und Optimalität an die Ergebnisse ökonomischer Prozesse anzulegen. Gould argumentiert demgegenüber, daß die Geschichte, der wir uns nicht entziehen können, eben so funktioniert, und daß Historizität und Optimalität einander widersprechen. Wenn es darum gehen soll, konstruktive Vorschläge zur Verbesserung sozialer Ordnung und zur Lösung gesellschaftlicher Probleme zu machen, erscheinen jedoch beide Positionen problematisch: Wer die Suboptimalität der Geschichte achselzuckend hinnimmt, der übersieht leicht, daß Verbesserungen bisweilen möglich und machbar sind; wer dagegen an eine historische Welt mit einem Standard herangeht, dem sie nicht gerecht werden kann, der zieht leicht falsche Schlüsse, oder aber er verzweifelt.

Die Frage nach der ‚Optimalität' des evolutorisch Gewachsenen, die Gould, in obigem Zitat und anderswo, klar verneint,[8] hat auch in der Diskussion um die Entwicklung *gesellschaftlicher Institutionen* eine große Rolle gespielt. So hat insbesondere Hayek immer wieder betont, daß soziale Institutionen oder Regeln das Ergebnis eines langsamen, kumulativen Versuch-und-Irrtum-Prozesses sind. In seinem Bestreben, die Problematik einer radikalen und umfassenden Neugestaltung gesellschaftlicher Regelsysteme aufzuzeigen, hat er dabei die Problematik spontaner Fehlentwicklungen sicherlich unterbelichtet, so daß ihm mit Recht so etwas wie ein ‚evolutorischer Optimismus' vorgeworfen werden kann. Andererseits war Hayek, wie Richard Nelson bemerkt, „far too sophisticated a scholar to be tarred as arguing that existing institutions are optimal."[9] Hayek hat die Gefahr von Fehlentwicklungen durchaus gesehen; dies wird deutlich, wenn er etwa argumentiert, daß wir „ständig unsere Regeln überprüfen und bereit sein müssen, jede einzelne von ihnen in Frage zu stellen,"[10] oder wenn er im Zusammenhang mit der richterlichen Rechtsfortbildung im angelsächsischen Common Law darauf hinweist, daß „der spontane Wachstumsprozeß in eine ausweglose Situation führen [kann], aus der er sich aus eigenen Kräften nicht befreien kann oder die er zumindest nicht schnell genug korrigieren kann."[11]

Im Fall des Common Law begründet Hayek dies vor allem damit, daß es gar nicht die Aufgabe des Richters sein kann, daß er „vernünftige Erwartungen enttäuscht, die durch frühere Entscheidungen hervorgerufen

---

[8] Siehe insbesondere Gould 1994; vgl. auch Abschnitt 1.2.2.
[9] Nelson 1995, S. 82.
[10] Hayek 1980, Bd. 3, S. 225.
[11] Hayek 1980, Bd. 1, S. 123.

worden sind."[12] Das Beispiel zeigt also einerseits die Grundproblematik
von Pfadabhängigkeit auf: Spontane Prozesse können in unerwünschten
Entwicklungspfaden verharren, so daß Korrekturen auf einer anderen Ebene (in diesem Fall durch die Gesetzgebung) erforderlich werden. Andererseits stellt der Common-law-Prozeß aber auch einen Sonderfall dar, weil,
wie Hayek ja argumentiert, Rechtsprechung immer legitime Erwartungen
begründet, die *sie selbst* nicht enttäuschen *darf*.[13] Demgegenüber ist es bei
Regeln und Institutionen, die aus spontaner gesellschaftlicher Interaktion
erwachsen, nicht so offensichtlich, woher die ‚Macht der Vergangenheit‘
kommen kann, die zuweilen erwünschten Wandel verhindert; auch Hayeks
Theorie der spontanen Evolution von Regeln bleibt zumeist recht allgemein und bietet wenige Ansatzpunkte für Erklärungen.[14]

Mit diesen Ausführungen wäre das Terrain abgesteckt, dem sich die
beiden ersten Teile dieser Arbeit widmen: Es soll *erstens* versucht werden,
das Pfadabhängigkeitskonzept zu präzisieren und seine unterschiedlichen
Interpretationen herauszuarbeiten. *Zweitens* soll ein Beitrag zur Institutionentheorie geleistet werden, indem der Frage nachgegangen wird, wie die
Pfadabhängigkeit von Institutionen zu erklären sei.

Zu diesen beiden Zielsetzungen gesellt sich noch eine *dritte*, und zwar
die nach den wirtschaftspolitischen Implikationen des Pfadabhängigkeitskonzepts. Dabei wird als ‚gute Wirtschaftspolitik‘ verstanden, was immer
den Beteiligten hilft, ihre eigenen (subjektiven) Interessen und Ziele besser zu verfolgen. Vor dem Hintergrund dieses Kriteriums sollen im dritten
Teil der Arbeit Überlegungen darüber angestellt werden, welche Implikationen Pfadabhängigkeit für die Frage institutioneller Reformen hat. Neben ihrer institutionenökonomischen Fragestellung versteht sich diese Arbeit somit zugleich auch als Beitrag zu einer *angewandten Ordnungsökonomik*. Damit ist ein Forschungsprogramm gemeint, welches sich mit der
Frage befaßt, wie theoretische Kenntnisse über die Funktionseigenschaften

---

[12] Ebda., S. 124.

[13] Für eine genauere Analyse richterlicher Rechtsfortbildung siehe etwa v. Wangenheim 1995, insbesondere S. 84 ff. Ähnlich wie Hayek argumentiert er, daß in den Ge-
rechtigkeitsvorstellungen von Richtern immer auch „Rechtssicherheit als ein mehr oder
weniger wichtiges Element" enthalten ist; Rechtssicherheit erfordere aber „eine möglichst große Vorhersagbarkeit der richterlichen Entscheidungen. Diese kann am einfach-
sten dadurch erreicht werden, daß der einzelne Richter auf eine starke innere Konsistenz
des Richterrechts achtet, und durch eine Orientierung der richterlichen Entscheidungen
an einigen wenigen Grundwerten. Beide Verhaltensweisen werden den Rechtsunterwor-
fenen umso deutlicher, je stärker der einzelne Richter sich an der herrschenden Rechtsprechung orientiert."

[14] Wie Vanberg schreibt: „Much of Hayek's argument on the evolution of rules remains rather unspecific and general, stating little more than that systems of rules are the
product of some gradual, cumulative process." (Vanberg 1994a, S. 81.)

von Regeln und Institutionen, die die Institutionenökonomik (bzw. die
‚theoretische' Ordnungsökonomik) liefert, „zur Lösung praktischer Ordnungsprobleme beitragen können."[15] Die Leitfrage ist also: Was können
wir tun, um die soziale Ordnung zu verbessern und Probleme zu lösen?

Die Arbeit ist wie folgt aufgebaut. Im ersten Teil – und insbesondere
im ersten Kapitel – geht es um eine Klärung des Pfadabhängigkeitskonzepts. Abschnitt 1.1 bietet eine kurze Diskussion der Definition von Pfadabhängigkeit sowie grundlegender Eigenschaften pfadabhängiger Prozesse. In den Abschnitten 1.2 und 1.3 wird argumentiert, daß es sinnvoll ist,
zwei unterschiedliche Implikationen des Pfadabhängigkeitskonzepts auseinanderzuhalten: Einerseits die *methodologische* Hypothese, daß Ökonomen die Historizität ihres Untersuchungsgegenstandes stärker berücksichtigen sollten, und andererseits die *normative* Hypothese, daß pfadabhängige Prozesse ‚ineffiziente' Ergebnisse hervorbringen können. Dabei werden
wir sehen, daß positive Rückkopplungen als Ursache für Pfadabhängigkeit
anzusehen sind, und daß positive Rückkopplungen auch verhindern können, daß Institutionen sich flexibel an veränderte Umstände anpassen.
Daran anknüpfend, werden in Abschnitt 1.4 einige Ursachen institutioneller Inflexibilität erläutert, die von Pfadabhängigkeit sinnvoll unterschieden
werden können. Im zweiten Kapitel wird dann diskutiert, in welcher Weise positive Rückkopplungen im technologischen Bereich zustande kommen können – in dem Bereich also, für den die Pfadabhängigkeitstheorie
ursprünglich entwickelt wurde.

Im zweiten, institutionenökonomischen Teil der Arbeit werden dann die
Ursachen positiver Rückkopplungen bei Institutionen analysiert. Zunächst
wird dabei anhand der Ansätze zweier Hauptvertreter der Theorie institutioneller Pfadabhängigkeit, Douglass North und Paul David, eine Strukturierung möglicher Ursachen vorgenommen. Dabei werden drei Arten positiver Rückkopplungen bei Institutionen unterschieden; sie werden dann
in den Abschnitten 3.2, 3.3, und 3.4 eingehend analysiert.

Im dritten Teil geht es um die Frage der Reform von Regeln und Institutionen, und zwar zunächst in allgemeiner Perspektive (Kapitel 4), und
dann in einer Anwendung der vorgetragenen Argumente auf die Problematik der ‚Transformation' ehemals sozialistischer Länder (Kapitel 5).
Die Abschnitte 4.1 und 4.2 gehen auf den Zusammenhang zwischen einer
normativ-individualistisch fundierten, angewandten Ordnungsökonomik
und dem Pfadabhängigkeitskonzept ein. In Abschnitt 4.3 wird argumentiert, daß es für Reformbemühungen von Bedeutung ist, ob einzelne Regeln oder umfassende Systeme von Regeln reformiert werden sollen. Vor
dem Hintergrund dieser Überlegungen wird dann in Abschnitt 4.4 die

---

[15] Vanberg 1997, S. 708.

Frage erörtert, welche unterschiedlichen Implikationen sich aus den drei Rückkopplungsmechanismen, die in Kapitel 3 analysiert wurden, für die Möglichkeiten und Grenzen institutioneller Reformen ergeben.

Im fünften Kapitel schließlich wird zunächst die Frage diskutiert, in welchem Sinn Transformation überhaupt als Anwendungsfall von Pfadabhängigkeit aufgefaßt werden kann. Abschnitt 5.2 behandelt dann den Zusammenhang zwischen der Pfadabhängigkeitsdiskussion und einer Frage, der in der Debatte um Transformation einige Bedeutung zukommt – der Frage nämlich, ob ein schrittweises Vorgehen (‚Gradualismus‘) oder ein klarer Schnitt (‚Big Bang‘) die erfolgversprechendere Transformationsstrategie darstellt. In den letzten beiden Abschnitten werden dann zwei Aspekte herausgegriffen, die zur Illustration des hier entwickelten Pfadabhängigkeitsverständnisses gut geeignet erscheinen, und zwar *erstens* die Möglichkeit einer transformationserschwerenden Wirkung bestimmter ‚mentaler Modelle‘, die sich im Sozialismus entwickelt haben (Abschnitt 5.3), und *zweitens* die Bedeutung der informellen Institutionen, die sich im Rahmen der umfangreichen Schattenwirtschaft im Sozialismus herausgebildet haben, für den Transformationsprozeß (Abschnitt 5.4).

Teil I

Pfadabhängigkeit

1. Kapitel

Was bedeutet ‚Pfadabhängigkeit'?

1.1   Grundidee und Begriffe

1.1.1   Zur Definition von Pfadabhängigkeit

Ungeachtet der Verbreitung, die der Begriff ‚Pfadabhängigkeit' inzwischen erlangt hat, wird selten präzise definiert, was damit eigentlich gemeint ist. Es wird lediglich beschrieben, welche *Eigenschaften* ein pfadabhängiger Prozeß hat oder haben kann, wobei häufig unklar bleibt, ob die verwendeten Begriffe *Definitionskriterien* für Pfadabhängigkeit liefern sollen, oder ob damit Ursache-Wirkungs-Zusammenhänge analysiert werden. Insbesondere wird der *Begriff* ‚Pfadabhängigkeit' häufig auch implizit mit den *Argumenten* identifiziert, die im Zusammenhang mit Pfadabhängigkeit vorgebracht werden – wie etwa, daß ‚die Geschichte eine Rolle spielt' oder daß es ‚zu ineffizienten Entwicklungen kommen kann'. Auf diese beiden zentralen Argumente der Pfadabhängigkeitsdiskussion soll in der Folge noch ausführlicher eingegangen werden; hier soll zunächst lediglich darauf hingewiesen werden, daß es sich dabei um *Implikationen* von Pfadabhängigkeit handelt, und nicht um Definitionskriterien. Paul David bringt das Problem auf den Punkt, wenn er schreibt: „Actually, much of the non-technical literature seems to avoid attempting explicit definitions, resorting either to analogies, or a description of a syndrome – the phenomena with whose occurrences the writers associate 'path dependence.' Rather than telling you what path dependence *is*, they tell you some things that may, or must happen when *there is* path dependence."[1]

Selbst bei Brian Arthur, der Entscheidendes zur Diskussion beigetragen hat, wird häufig nicht recht deutlich, was er mit Pfadabhängigkeit genau meint, und es finden sich widersprüchliche und überlappende Begriffsverwendungen.[2] Es erscheint jedoch klar, daß ‚Nonergodizität' – ein

---

[1] David 1997, S. 15. (Hervorhebungen im Original.)

[2] So bleibt unklar, in welcher Beziehung die Begriffe ‚Pfadabhängigkeit' und ‚Selbstverstärkung' bzw. ‚positive Rückkopplungen' zueinander stehen. Siehe Arthur 1994, wo Pfadabhängigkeit auf S. 112 f. als *Eigenschaft* selbstverstärkender Prozesse angeführt wird, an einer Stelle dagegen als *Ursache*, wenn es heißt: „We can see ... that path dependence can *create* a dynamical system of the ... self-reinforcing type (...)." (S.

Begriff aus der Theorie der Markov-Prozesse, der gleichbedeutend verwendet wird mit der Existenz ,multipler Gleichgewichte' – offensichtlich so etwas wie eine notwendige Bedingung dafür ist, daß Pfadabhängigkeit überhaupt mit *Historizität* in Verbindung gebracht werden kann.[3] Denn bei *ergodischen* Prozessen, die nur *ein* ,Gleichgewicht' aufweisen, ist das Ergebnis unabhängig von dem Pfad, den sie nehmen, und ,historische' Ereignisse können keine Rolle für das Endergebnis spielen; man kann somit sagen, sie ,vergessen ihre Geschichte'. Bei *nicht-ergodischen* Prozessen dagegen, bei denen mehrere Ergebnisse möglich sind, spielen „kleine, historische Ereignisse"[4] eine entscheidende Rolle, und welches Ergebnis zustande kommt, hängt davon ab, welchen (konkreten, historischen) Pfad der Prozeß nimmt. Solche Prozesse ,erinnern sich' an ihre Geschichte.[5]

Auch Paul David sieht Nonergodizität als definitorische Eigenschaft von Pfadabhängigkeit an, wenn er in seinem berühmten QWERTY-Artikel schreibt: „A *path-dependent* sequence of economic changes is one of which important influences upon the eventual outcome can be exerted by temporally remote events, including happenings dominated by chance elements rather than systematic forces. Stochastic processes like that do not converge automatically to a fixed-point distribution of outcomes, and are called *non-ergodic*."[6] In einem neueren Beitrag versucht David, zu einer präziseren Definition von Pfadabhängigkeit zu gelangen; in einem ersten Schritt zieht er dabei Nonergodizität für eine ,negative' Definition von Pfadabhängigkeit heran: „Processes that are non-ergodic, and thus unable to shake free of their history, are said to yield path dependent outcomes."[7] Eine negative Definition ist dies insofern, als damit vor allem gesagt ist, was Pfadabhängigkeit *nicht* ist, nämlich ein Prozeß, der zu *einem eindeutigen Ergebnis* führt. Ferner bietet David die folgende ,positive' Definition an: „A path dependent stochastic process is one whose asymptotic distribution evolves as a consequence (function) of the

---

35, Hervorhebung hinzugefügt.) An anderer Stelle spricht Arthur in Zusammenhang mit Pfadabhängigkeit vom „nonergodic ,increasing returns' case" (S. 46), was wiederum so klingt, als wäre Nonergodizität eher eine *Eigenschaft* selbstverstärkender Prozesse. Und wiederum an anderer Stelle scheint Arthur Nonergodizität (bzw. multiple Gleichgewichte) als *mögliche Folge* pfadabhängiger Prozesse anzusehen, die eintreten *kann*, wenn Selbstverstärkung gegeben ist: „With self-reinforcing path-dependence, a *multiplicity* of possible structures can result." (S. 36, Hervorhebung im Original.)

[3] Wie bereits erwähnt, ist dies einer der zentralen Punkte der Pfadabhängigkeitsdiskussion, auf den in Abschnitt 1.2 noch ausführlicher eingegangen werden soll.

[4] So die Formulierung von Arthur 1994, insbesondere Kapitel 2).

[5] Vgl. Arthur et al. 1994, S. 45 sowie Arthur 1994, S. 23.

[6] David 1985, S. 332.

[7] David 1997, S. 13.

process' own history."[8] Als Definitionsmerkmal eines pfadabhängigen Prozesses schält sich damit heraus, daß (1) mehrere ‚Ergebnisse' möglich sind und (2) das Ergebnis, welches sich einstellt, sich daraus ergibt, welche zeitliche Entwicklung der Prozeß nimmt. Für die hier verfolgten Zwecke soll dies als allgemeine Definition von ‚Pfadabhängigkeit' genügen. Die zweite Bedingung ist erforderlich, um einen pfadabhängigen Prozeß von einen vollkommen erratischen Prozeß zu unterscheiden. Auch bei letzterem sind mehrere Ergebnisse möglich, die zeitliche Entwicklung des Prozesses ist aber irrelevant für das Ergebnis, da zu jeder Zeit alles passieren kann.

1.1.2 Modelle pfadabhängiger Prozesse

Insbesondere zwei illustrative Modellüberlegungen können als representativ und prägend für die Pfadabhängigkeitsdiskussion angesehen werden: das Urnenmodell von Arthur, Ermoliev und Kaniovski sowie das ‚Snow-shoveling-Problem' (oder auch ‚voter model'), das Paul David als Alternative vorschlägt. Wie wir sehen werden, setzen die beiden Modelle leicht abweichende Schwerpunkte und haben etwas unterschiedliche Implikationen.

Das Urnenmodell
Stellen wir uns vor, in einer Urne seien zwei Kugeln verschiedener Farbe, weiß und rot.[9] Greifen wir blind in die Urne hinein und ziehen eine Kugel, so ist die Wahrscheinlichkeit, weiß oder rot zu ziehen, jeweils einhalb. Wir fahren nun nach der Regel fort, daß von der Farbe, die wir gezogen haben, eine weitere Kugel in die Urne gelegt wird. Ziehen wir also beim ersten Mal weiß, so sind beim zweiten Hineingreifen zwei weiße und eine rote Kugel in der Urne; die Wahrscheinlichkeit, wiederum weiß zu ziehen, ist nun zwei Drittel; die Wahrscheinlichkeit, rot zu ziehen, nur ein Drittel. Ziehen wir wieder weiß, so sind beim nächsten Mal drei von vier Kugeln weiß; die Wahrscheinlichkeit, beim nächsten Mal weiß zu ziehen, ist nun drei Viertel, und so weiter.

Der beschriebene Prozeß – Arthur et al. nennen ihn ‚Standard-Polya-Prozeß' – ist ein *pfadabhängiger* Prozeß im oben erläuterten Sinn: Bei jedem Hineingreifen hängt die Wahrscheinlichkeit, eine bestimmte Farbe zu ziehen, davon ab, welche Farben zuvor gezogen wurden, und die

---

[8] Ebda., S. 14.
[9] Dieses Modell geht auf einen Artikel von Polya und Eggenberger zurück, vgl. Arthur et al. 1994, S.36.

‚Struktur‘, die sich als Ergebnis dieses Prozesses herausbildet – in diesem Fall ein bestimmtes Verhältnis von roten und weißen Kugeln – hängt von dem Pfad ab, den er nimmt. Dabei kommt den Ereignissen zu Anfang des Prozesses besondere Bedeutung zu, da die Gesamtzahl der Kugeln noch klein ist und der Anteil einer Farbe durch das Hinzufügen einer Kugel dieser Farbe noch entscheidend verändert wird. Mit fortschreitender Dauer nimmt jedoch die Gesamtzahl der Kugeln zu, und ‚Störungen‘ haben nur noch einen vernachlässigbaren Effekt: Die Struktur, die sich einmal herausgebildet hat, verändert sich nicht mehr.[10]

Dieses Gedankenexperiment verallgemeinern Arthur et al., indem sie annehmen, daß die Wahrscheinlichkeit, eine rote oder weiße Kugel hinzuzufügen, nicht gleich dem Anteil der jeweiligen Farbe in den Urne sein muß, sondern *jede beliebige Funktion* dieses Anteils sein kann. Abbildung 1.1 zeigt zwei mögliche einfache Zusammenhänge zwischen dem Anteil roter Kugeln in der Urne und der Wahrscheinlichkeit, daß eine rote Kugel hinzukommt.[11] Die dem Standard-Polya-Fall entsprechende Funktion ist die Winkelhalbierende: Zu jedem Zeitpunkt ist die Wahrscheinlichkeit, daß eine rote Kugel hinzukommt, gleich dem Anteil der roten Kugeln in der Urne. Da zu Anfang je eine weiße und eine rote Kugel in der Urne sind, startet der Prozeß in der Mitte der Winkelhalbierenden, wo der Anteil Rot gleich 0,5 ist, und die Wahrscheinlichkeit, daß Rot gezogen wird – und somit, daß eine rote Kugel hinzukommt – ist ebenfalls gleich 0,5. Der Prozeß wird zunächst erratisch auf der Winkelhalbierenden herumtanzen, um sich dann auf einem beliebigen Punkt niederzulassen.

Ein ‚Gleichgewicht‘ ist in dieser Darstellung jeder Punkt, in dem die Wahrscheinlichkeit, daß eine rote Kugel hinzukommt, gleich dem tatsächlichen Anteil der roten Kugeln ist; allgemein formuliert bedeutet dies, daß der zu erwartende weitere Verlauf des Prozesses den Status quo erhält. Diese Definition eines Gleichgewichts beruht auf der Unterscheidung zwischen *systematisch zu erwartenden* und *zufälligen* Veränderungen des Systems. In einem Gleichgewicht sind keine Veränderungen zu erwarten, zufällige Abweichungen dagegen wird es immer geben. Der Standard-Polya-Prozeß ist ein Sonderfall, da in diesem Prozeß jeder mögliche Zustand auch ein Gleichgewicht (im erläuterten Sinn) ist. Daher wird jede Zufallsschwankung wieder ein Gleichgewicht ergeben, was jedoch

---

[10] „Of course, there are perturbations to the proportion red caused by the random sampling of balls; but unit additions to the urn make less and less difference to the proportions as the total number of balls grows, and therefore the effect of these perturbations dies away. The process then fluctuates less and less, and, since it does not drift, it settles down. Where it settles, of course, depends completely on its early random movements." (Arthur et al. 1994, S. 38.)

[11] Diese Darstellung findet sich in Arthur et al. 1994, S. 39-41.

bedeutet, daß es hier keine systematische Bewegungsrichtung geben kann:
Der Verlauf des Prozesses ist rein zufällig, und es kann keine Aussage
darüber gemacht werden, welches Rot-weiß-Verhältnis sich mit der Zeit
stabilisieren wird. Die relative Stabilität eines Rot-weiß-Verhältnisses
hängt lediglich davon ab, wieviele Kugeln bereits in der Urne sind, also
von der Dauer des Prozesses. Streng genommen verschiebt aber jedes
Hinzufügen einer roten oder weißen Kugel das Gleichgewicht, wenn auch
– bei großer Anzahl der Kugeln – nur marginal.

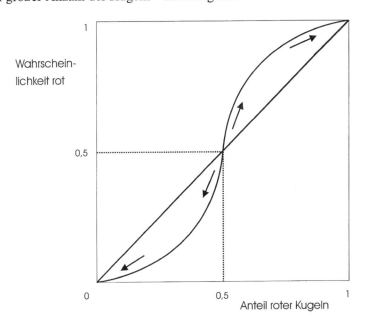

Abbildung 1.1: Zwei Beispiele für den Zusammenhang zwischen dem Anteil roter Ku-
geln und der Wahrscheinlichkeit, daß dieser Anteil in der nächsten Periode zunimmt.
Die Winkelhalbierende beschreibt den ‚Standard-Polya-Prozeß‘, bei dem jeder mögliche
Zustand auch ein Gleichgewicht ist. Die S-förmige Kurve beschreibt einen alternativen
Prozeß, bei dem es drei Gleichgewichte (zwei stabile und ein instabiles) gibt; die Pfeile
deuten die entlang dieser Kurve zu erwartende Bewegungsrichtung an.

Im Unterschied zum Standard-Polya-Prozeß gibt es im Fall der S-förmigen
Kurve eine zu erwartende Bewegung, die durch die Pfeile angedeutet ist.
Sie ergibt sich aus der Differenz zwischen dem tatsächlichen Anteil roter
Kugeln in einer Periode und der Wahrscheinlichkeit, daß in der nächsten
Periode eine rote Kugel hinzukommt. Ist diese Wahrscheinlichkeit gerin-
ger als der tatsächliche Anteil, so ist zu erwarten, daß der Anteil abnimmt.
Dies ist der Fall, wenn die Kurve unterhalb der Winkelhalbierenden

verläuft; im dargestellten Beispiel wird sich also der Anteil roter Kugeln verringern, wenn er unter 0,5 liegt, und er wird zunehmen, sofern er über 0,5 liegt. Dies bedeutet, daß ein Anteil roter Kugeln von 0,5 zwar ein Gleichgewicht darstellt – es gibt keine zu erwartende Bewegung von diesem Punkt weg –, jedoch werden zufällige Abweichungen eine Bewegung weg von diesem Gleichgewicht auslösen, und das System wird gegen einen der beiden Eckpunkte konvergieren, wo entweder nur rote oder nur weiße Kugeln in der Urne sind.[12]

Damit ist die Unterscheidung zwischen stabilen und instabilen Gleichgewichten angesprochen. Stabile Gleichgewichte zeichnen sich dadurch aus, daß der Prozeß in ihrer unmittelbaren Umgebung sich auf sie zu bewegt, während Abweichungen von instabilen Fixpunkten eine Bewegung von ihnen weg auslöst. Für die S-förmige Funktion in Abbildung 1 sind die Eckpunkte stabile Gleichgewichte, da zufällige Abweichungen von diesen Punkten eine systematisch zu erwartende Bewegung zu ihnen zurück auslöst. Das Rot-weiß-Verhältnis von 0,5 stellt dagegen ein instabiles Gleichgewicht dar. Als Ergebnis eines solchen Prozesses kommen nur stabile Gleichgewichte in Frage.[13]

Das ‚Schneeschipp-Modell'

Paul David schlägt ein alternatives Modell vor, das er anhand der folgenden ‚Snow-shoveling-Metapher' erläutert:[14] Entlang einer Straße befinden sich eine Reihe von Geschäften, und es schneit so stark, daß regelmäßig geschippt werden muß, wenn sie zugänglich bleiben sollen. Es wird angenommen, daß jeder Ladeninhaber trotz des Schneefalls weiter mit Umsatz rechnen kann, wenn er selbst regelmäßig Schnee schippt und außerdem mindestens eines der benachbarten Geschäfte freigeschippt wird, so daß Kunden zu ihm gelangen können.[15] Jeder Ladeninhaber schaut in unregelmäßigen Abständen – wenn er gerade einen Moment Zeit hat – nach draußen und entscheidet, ob er schippen soll oder nicht. Dabei wird folgendes

---

[12] Streng genommen können die Eckpunkte natürlich nie ganz erreicht werden, wenn beide Farben in der Urne enthalten sind und keine Kugeln entnommen werden.

[13] „Attracting fixed points – stable ones – are candidates for 'selection' as the eventual outcome. Repelling fixed points – unstable ones – are not." (Arthur et al. 1994, S. 42.)

[14] Er bezeichnet es auch als ‚voter model'. Siehe David 1993, S. 212 ff. sowie David und Foray 1994, S. 68 ff.; vgl. auch Dosi und Metcalfe 1991, S. 151.

[15] Man fragt sich freilich, wo die Kunden herkommen, wenn nur ein *unmittelbarer* Nachbar freigeräumt bleibt. Wie wir noch sehen werden, ist der Punkt, auf den es bei dieser Annahme ankommt (unabhängig von ihrer Plausibilität im Zusammenhang mit der Schneeschipp-Metapher), daß nur *lokale* externe Effekte auftreten – statt *globaler* externer Effekte, wie beim Urnenmodell.

Entscheidungsmuster angenommen: Er schippt Schnee, wenn *beide* angrenzenden Läden passierbar sind; er wird nicht schippen, wenn *keiner* der beiden angrenzenden Läden passierbar ist; und wenn *nur einer* der beiden angrenzenden Läden passierbar ist, entscheidet er sich, indem er eine Münze wirft.[16]

Die Dynamik, die sich unter diesen Bedingungen herausbildet, ist in vielen Aspekten der Dynamik des oben beschriebenen Urnenmodells sehr ähnlich.[17] Auch hier liegen positive Rückkopplungen vor, denn die Wahrscheinlichkeit, daß ein beliebig herausgegriffener Ladeninhaber vor seinem Geschäft Schnee schippen wird (oder nicht), ist umso größer, je mehr andere Ladeninhaber Schnee schippen (oder nicht). Es läßt sich zeigen, daß dieses System gegen eines von zwei Gleichgewichten konvergiert: eines, in dem *alle* Schnee schippen, und eines, in dem *keiner* Schnee schippt. Welches der beiden Gleichgewichte sich herausbilden wird, hängt davon ab, wie die Verhaltensweisen bei einsetzendem Schneefall verteilt sind und in welcher Abfolge die Ladeninhaber nach draußen sehen, um zu entscheiden, ob sie Schnee schippen oder nicht; es handelt sich also auch hier um einen pfadabhängigen Prozeß, dessen Ergebnis von einer kontingenten Ereignisfolge abhängt und somit nicht vorhersehbar ist.[18] Außerdem sind offensichtlich nicht beide Gleichgewichte gleich zu bewerten, da annahmegemäß für jeden Ladenbesitzer die Möglichkeit, Umsatz zu machen, die Mühe des Schneeschippens überwiegt. Eine Situation, in der alle Läden während des gesamten Schneesturms freigeräumt bleiben, ist daher allen Ladeninhabern lieber als das alternative Gleichgewicht, in dem keiner Schnee schippt und keine Kunden mehr zu den Läden gelangen können.

Es sind vor allem zwei Eigenschaften dieses Modells, die es vom Urnenmodell unterscheiden: *Erstens* handelt es sich hier um eine fixe Population, während beim Urnenmodell ja ständig neue Kugeln hinzukommen. *Zweitens* wird beim Schneeschipp-Modell die Entscheidung des einzelnen

---

[16] Es wird ferner angenommen, daß *jeder* Laden zwei Nachbarn hat, eine Annahme, die in der Realität etwa zutreffen könnte, wenn die Geschäfte um einen Häuserblock herum angeordnet wären.

[17] Für eine Zusammenfassung der Eigenschaften solcher Modelle siehe auch David 1997, S. 32 f.

[18] David weist darauf hin, daß das Ergebnis solcher Prozesse – im Unterschied zu Arthurs Urnenmodell – ex ante *vorhersagbar* sei, wenn die anfängliche Verteilung der Verhaltensweisen gegeben sei. So schreibt er: „It turns out that ... prediction *ex ante* is possible, and the following intuitively plausible proposition can be shown to hold: starting in configuration x, the *probability* that the chain will end in absorbing state x⁺ is equal to the proportion of + policies in that initial configuration." (David 1993, S. 216, Hervorhebung hinzugefügt. ‚+' steht für Schnee schippen, und „absorbing state x⁺" meint das Gleichgewicht, in dem alle Schnee schippen.)

Ladeninhabers nur vom Verhalten *seiner Nachbarn* direkt beeinflußt, und nicht von der Verteilung der Verhaltensweisen insgesamt. Letzteres ist aber beim Urnenmodell der Fall, da der Anteil einer bestimmten Farbe an der Gesamtzahl der Kugeln in der Urne darüber entscheidet, mit welcher Wahrscheinlichkeit diese Farbe gezogen wird. In diesem Sinn kann man sagen, daß aufgrund *globaler* Rückkopplungseffekte der Makro-Zustand des gesamten Systems (die Verteilung der Farben in der Urne) sich *direkt* auf die weitere Entwicklung des Systems auswirkt. Beim Schneeschipp-Modell dagegen sind Rückkopplungseffekte *lokaler* Natur, weil sich – wie angesprochen – ja nur das Verhalten der Nachbarn *direkt* auf die Entscheidung des Einzelnen auswirkt. Natürlich wirkt sich die Verteilung der Verhaltensweisen in der gesamten Population von Ladenbesitzern dennoch auf die Entscheidung des Einzelnen aus, da dessen Nachbarn wieder Nachbarn haben, und diese wieder, so daß Verhaltensweisen sich durch das System hindurch fortpflanzen und sich so die Entscheidungen von Nicht-Nachbarn *indirekt* auf die Entscheidung des Einzelnen auswirken. Diese beiden Unterschiede – fixe versus wachsende Population und globale versus lokale Rückkopplungseffekte – sind letztlich dafür entscheidend, welches Modell im konkreten Fall nützlicher ist.

1.1.3   *Positive Rückkopplungen und ‚multiple Gleichgewichte'*

Die betrachteten Modelle beschreiben pfadabhängige Prozesse im oben erläuterten Sinn: Sie haben nicht nur ein mögliches Ergebnis, sondern mehrere (mindestens zwei), und die Frage, welches Ergebnis sich einstellt, kann nur der Prozeß selbst beantworten. Arthur argumentiert, daß das Vorliegen von ‚Selbstverstärkung' oder von ‚positiven Rückkopplungen' die *Ursache* von Pfadabhängigkeit ist.[19] In dem einfachen Urnenmodell etwa liegt eine positive Rückkopplung vor, weil die Wahrscheinlichkeit, daß eine bestimmte Farbe gezogen wird, zunimmt, je häufiger diese Farbe gezogen wird. ‚Positiv' ist dabei nicht normativ gemeint, sondern bezeichnet lediglich den Umstand, daß die Zunahme (Abnahme) einer bestimmten Variablen zu einer weiteren Zunahme (Abnahme) dieser Variablen führt. Umgekehrt ist mit einer *negativen* Rückkopplung gemeint, daß

---

[19] In dieser Arbeit sollen sowohl die Begriffe ‚selbstverstärkende Effekte' als auch ‚positive Rückkopplungen' verwendet werden. Arthur weist jedoch darauf hin, wie viele verschiedene Begriffe in der Ökonomie für im wesentlichen dieselbe Idee verwendet wurden: „Self-reinforcement goes under different labels in .. different parts of economics: increasing returns; cumulative causation; deviation-amplifying mutual causal processes; virtuous and vicious circles; threshold effects; and nonconvexity." (Arthur 1994, S. 112.)

die Zunahme (Abnahme) einer Variablen zu einer Abnahme (Zunahme) dieser Variablen führt. Im Urnenmodell haben wir eine positive Rückkopplung, weil die Wahrscheinlichkeit, Rot zu ziehen, umso größer wird, je häufiger zuvor Rot gezogen wurde. Je häufiger das Ereignis ‚rote Kugel' eintritt, desto wahrscheinlicher wird es fortan. Beim Schneeschipp-Modell haben wir im Prinzip den gleichen Effekt, mit dem angesprochenen Unterschied, daß er zwar nur auf unmittelbare Nachbarn direkt wirkt, sich aber durch das System hindurch fortpflanzt.

Der Zusammenhang zwischen positiven bzw. negativen Rückkopplungen und multiplen Gleichgewichten bedarf noch einiger klärender Anmerkungen. Negative Rückkopplungen sind eng verbunden mit der Existenz eines eindeutigen Gleichgewichts, oder einem ‚erstrebten' Zustand des Systems, zu dem es nach Störungen immer wieder zurückkehrt.[20] Diese Fähigkeit der Selbstkorrektur ist freilich jedem stabilen Gleichgewicht eigen, und zwar definitionsgemäß: Ein stabiles Gleichgewicht ist ein Gleichgewicht, zu dem das System nach Abweichungen immer wieder zurückkehrt. Jedoch zeichnen sich auch Systeme, in denen positive Rückkopplungen vorliegen, durch das Vorhandensein stabiler Gleichgewichte aus. Das heißt, daß wir auch bei Vorliegen positiver Rückkopplungen sagen können, daß in der Umgebung eines stabilen Gleichgewichts *negative* Rückkopplungen vorliegen. Ob wir also von positiven oder von negativen Rückkopplungen sprechen, hängt auch davon ab, in welcher Phase wir den Prozeß betrachten, da der gleiche Rückkopplungsmechanismus, der hin zu einem Gleichgewicht treibt, auch dafür verantwortlich ist, daß das Gleichgewicht stabil ist. Der Unterschied zu einem stabilen Gleichgewicht in einem System ohne positive Rückkopplungen liegt lediglich darin, daß es bei Vorliegen positiver Rückkopplungen mehrere Gleichgewichte gibt. Typischerweise wird auch ein instabiles Gleichgewicht existieren, welches die ‚kritische Masse' darstellt, die überschritten werden muß, damit der Übergang von einem stabilen Gleichgewicht zu einem anderen stattfindet. So liegt beispielsweise in Abbildung 1.1 die kritische Masse, die erforderlich wäre, damit das System von einem der beiden Eckpunkte zum anderen überwechselt, bei einem Anteil roter Kugeln von 0,5; dieser Anteil stellt zugleich ein instabiles Gleichgewicht dar.[21]

---

[20] „Negative feedback loops portray goal-seeking processes (...). They are characterized by the distinction they draw between a system's actual state and its desired state. If a discrepancy between the two arises, the negative loop calls forth corrective action that brings the former back into line with the latter. As a result, at least in their simplest form, negative feedback loops are self-correcting and work to stabilize systems." (Radzicki 1994, S. 43.)

[21] Für eine Auseinandersetzung mit den Begriffen ‚Lock-in' und ‚kritische Masse' siehe Witt 1997. Er *kontrastiert* die beiden Begriffe miteinander, indem er davon aus-

Vor dem Hintergrund dieser Überlegungen läßt sich besser verstehen, warum positive Rückkopplungen die *Ursache* für Nonergodizität sind. Betrachten wir nochmals das Urnenmodell und gehen wir wiederum davon aus, daß zu Anfang eine rote und eine weiße Kugel in der Urne ist. Wenn nun der ‚erwünschte Zustand' des Systems darin bestünde, daß eine *gleiche Anzahl* roter und weißer Kugeln in der Urne sind, dann müßten bei Abweichungen vom Anfangszustand immer wieder korrigierende Kräfte einsetzen – *negative* Rückkopplungen – die das System zum Gleichgewicht zurückbringen. Wenn dagegen *positive* Rückkopplungen vorliegen, wie in dem von Arthur et al. beschriebenen Fall, in dem von jeder gezogenen Farbe eine Kugel *dazugelegt* wird, dann werden Abweichungen vom Ausganszustand *verstärkt*. Je nachdem, in welche Richtung diese Abweichungen gehen, wird sich in diesem Fall ein *anderer* Systemzustand (‚Gleichgewicht') einstellen, und somit können wir sagen, daß die Eigenschaft der Nonergodizität durch positive Rückkopplungen *verursacht* ist.[22]

Schließlich erscheinen noch einige Anmerkungen zum Begriff ‚multiple Gleichgewichte' angebracht. Der Gleichgewichtsbegriffs soll hier so verwendet werden, daß er nicht mit der Vorstellung einer offenen, evolutori-

---

geht, Lock-in impliziere *Endgültigkeit* – wie es das Urnenmodell ja in der Tat suggeriert. Wenn uns nun aber die Geschichte lehrt, so Witt, daß Lock-in-Situationen immer wieder verlassen werden und niemals endgültig sind, dann brauchen wir ein alternatives Modell, welches die Möglichkeit technologischen Wandels auch bei Vorliegen positiver Rückkopplungen zu erklären vermag: „The challenge for an alternative model is ... to understand why, in spite of increasing returns to adoption, what has been claimed to be technological 'lock-in' is by historical standards a transitory state of affairs." (Ebda., S. 763.) Als eine solche Alternative bietet Witt die Vorstellung der kritischen Masse an. Wie wir jedoch noch sehen werden, beruht die Assoziation von Lock-in mit Endgültigkeit eher auf einem Mißverständnis und kann überhaupt nicht sinnvoll behauptet werden. Außerdem spricht Witt selbst an, daß zur Überwindung kritischer Massen häufig kollektives Handeln erforderlich sein wird. (Ebda., S. 769.) Somit wird aber letztlich die Lösung des Problems als Begründung dafür angeführt, daß das Problem nicht existiert. Es erscheint daher sinnvoll, die Vorstellung, daß *spontane* Prozesse zu stabilen Gleichgewichten führen, die dann nur schwer wieder verlassen werden können, zu *unterscheiden* von der Vorstellung kollektiven oder auch politischen Handelns als *möglicher Lösung* dieses Problems. (Siehe dazu auch Abschnitt 1.4.) In dieser Perspektive erscheinen ‚Lock-in' und ‚kritische Masse' eher als komplementäre Begriffe denn als Gegensätze.

[22] Arthur liefert eine etwas stärker ‚technisch' klingende Begründung: „Why should self-reinforcement ... cause multiple equilibria? If self-reinforcement is not offset by countervailing forces, local positive feedbacks are present. In turn, these imply that deviations from certain states are amplified. These states are therefore unstable. If the vector field associated with the system is smooth and if its critical points – its 'equilibria' – lie in the interior of some manifold, standard Poincaré-index topological arguments imply the existence of other critical points or cycles that *are* stable, or attractors. In this case multiple equilibria must occur." (Arthur 1994, S. 113, Hervorhebung im Original.)

schen Welt in Widerspruch steht. Mit ‚Gleichgewicht' soll lediglich gesagt sein, daß sich beschreibbare Systemeigenschaften herausbilden können, die sich durch relative Stabilität über die Zeit auszeichnen. So können wir beispielsweise die QWERTY-Tastatur als stabile Eigenschaft eines umfassenderen technologischen Systems auffassen, welches sich erheblich gewandelt hat – bis hin zur modernen elektronischen Datenverarbeitung. Ferner soll nicht behauptet werden, alle möglichen Gleichgewichte könnten in irgendeinem Sinn ex ante bekannt sein, wie es etwa Abbildung 1.1 suggerieren könnte. In einzelnen, klar umrissenen Fällen mag es zwar möglich sein, mit hoher Erfolgswahrscheinlichkeit anzugeben, welche Alternativen sich herausbilden könnten. In vielen Fällen erweist sich solche ‚weise Voraussicht' jedoch als Trugbild einer Ex-post-Betrachtung. Im Allgemeinen werden wir uns darauf einstellen müssen, daß die Menge möglicher ‚Gleichgewichtslösungen' offen und nicht ex ante bestimmbar ist.[23]

1.1.4 Eigenschaften pfadabhängiger Prozesse

‚Pfadabhängigkeit' im oben beschriebenen Sinn wird also durch positive Rückkopplungen *verursacht*. Arthur nennt nun verschiedene Eigenschaften solcher Prozesse, deren Bedeutung uns in der Folge noch beschäftigen wird. Wie bereits in Abschnitt 1.1.1 erwähnt, ist bei Arthur nicht immer restlos klar, welchen Status die Begriffe haben, die er uns im Zusammenhang mit Pfadabhängigkeit anbietet. Geht man jedoch davon aus, daß Nonergodizität das entscheidende *Definitions*merkmal von Pfadabhängigkeit ist, dann verbleiben die folgenden drei Eigenschaften als *Implikationen* der Definition pfadabhängiger Prozesse:[24]

1. *Nichtvorhersagbarkeit*: Es läßt sich nicht im Vorhinein sagen, *welches* von mehreren möglichen Ergebnissen sich einstellt. Damit ist gemeint, daß es bei Vorliegen positiver Rückkopplungen in der Entwicklung eines Systems Bifurkationspunkte geben kann, an denen – wie Arthur es nennt – ‚kleine historische Ereignisse' darüber entscheiden können, welchen Verlauf der Prozeß nimmt.

---

[23] Im Vorwort zu ‚Das Elend des Historizismus' weist Popper darauf hin, daß dies für alle Prozesse gilt, die „durch das Anwachsen unseres Wissens beeinflußt werden können." Denn „wenn es so etwas wie ein wachsendes menschliches Wissen gibt, dann können wir nicht heute das vorwegnehmen, was wir erst morgen wissen werden." (Popper 1965, S. XII.)

[24] Zum Folgenden vgl. Arthur 1994, S. 14 und 112 f.; siehe auch Arthur et al. 1994, S. 46.

2. *Inflexibilität*: Wenn der Prozeß einmal ein stabiles ‚Gleichgewicht' erreicht hat, dann wird er dieses von alleine nicht wieder verlassen. Um nochmals das Urnenbeispiel zu bemühen: Hier wird diese Eigenschaft dadurch erzeugt, daß mit zunehmender Zahl von Kugeln in der Urne Zufallsschwankungen eine immer geringere Rolle spielen. Die Verteilung, die sich aufgrund der Zufallsschwankungen *zu Beginn des Prozesses* herausgebildet hat, ist persistent.[25] Es sei darauf hingewiesen, daß das Urnenbeispiel von Arthur et al. natürlich *darauf abzielt*, diesen Effekt zu illustrieren; so kommentiert Witt, „their generalized Polya-urn model .., with an infinitely growing population size, is designed to prove definite lock-in."[26] Wenn wir die Welt dieses Modells verlassen, stellt sich die Frage nach dem Ausmaß, in dem reale pfadabhängige Prozesse Inflexibilität aufweisen. Historische Betrachtungen lehren uns, daß in der realen Welt nichts endgültig ist, daß es also, mit anderen Worten, so etwas wie vollkommene Inflexibilität nicht gibt, ebensowenig wie vollkommene Flexibilität. Dann wiederum stellt sich die Frage: *Wie* inflexibel müssen Prozesse sein, damit wir sie ‚inflexibel' nennen? Diese Frage wird uns noch beschäftigen.

3. *Potentielle Ineffizienz*: Im Unterschied zu einer Welt eindeutig bestimmbarer Gleichgewichte ist nicht gewährleistet, daß das bestmögliche Ergebnis ‚gewählt' wird.[27] Dies ist eine *normative Implikation der ersten beiden Eigenschaften*: Wenn nicht nur *ein* Zustand als Ergebnis des Prozesses in Frage kommt; wenn das Ergebnis des Prozesses nicht vorhersehbar ist, weil zu bestimmten Zeitpunkten scheinbar unbedeutende Ereignisse entscheidenden Einfluß auf den Pfad des Prozesses haben können; und wenn schließlich ein bestimmter Zustand, einmal erreicht, selbstverstärkend ist: Dann bedeutet dies, daß unerwünschte Zustände erstens möglich sind und zweitens von Dauer sein können. In diesem Sinn soll der Begriff ‚Lock-in' hier verwendet werden.

In der Folge soll nun argumentiert werden, daß in diesen Konzepten zwei unterschiedliche Interpretationen von Pfadabhängigkeit enthalten sind, die auseinandergehalten werden sollten. Nichtvorhersagbarkeit betont die Offenheit und Nichtdeterminiertheit pfadabhängiger Prozesse, während Inflexibilität einen Zeitpfeil in die Betrachtung einführt, also die Vorstellung irreversibler Zeit. Offenheit, Nichtdeterminiertheit und Irre-

---

[25] Genauer müßte es für dieses Beispiel heißen: Die Wahrscheinlichkeit, daß sich eine stabile Verteilung ändert, geht mit fortschreitender Zeit gegen Null.

[26] Witt 1993, S. 8.

[27] Wenn etwa in dem Urnenmodell eine bestimmte Rot-Weiß-Verteilung in irgendeinem Sinn ‚besser' wäre als andere, so gäbe es keine Garantie, daß diese Verteilung herauskommen würde. In diesem Fall wäre es sogar *höchst unwahrscheinlich*, daß eine bestimmte Verteilung herauskommen würde, weil es sich um einen reinen Zufallsprozeß handelt, bei dem jede Verteilung gleich wahrscheinlich ist.

versibilität beschreiben in etwa das, was wir gemeinhin ‚Geschichte' nennen; sie sind deskriptiv für die *Historizität* pfadabhängiger Prozesse und eignen sich für das *methodologische* Argument, daß ‚die Geschichte eine Rolle spielt'. Im Unterschied dazu bezeichnet potentielle Ineffizienz die Möglichkeit, daß pfadabhängige Prozesse zu *unerwünschten Ergebnissen* führen können; in Verbindung mit Inflexibilität ergibt sich, daß diese möglicherweise von Dauer sind. Dies ist offensichtlich ein *normatives* Argument, und es sollte von dem *methodologischen* Argument unterschieden werden.

Daß diese beiden Interpretationen des Pfadabhängigkeitskonzepts zu Konfusion führen können, zeigen beispielsweise die unterschiedlichen Ansichten über den Zusammenhang zwischen ‚Pfadabhängigkeit' und ‚Evolution'. So argumentiert etwa Witt, daß „das Konzept der irreversiblen, historischen Zeit" bzw. der Umstand, daß „die Vorgeschichte eines Prozesses in jedem Zeitpunkt potentiell Einfluß auf den weiteren Ablauf haben kann," ein essentielles Charakteristikum evolutorischer Theorien darstellt.[28] Dieses Argument führt Leipold an, um aufzuzeigen, daß *jede* evolutorische Theorie immer auch Pfadabhängigkeit impliziert.[29] Dagegen hält es Vromen für ungerechtfertigt, Pfadabhängigkeit den Status eines „first principle of evolutionary economics" zukommen zu lassen,[30] weil sich Pfadabhängigkeit nur „unter bestimmten Bedingungen" ereigne, und weil nicht *Ergebnisse* als Grundprinzipien der Evolutorik verstanden werden sollten, sondern *Mechanismen*.[31] Der Dissens beruht jedoch eindeutig auf unterschiedlichen Auffassungen darüber, was unter ‚Pfadabhängigkeit' verstanden werden soll: Während Leipold (mit Witt) auf Historizität und irreversible Zeit abstellt, setzt Vromen Pfadabhängigkeit mit Ineffizienz gleich.[32] Auf diese beiden unterschiedlichen Interpretationen des Pfadabhängigkeitskonzepts und ihre Implikationen soll in den nächsten beiden Abschnitten näher eingegangen werden.

---

[28] Witt 1987, S. 9 f.
[29] Siehe Leipold 1996, S. 100. Für eine ähnliche Sichtweise vgl. auch Nelson 1995, z.B. S. 52 sowie S. 73 ff.
[30] Vromen 1995, S. 212.
[31] Siehe ebda., S. 212 f.
[32] Dies wird unmißverständlich klar, wenn Vromen schreibt: „Path dependency obtains when historical small events decide over the course of evolution. When there are increasing returns, for example, some technology may establish itself that is inferior in respect to efficiency with some rival technology (...)." (Ebda., S. 212.) In Abschnitt 1.3.1 soll argumentiert werden, daß eine solche Gleichsetzung von Pfadabhängigkeit mit Ineffizienz nicht sinnvoll ist.

1.2   Pfadabhängigkeit als ,History-matters-Argument'

1.2.1   Geschichte und ökonomische Orthodoxie

Es ist *eine* Botschaft der Idee der Pfadabhängigkeit, uns an das funda-
mentale Faktum zu erinnern, daß ,die Geschichte eine Rolle spielt.' Ziel
dieses Abschnitts ist es, dieses History-matters-Argument etwas näher zu
beleuchten und in einen breiteren Kontext zu stellen. Die Identifikation
von Pfadabhängigkeit und Geschichte erscheint in der Literatur häufig als
so etwas wie eine *Definition* dessen, was unter Pfadabhängigkeit verstanden werden soll. So schreibt etwa North, „path dependence means that
history matters."[33] Malcolm Rutherford kommentiert die Idee der Pfadabhängigkeit: „History matters in the sense that what happens next depends
critically on the details of the existing state of affairs, which in turn is the
outcome of the pre-existing situation."[34] Ähnlich assoziiert Hodgson Pfadabhängigkeit mit der Vorstellung „that the future development of an economic system is affected by the path it has traced out in the past."[35] Pfadabhängigkeit erscheint somit in Verbindung mit der Vorstellung von Geschichte als einem sequentiellen Prozeß, in dem die aus der vergangenen
Entwicklung rührenden Bedingungen die zukünftige Entwicklung beeinflussen, aber nicht determinieren. In diesem Sinne schreibt Leipold, Pfadabhängigkeit suche einen „Mittelweg zwischen einem zufälligen Verlauf
einerseits und einem determinierten Verlauf von Ereignissen andererseits."[36] Einen Mittelweg also, um Monods berühmten Buchtitel zu zitie-
ren, zwischen „Zufall und Notwendigkeit."

Nun wäre aber zunächst einmal grundsätzlicher zu hinterfragen, was
denn genau damit gemeint sein soll, daß „die Geschichte von Belang ist."
Diese Aussage kann wohl kaum als theoretische Hypothese über die Welt
verstanden werden, denn die Geschichtlichkeit des ökonomischen Untersuchungsgegenstandes dürfte selbst für den ahistorischsten und weltfrem-
desten Theoretiker offensichtlich sein. Was gemeint ist, kann nicht sein,
daß die Welt de facto historisch ist; vielmehr kann es sich nur um die *methodologische* Hypothese handeln, daß wir der Geschichtlichkeit der Welt
Rechnung tragen sollten, wenn wir Theorien über sie formulieren.[37] Wenn

---

[33] North 1990, S. 100.
[34] Rutherford 1996, S. 11.
[35] Hodgson 1993b, S. 203.
[36] Leipold 1996, S. 95.
[37] Wie Sutton schreibt: „That 'history matters' is now obvious to all. The real question is, how are we to do our analysis in the light of this?" (Sutton 1994, S. 41.) Sutton

also Paul David in seinem QWERTY-Artikel schreibt, „it is sometimes not possible to uncover the logic (or illogic) of the world except by understanding how it got that way,"[38] so muß dies als methologische Aufforderung gelesen werden, ökonomische Theorien systematisch durch das Studium konkreter historischer Ereignisfolgen zu ergänzen. Während David diese Aufforderung in seinem QWERTY-Beitrag noch recht subtil als Kritik an der ahistorischen Attitüde der ökonomischen Orthodoxie kennzeichnet,[39] so tut er dies in einer neueren Veröffentlichung wesentlich deutlicher, etwa wenn er die Aufmerksamkeit, die sein Artikel erlangt hat, zu erklären versucht:

> „The cluster of ideas that are now identified with the concept of path dependence ... probably would not excite such attention (...), were it not for the extended prior investment of intellectual resources in developing economics as an ahistorical system of thought. For many economists, their own costs sunk in mastering that discipline have produced a facility for reasoning that suppresses natural, human intuitions about historical causation. They thus have a 'learned incapacity' ... to see how historical events could exert a causal influence upon subsequent outcomes that would be economically important."[40]

Die Behauptung, daß Ökonomen ihre Aufgabe, die wirtschaftliche Realität zu erklären, besser bewältigen können, wenn sie sich verstärkt mit Wirtschaftsgeschichte auseinandersetzen, ist freilich nicht neu. Doch es sollte zu erwarten sein, daß sie – als Implikation eines so vieldiskutierten theoretischen Konzepts, wie es Pfadabhängigkeit darstellt – ein stärkeres Fundament bekommen hat. Paul David selbst konstatiert inzwischen einen „'history matters' boom" – wenn auch einen, der wie eine Seifenblase zerplatzen könnte.[41] Schließlich scheint der ‚harte Kern' der Ökonomie weiterhin hartnäckig ahistorisch zu bleiben, so daß sich eine Auseinandersetzung

---

liefert selbst einige interessante Reflektionen zu dieser Frage. Für weitere Auseinandersetzungen mit dem Thema siehe etwa David 1993a sowie Snooks 1993b.

[38] David 1985, S. 332.

[39] Siehe etwa David 1985, S. 336: „I believe there are many more QWERTY worlds lying out there in the past, on the very edges of the modern economic analyst's tidy universe (...). Most of the time I feel sure that the absorbing delights and quiet terrors of exploring QWERTY worlds will suffice to draw adventurous econcomists into the systematic study of essentially historical dynamic processes, and so will seduce them into the ways of economic history, and a better grasp of their subject."

[40] David 1997, S. 42.

[41] Siehe David 1997, S. 7.

mit der Historizität des ökonomischen Untersuchungsgegenstandes wohl eher *am Rande* des ,aufgeräumten Universums'[42] der Ökonomen abspielt. Dies mag vielleicht daran liegen, daß man diese Frage seit dem deutschen Methodenstreit noch immer für ,erledigt' hält oder die Mühe scheut, den Fall nochmals aufzurollen. Oder aber es hängt damit zusammen, daß Ökonomen sich mit methodologischen Fragen ohnehin nicht besonders gerne auseinanderzusetzen scheinen,[43] vielleicht aus der Intuition heraus, daß die ökonomische Orthodoxie in mancherlei Hinsicht auf tönernen Füßen steht, die einknicken könnten, wenn man sie nur antippt.[44]

1.2.2 Das ,Geschichtsparadigma' in den Naturwissenschaften

Die Interpretation von Pfadabhängigkeit ,als Geschichte' steht in Zusammenhang mit Entwicklungen in den Naturwissenschaften, in deren Mittelpunkt ebenfalls die Auseinandersetzung mit *historischer Zeit* steht; der Einfachheit halber soll daher hier vom ,Geschichtsparadigma' gesprochen werden. Der Begriff der ,Bifurkation' spielt dabei eine zentrale Rolle. Damit sind bestimmte Punkte in der Entwicklung von Systemen gemeint, an denen, so die berühmte Formel, ,kleine Ursachen große Wirkungen' hervorbringen können, indem sie darüber entscheiden, welchen weiteren Verlauf das System nimmt, welchem ,Pfad' es folgt. Will man bei Vorliegen von Bifurkationen den Zustand eines Systems interpretieren, braucht man Informationen über seine Vorgeschichte. Solche Überlegungen führen, wie Prigogine bemerkt, „in die Physik und die Chemie ein historisches Element ein, das bis jetzt nur für Wissenschaften reserviert schien, die sich mit biologischen, soziologischen und kulturellen Phänomenen befassen."[45] Damit verbunden ist die Abkehr von der deterministischen Grundorientierung der klassischen Physik, zu deren Musterbeispiel die Newton'sche Vorstellung ewig gleicher Planetenbewegungen geworden

---

[42] Vgl. Fußnote 39.

[43] George Stigler etwa hält es für ,Irrsinn', sich vor dem 65. Lebensjahr mit Methodologie zu beschäftigen (Siehe Buchanan 1987, S. 21). Buchanan kritisiert diese Haltung mit seiner ,road map analogy': Wer sich weigere, sich mit methodologischen Fragen auseinanderzusetzen, verhalte sich wie jemand, der niemals eine Straßenkarte konsultiert, weil er glaubt, schon immer den richtigen Weg zu finden (Ebda.).

[44] Galbraith bedient sich einer anderen Metapher: „The man who makes his entry by leaning against an infirm door gets an unjust reputation for violence. Something is to be attributed to the poor state of the door." (Galbraith 1985, S. 3.)

[45] Prigogine 1993, S. 195.

ist. In Newtons Theorie kommt die Zeit zwar vor, wird jedoch im Prinzip als reversibel dargestellt und ist damit ahistorisch.[46]

Brian Arthur weist darauf hin, daß seine Überlegungen zu positiven Rückkopplungen und Pfadabhängigkeit dem Geschichtsparadigma nahestehen, wenn er schreibt:

> „Until recently conventional economics texts tended to portray the economy as something akin to a large Newtonian system, with a unique equilibrium solution (...). History, in this view, is not terribly important; it merely delivers the economy to its inevitable equilibrium. Positive-feedback economics, on the other hand, finds its parallels in modern nonlinear physics. Ferromagnetic materials, spin glasses, solid-state lasers and other physical systems that consist of mutually reinforcing elements show the same properties as the economic examples I have given."[47]

Arthur argumentiert, daß Historizität in der Ökonomie lange aus der Analyse ausgeklammert wurde, indem man von der Existenz eines eindeutig bestimmbaren Gleichgewichts ausging; so etwa, wenn angenommen wird, daß durch exogene Veränderungen in Angebot oder Nachfrage verursachte Preissteigerungen Anpassungsreaktionen auslösen, die zu Preissenkungen führen (und umgekehrt). Marktgleichgewichte sind somit selbstkorrigierend; es erfolgen ausschließlich *negative* Rückkopplungen, die das System immer wieder zu seinem ,erwünschten Zustand' zurückführen.[48] Ein

---

[46]So schreibt Cramer im Zusammenhang mit dem Entropiebegriff: „Die Entropie ist also ... auch ein Maß für die Nichtumkehrbarkeit von Vorgängen, für deren Irreversibilität. (...) Zwar kennt die Newtonsche Physik auch die Zeit. Alle Bewegungsvorgänge spielen sich in Raum und Zeit ab. Aber die Newtonsche Zeit ist im Prinzip reversibel." (Cramer 1989, S. 32; siehe auch Prigogine und Stengers 1993, S. 62.) Bisweilen wird daher auch von ,Newton-Zeit' im Gegensatz zu ,echter', ,irreversibler' oder ,historischer' Zeit gesprochen, vgl. etwa Baumann 1993, S. 115 f. und O'Driscoll und Rizzo 1985, S. 53 ff.

[47] Arthur 1994, S. 11. Siehe auch David 1993a, der allerdings auch auf die Unterschiede und auf die Schwierigkeiten von Ideentransfers verweist: „As fascinating as these phenomena are, economists should not expect to find paradigms ready-made for their use (...). Our positive feedback systems, unlike these physical systems, contain volitional agents whose actions reflect intentions based upon expectations, and we therefore will have to fashion our own paradigms. But, undoubtedly, there will continue to be 'spillovers' from the natural sciences, especially in conceptual approaches and research techniques." (David 1993a, S. 37.)

[48] „The high oil prices in the 1970s encouraged energy conservation and increased oil exploration, precipitating a *predictable* drop in prices by the early 1980s." Arthur 1994, S. 1 (Hervorhebung hinzugefügt). Das Wörtchen ,predictable' findet sich in dieser Formulierung nicht zufällig, denn Arthur betont ja, wie im vorangegangenen Abschnitt

erheblicher Teil ökonomischer Forschung beruht somit traditionell auf einem deterministischen Weltbild, in dem historische Zufälligkeiten keine Rolle spielen können.

Es sei darauf hingewiesen, daß sich, wie es scheint, auch in Bezug auf die *biologische* Evolution die Begriffe in Richtung zu ‚mehr Historizität' verschieben. So argumentiert der Evolutionsforscher Stephen Jay Gould, daß sich die Evolution nicht, wie es häufig unterstellt wird, als „Kegel wachsender Vielfalt" beschreiben läßt, der von geringer Vielfalt der anatomischen Baupläne zu immer größerer Vielfalt ‚fortschreitet' und kontinuierlich immer größere Angepaßtheit der Arten an ihr biologisches Umfeld hervorbringt. Vielmehr hätte, so Gould, die maximale anatomische Vielfalt zu einem sehr frühen Stadium bestanden – „unmittelbar nach der ersten Diversifizierung der vielzelligen Tiere" – und sich dann drastisch reduziert.[49] Gould schließt daraus, daß *Kontingenz*, und damit ein irreduzibles historisches Element, in der Evolution eine wesentlich größere Rolle spielt als bisher angenommen. Seine Schlußfolgerungen erinnern an den oben angesprochenen Begriff der Bifurkation und lesen sich wie eine ‚History-matters-Interpretation' des Pfadabhängigkeitskonzepts:

> „Kleine Verrücktheiten zu Beginn, ohne besonderen Grund, lösen Kaskaden von Folgen aus, die eine bestimmte Zukunft im Rückblick als unausweichlich erscheinen lassen. Doch es genügt ein ganz leichter Stupser zu Anfang, und eine andere Rinne wird berührt, die Geschichte schlägt einen anderen plausiblen Weg ein, der stetig vom ursprünglichen Verlauf wegführt. Die Endresultate sind so verschieden, die anfängliche Störung scheinbar so unbedeutend."[50]

---

erläutert, die *Nichtvorhersagbarkeit* von Prozessen, die durch positive Rückkopplungen gekennzeichnet sind, als wesentlichen Unterschied zu Prozessen, in denen negative Rückkopplungen vorherrschen. Zur Vernachlässigung positiver Rückkopplungen in weiten Teilen der ökonomischen Wissenschaft vgl. auch Tietzel 1994, S. 341.

[49] Gould 1994, S. 44. Die Tatsache, daß es heute mehr Arten gibt als jemals zuvor, widerlegt, so Gould, seine These nicht, da diese „nur Wiederholungen von einigen wenigen anatomischen Grundentwürfen" seien. (Ebda.)

[50] Ebda., S. 363. Aufgrund der Ähnlichkeit solcher Überlegungen zum Pfadabhängigkeitsparadigma greift Gould auch Paul Davids QWERTY-Geschichte auf und vergleicht die QWERTY-Tastaur mit dem ‚falschen Daumen' des Pandabären, einer behelfsmäßigen Verlängerung eines Knochens, die der Panda zusätzlich zu seinen fünf Fingern entwickelt hat und womit er in der Lage ist, einen Gegengriff auszuführen. Als Nachfahren von Karnivoren, die keinen Daumen benötigten, mußten die Pandas als Bambusfresser eine solche Behelfslösung entwickeln – eine Lösung, in der sich, ähnlich wie im Fall der QWERTY-Tastatur, die *historische Entwicklung* widerspiegelt. (Siehe Gould 1987.)

In diesem Zusammenhang ist ferner der Begriff des ‚unterbrochenen Gleichgewichts‘ (*punctuated equilibrium*) zu nennen, der von Eldredge und Gould in die Diskussion eingebracht wurde und der auch in der evolutorischen Ökonomik Verwendung findet.[51] Die traditionelle Vorstellung von der Entstehung der Arten, so Eldredge und Gould, sei die eines langsamen, gleichmäßigen Prozesses, der gesamte Populationen umfaßt sowie ihr gesamtes Ausbreitungsgebiet.[52] Dem setzen Eldredge und Gould die Vorstellung anhaltender relativer Stabilität entgegen, die von ‚revolutionären Sprüngen‘ unterbrochen wird.[53] In dieser Konzeption entstehen neue Arten nicht langsam und graduell, sondern durch die sehr schnell vor sich gehende Anpassung von Subpopulationen an spezifische Bedingungen in isolierten Randgebieten des Ausbreitungsgebietes der Art.[54] Damit ist jene Ambiguität angesprochen zwischen relativer Stabilität und Vorhersagbarkeit auf der einen und radikaler Nichtvorhersagbarkeit und Offenheit auf der anderen Seite, die auch für die Vorstellung von Pfadabhängigkeit ‚als Geschichte‘ entscheidend ist. Die Kehrseite abrupter Veränderungsschübe stellt die relative Stabilität zwischen diesen Schüben dar. Dafür wird auch der Begriff der ‚Chreode‘ (von griechisch ‚vorbestimmter oder notwendiger Weg‘) verwendet, den der Biologe Conrad Waddington in einem anderen Zusammenhang geprägt hat. Ihm ging es um die komplexen Prozesse, durch die der Genotypus seinen Phänotypus ausbildet. Diese Prozesse, so Waddington, folgen einem stabilisierten zeitlichen Verlauf. In Anlehnung an den Begriff der Homöostase, der für die Stabilisierung einer variablen Größe auf einem *konstanten Wert* verwendet wird, spricht Waddington von Homöorhese, wobei „das, was stabilisiert wird, nicht eine konstante Größe ist, sondern ein *bestimmter zeitlicher Ablauf.*"[55] Chreoden sind dann Systempfade, die homöorhetisch sind, also einem stabilisierten zeitlichen Ablauf folgen und „eine gewisse Resistenz gegenüber Veränderungen

---

[51] Siehe z.B. Hodgson 1993b, S. 264.

[52] Siehe Eldredge und Gould 1972, S. 89.

[53] „The history of evolution is not one of stately unfolding, but a story of homeostatic equilibria, disturbed only ‘rarely’ (i.e., rather often in the fullness of time) by rapid and episodic events of speciation." (Ebda., S. 84.) Hodgson weist mit Recht darauf hin, daß der Begriff ‚Gleichgewicht‘ in diesem Zusammenhang *cum grano salis* gelesen werden sollte: „In this context the term is different from that found in mechanics and orthodox economics, in that to some degree it encompasses mutation and change within the same evolutionary track." (Hodgson 1993, S. 264.) Siehe dazu auch die Anmerkungen zum Gleichgewichtsbegriff, so wie er hier verwendet wird, in Abschnitt 1.1.2.

[54] Vgl. Eldredge und Gould 1972, S. 96.

[55] Waddington 1970, S. 349 (Hervorhebung hinzugefügt).

aufweisen."[56] Offensichtlich ist hier ein Gedanke angesprochen, der dem der ‚Inflexibilität' pfadabhängiger Prozesse sehr nahe kommt.[57]

Wie in der Dualität von ‚Zufall und Notwendigkeit' impliziert, ist die Kreativität und Nichtdeterminiertheit komplexer Prozesse jedoch ebenso zentral für das Geschichtsparadigma wie die Vorstellung relativ determinierter Entwicklungsabläufe in der Natur. Die These ist, daß die Zukunft in einem fundamentalen Sinn nicht gegeben ist und auch nicht von einem ‚Laplace'schen Dämon', der alle Informationen über die Welt besäße, vorhergesagt werden könnte. Buchanan und Vanberg weisen darauf hin, daß sich dieses Leitmotiv des Geschichtsparadigmas auch in den verschiedenen nichtorthodoxen Strömungen in der Nationalökonomie findet, die als ‚subjektivistisch' charakterisiert werden können. Diese heben hervor, daß es die Ökonomen mit einem Untersuchungsgegenstand zu tun haben, in dem menschliches Handeln und menschliche Kreativität eine entscheidende Rolle spielen, und daß diese Tatsache mit der deterministischen Vorstellung ökonomischer Entwicklung als Konvergenz auf ein eindeutig bestimmbares Gleichgewicht letztlich unvereinbar ist.[58] So hat etwa Shackle eindringlich betont, daß es in einer deterministischen Welt kein Denken und keine echten Wahlhandlungen geben kann. „In determinism," schreibt er, „history is independent of thought. Determinism makes thought otiose."[59] Und Buchanan und Vanberg kommentieren: „For radical subjectivism there is simply no way around the fact that whatever happens in the social realm is dependent on human choices, choices that – if they are *choices* – could be different, and could, if they were different, have different effects."[60]

1.2.3 Geschichte, Ordnung und Stabilität

Auch eine ‚Shackle'sche Welt' ist nun freilich nicht eine Welt vollkommener Offenheit, in der zu jeder Zeit alles passieren kann. Vielmehr sieht Shackle nicht nur Nichtdeterminiertheit als Voraussetzung dafür an, daß

---

[56] Ebda., S. 355.

[57] Vgl dazu auch Hodgson 1993b, S. 205 f.

[58] Siehe Buchanan und Vanberg 1991, S. 169 f.: „The reasons that limit the applicabiliby of equilibrium models, even in the traditional realm of physics and chemistry, apply a forteriori to the domain of economics. (...) The creativity argument has all the more force where concern is with social processes that are driven by human choice and inventiveness." Siehe dazu auch Buchanan und Vanberg 1997.

[59] Shackle 1990, S. 29. Siehe auch ebda., S. 31: „If choice means more than an illusion, it means the origination of history, an origination which is seeded in men's thoughts and germinates in their interactive deeds."

[60] Buchanan und Vanberg 1991, S. 171. (Hervorhebung im Original.)

wir in einem vernünftigen Sinn von Wahlhandlungen sprechen können, sondern auch das Vorhandensein von *Ordnung* in dem Sinn, daß die Entscheidungen der Vergangenheit den Handlungsmöglichkeiten der Gegenwart Beschränkungen auferlegen.[61] Mit anderen Worten: Auch eine Welt der Offenheit und der Kreativität ist eine historisch-pfadabhängige Welt. Es zeigt sich, daß die Begriffe Ordnung und Pfadabhängigkeit eng miteinander verbunden sind: Pfadabhängigkeit ,als Geschichte' bedeutet, daß ein Maß an ,Ordnung', ,Strukturiertheit' oder ,Kontinuität' besteht, denn eine erratische Welt wäre ebensowenig pfadabhängig wie eine determinierte. In diesen Zusammenhang fügt sich der Begriff der *Erwartungen*: Nur in einer hinreichend geordneten Welt sind die Individuen in der Lage, Erwartungen über die Zukunft zu bilden. Es ist dieser Punkt, den auch Hayek anspricht, wenn er Ordnung als einen Sachverhalt definiert, „in dem eine Vielzahl von Elementen verschiedener Arten in solcher Beziehung zueinander stehen, daß wir aus unserer Bekanntschaft mit einem räumlichen oder zeitlichen Teil des Ganzen lernen können, richtige Erwartungen bezüglich des Restes zu bilden, oder doch zumindest Erwartungen, die sich sehr wahrscheinlich als richtig erweisen werden."[62] Dabei wird es freilich – in einer offenen Welt – immer so sein, daß diese Erwartungen auch enttäuscht werden können: „expectations ... can, ultimately, not be more than *conjectures* about an undetermined and, therefore, unknowable future."[63]

Aus ordnungsökonomischer Sicht werden die *sozialen Regeln und Institutionen* als die entscheidenden Ordnungsfaktoren in der sozialen Welt angesehen, da sie menschliche Interaktionen strukturieren und den Raum der möglichen Handlungen beschränken. Wenn beobachtbare soziale Systeme also jene Kontinuität aufweisen, die zur Bildung von Erwartungen erforderlich ist, so wird angenommen, daß dies auf das Vorhandensein stabiler Regeln und Institutionen zurückzuführen sei. Institutionen *müssen* relativ stabil über die Zeit sein; wären sie es nicht, könnten sie ihre Funktion der Erwartungsstabilisierung nicht erfüllen, und wir würden nicht von Institutionen sprechen. Dieser Punkt ist, wohlgemerkt, zunächst rein definitorischer Natur und vermag nicht die relative Stabilität von Institutionen, und damit ihre Existenz, zu *erklären*.

Andererseits darf der Hinweis auf die relative Stabilität von Institutionen über die Zeit auch nicht darüber hinwegtäuschen, daß Institutionen bei näherer Betrachtung ein hochkomplexes und dynamisches Phänomen sind; daher bezeichnete etwa Veblen Institutionen als „highly complex and

---

[61] Siehe Shackle 1961, S. 4 f.
[62] Hayek 1980, S. 57.
[63] Buchanan und Vanberg 1991, S. 171. (Hervorhebung hinzugefügt.)

wholly unstable."[64] Dies muß kein Widerspruch zur Stabilitätsannahme sein; es handelt sich eben nur um *relative* Stabilität. Wenn man die komplizierten Prozesse berücksichtigt, die Institutionen zugrundeliegen, dann ist es nicht verwunderlich, daß sie sich – ungeachtet ihrer notwendigen Stabilität – über die Zeit wandeln. Dieser Wandel ist, wie North betont, „overwhelmingly incremental,"[65] kann aber auch, zwischen längeren Perioden relativer Stabilität, in revolutionären Schüben erfolgen. Betrachtet man historische Zeiträume, ergibt sich daher ein Muster, das sich mit dem oben bereits erwähnten Konzept des ‚unterbrochenen Gleichgewichts' beschreiben läßt. Welche Mischung aus Stabilität und Dynamik als für die institutionelle Evolution charakteristisch angesehen wird, hängt dabei auch von der Perspektive des Betrachters ab; in einem schönen Buch über den ‚kurzen Atem der Evolution' findet Jonathan Weiner dafür, bezogen auf die biologische Evolution, die folgende Metapher:

> „Wenn wir uns die Rauchwolke eines Vulkans aus der Nähe ansehen, können wir eine intensive, schnelle Bewegung beobachten, eine gewaltige und gefährliche Turbulenz. Wenn wir die Eruption aus großer Entfernung betrachten (...), dann scheint die Rauchsäule nahezu bewegungslos in der Luft zu stehen: Wir müssen sie eine ganze Weile beobachten, um überhaupt irgendeine Veränderung erkennen zu können. Die Evolution des Lebens stellt sich als etwas heraus, das eher der Eruption eines Vulkans gleicht. Je genauer man hinschaut, desto turbulenter und gefährlicher ist das, was da vor sich geht; je größer der Abstand, desto eher erscheint einem die lebendige Welt fest und stabil, insgesamt kaum in Bewegung."[66]

Wie genau der Institutionenökonom hinschaut, welchen Fokus er wählt, wird von den Fragen abhängen, die er beantworten möchte. Für manche Fragen mag es hilfreich sein, sehr weitreichende Abstraktionen vorzunehmen, so daß das Institutionengefüge, um das Bild von Weiner aufzunehmen, „nahezu bewegungslos in der Luft" steht und damit analytisch leichter handhabbar wird. Man kann wohl sagen, daß diese Vorgehensweise charakteristisch für jene Bereiche des institutionenökonomischen Theoriespektrums ist, die sich stark an der neoklassischen Tradition orientieren und für die sich der Begriff ‚Neue Institutionenökonomik' (NIÖ) etabliert

---

[64] Veblen, The Place of Science in Modern Civilization and Other Essays, New York 1919, zitiert in Hodgson 1993a, S. 18.
[65] North 1990, S. 89.
[66] Weiner 1994, S. 171.

hat.[67] Paul David kritisiert diese Forschungsrichtung wegen ihres *Funktio-nalismus*, also dem Bestreben, Institutionen zu erklären, indem man ihre Funktion identifiziert, und wegen der darin implizierten teleologischen Betrachtungsweise, wenn er schreibt, Ökonomen würden annehmen „that the present shape of things can best be explained by considering their function and particularly their function in some future state of the world. (…) the so-called 'new institutional economics' proposed to explain many current features of organizations and economic institutions in a thoroughly neoclassical fashion, by citing the respects in which these represented presently efficient solutions to resource allocation problems."[68] Die für dieses Vorgehen erforderliche implizite Annahme ist, so David, daß Institutionen ‚beliebig formbar' sind.[69]

Diese Annahme erlaubt erst eine teleologische Erklärung von Institutionen, nämlich als das Ergebnis *rationaler Gestaltung*. Der Rationalitätsbegriff, der dabei zugrundegelegt wird, ist typischerweise der, den Herbert Simon mit dem Begriff ‚substantive rationality' belegt hat; dabei geht es um optimierendes Verhalten angesichts *objektiv gegebener* Entscheidungsprobleme.[70] Was die Erklärung von Institutionen angeht, ist dieser Rationalitätsbegriff wiederum – notwendigerweise – eng verbunden mit der Konzeptualisierung von Institutionen, als würden sie in gewisser Weise außerhalb des Handelnden stehen und seine Handlungsmöglichkeiten beschränken wie physische Hindernisse oder, wie Nicholas Rowe es formuliert, wie ‚Zäune'.[71] Zäune kann man, je nach den gegebenen Umständen, zu geringen Kosten abbauen und woanders wieder aufstellen, oder auch nicht: Begreifen wir Institutionen als etwas, das Zäunen ähnelt, können wir sie in der Tat teleologisch erklären, als das Ergebnis rationaler, vorausschauender Entscheidungen, für die die Vergangenheit keine Rolle spielt.

Das Pfadabhängigkeitsparadigma betont demgegenüber – darauf stellt die Kritik Paul Davids ab –, daß Institutionen eben nicht beliebig formbar

---

[67] Für einen Überblick siehe Richter und Furubotn 1996 sowie Eggertsson 1990; Vergleiche mit dem ‚Alten' Institutionalismus finden sich in Rutherford 1989 und 1996, Hodgson 1993a und 1994 sowie Setterfield 1993. Eine dem Pfadabhängigkeitskonzept nahestehende Diskussion selbstverstärkender Effekte in der Tradition des ‚Alten' Institutionalismus bietet Kapp 1976, S. 217 ff.

[68] David 1994a, S. 206.

[69] Ebda., S. 206 f.: „… the implicit presumption that institutional arrangements are perfectly malleable seems to be a persistent predilection on the part of many mainstream economists."

[70] Siehe Simon 1979, S. 67: „Behaviour is substantively rational when it is appropriate to the achievement of given goals within the limits imposed by given conditions and constraints."

[71] Siehe Rowe 1989, S. 20.

sind, sondern immer auch von ihrem bisherigen Entwicklungspfad beeinflußt werden. Woran dies liegt, wird Gegenstand des dritten Kapitels sein.
Die positiven Rückkopplungen, um die es dort gehen wird, verweisen auf
die Bedeutung der Vergangenheit für das Verständnis gegenwärtiger Institutionen; sie bringen es in der Tat mit sich, etwas ‚näher‘ an die institutionelle Dynamik heranzugehen. Diese Anmerkungen sollen vorerst zum
Verständnis von Pfadabhängigkeit als History-matters-Argument genügen.
Im nächsten Abschnitt soll nun auf die andere zentrale Implikation des
Pfadabhängigkeitsbegriffs eingegangen werden, und zwar die der *potentiellen Ineffizienz*.

1.3   Pfadabhängigkeit als ‚Evolutionsversagen‘

1.3.1   Pfadabhängigkeit ist nicht mit Ineffizienz gleichzusetzen

Im vorangegangenen Abschnitt ist die *eine* zentrale Implikation des Pfadabhängigkeitskonzepts, daß Geschichte relevant ist, diskutiert und von
verschiedenen Seiten beleuchtet worden. In diesem Abschnitt soll nun
argumentiert werden, daß dieses Geschichtsargument und die ‚potentielle
Ineffizienz‘ pfadabhängiger Prozesse sauber auseinandergehalten werden
sollten. Daß dies überhaupt explizit argumentiert werden muß, hängt damit zusammen, daß die beiden Aspekte von Beginn an so eng miteinander
verbunden wurden, daß der Eindruck entstehen mußte, Pfadabhängigkeit
sei *gleichbedeutend* mit potentieller Ineffizienz. Dabei war, wie oben dargelegt, für den Wirtschaftshistoriker Paul David vor allem das methodologische Geschichtsargument wichtig. David geht sogar so weit zu behaupten, daß die Erwähnung von ‚Ineffizienz‘ bei seinem Vortrag auf dem
Treffen der American Economic Association im Jahr 1984 lediglich dazu
gedient habe, die Aufmerksamkeit zu erlangen für seine eigentliche Botschaft, ‚history matters‘.[72]

---

[72] Siehe David 1997, S. 9. Die Passage ist so amüsant, daß sie wiedergegeben werden
sollte: „What message ... would persuade the economist in the street to turn his or her
mind to the possibility that history might matter in what they were doing professionally?
Getting attention was a first requirement, and so my talk would start out with references
to Sex. Seizing the audience's attention was one thing, but how to keep it? One generally reliable tactic of reinforcement suggested itself: the application of a stimulating
shock. What is the subject that jolts economists even more than mention of Sex? Inefficiency!" Siehe David 1986 für eine Version der QWERTY-Geschichte, in der uns die
erwähnten ‚references to sex‘ noch erhalten geblieben sind.

Paul David wendet sich nun gegen eine – zumindest in seiner Wahrnehmung – übermäßige Identifikation von Pfadabhängigkeit und Ineffizienz, indem er zu zeigen versucht, daß Ineffizienz weder notwendig noch hinreichend für Pfadabhängigkeit ist.[73] Dies gilt in der Tat auch für das Pfadabhängigkeitsverständnis, das dieser Arbeit zugrundeliegt: Zum einen gibt es offensichtlich Prozesse, die der hier verwendeten Definition zufolge pfadabhängige Prozesse sind, jedoch keinerlei ‚Ineffizienz‘ implizieren. Alles, was in Anlehnung an Arthur behauptet wurde, war, daß es bei solchen Prozessen aufgrund des unsystematischen Einflusses ‚zufälliger‘ oder ‚historischer‘ Ereignisse *keine Effizienzgarantie* geben kann. Daher spricht Arthur ja auch vorsichtig von *potentieller* Ineffizienz. Wir können also aus dem Vorliegen von Pfadabhängigkeit nicht auf Ineffizienz schließen; Ineffizienz ist nicht notwendig für Pfadabhängigkeit.

Andererseits gibt es offensichtlich die verschiedensten Gründe dafür, daß es in ökonomischen Systemen zu Ineffizienzen kommen kann. In Bezug auf marktliche Allokation sei hier an die Theorie des ‚Marktversagens‘ erinnert, die Ursachen ökonomischer Ineffizienzen identifiziert – wie verschiedene Arten externer Effekte oder öffentlicher Güter –, die mit Pfadabhängigkeit nichts zu tun haben.[74] In Abschnitt 2.4 soll argumentiert werden, daß es auch in Bezug auf Institutionen, denen ja das Hauptaugenmerk dieser Arbeit gilt, verschiedene Ansätze gibt, die die Existenz ineffizienter Institutionen erklären, jedoch mit Pfadabhängigkeit nichts zu tun haben. Wir können also aus dem Vorliegen von Ineffizienz auch nicht auf Pfadabhängigkeit schließen; Ineffizienz ist somit auch nicht hinreichend für Pfadabhängigkeit.

1.3.2 Pfadabhängigkeit und potentielle Ineffizienz bei Liebowitz und Margolis

Liebowitz und Margolis kritisieren das Pfadabhängigkeitskonzept in einer Reihe von viel beachteten Veröffentlichungen.[75] Sie begehen jedoch implizit den Fehler, Pfadabhängigkeit mit Ineffizienz gleichzusetzen, wenn sie verschiedene Kategorien von Pfadabhängigkeit anhand unterschiedlicher

---

[73] Siehe David 1997, S. 20 ff.
[74] Vgl. ebda., S. 21 f.
[75] Siehe Liebowitz und Margolis 1990, 1995b, 1997 und 1998b. In ähnlicher Weise setzen sie sich auch mit dem Netzexternalitäten-Konzept kritisch auseinander, vgl. dazu Abschnitt 2.3.

Ineffizienzbehauptungen definieren.[76] So bezeichnen sie es als Pfadabhängigkeit ‚ersten Grades‘, wenn zwar ‚kleine Ereignisse‘ großen Einfluß auf den Verlauf des Prozesses haben können,[77] aber keine Ineffizienz impliziert ist. Bei ‚unvollkommener Information‘ sehen sie ferner die Möglichkeit einer Pfadabhängigkeit ‚zweiten Grades‘; in diesem Fall kann es sein, daß Entscheidungen, die ‚effizient‘ waren in dem Sinn, daß alle *zum gegebenen Zeitpunkt* verfügbaren Informationen berücksichtigt wurden, in der *Rückschau* als ineffizient erscheinen, weil inzwischen neue Informationen verfügbar wurden. Solche Entscheidungen sind jedoch *nicht*, wie Liebowitz und Margolis konstatieren, „inefficient in any meaningful sense, given the assumed limitations on knowledge.“[78] Unter Pfadabhängigkeit 'dritten Grades' schließlich verstehen Liebowitz und Margolis, wenn sich ein ineffizientes Ergebnis einstellt, welches *behebbar* ist: „(...) there exists or existed some feasible arrangement for recognizing and achieving a preferred outcome, but that outcome is not obtained.“[79]

Pfadabhängigkeit ersten Grades hat definitionsgemäß keine normativen Implikationen; Pfadabhängigkeit zweiten Grades behauptet zwar Ineffizienz, diese ist jedoch ex ante nicht behebbar – schließlich waren die Informationen, aufgrund derer die betreffende Entscheidung als ‚falsch‘ eingeschätzt wird, zum Zeitpunkt der Entscheidung noch nicht verfügbar. Pfadabhängigkeit dritten Grades schließlich bedeutet, daß eine Handlung ‚ex ante pfadineffizient‘ ist, das heißt, eine Entscheidung wird gefällt, obwohl die Inferiorität des Pfades, zu dem sie führt, bekannt ist. Während Pfadabhängigkeiten ersten und zweiten Grades unproblematisch bzw. nicht behebbar sind, bleibt noch Pfadabhängigkeit dritten Grades als echtes Problem und – insbesondere – als Herausforderung für das neoklassische Rational-choice-Modell: „Third degree path dependence is the only form of path dependence that conflicts with the neoclassical model of relentlessly rational behavior leading to efficient, and therefore predictable, outcomes.“[80]

---

[76] Zum Folgenden siehe Liebowitz und Margolis 1995b, S. 206 f. In ähnlicher Weise verwendet auch Roe das Ineffizienzkriterium, um Pfadabhängigkeit zu kategorisieren, vgl. Roe 1996, S. 647-652.

[77] Liebowitz und Margolis (1995b) sprechen von „sensibler Abhängigkeit von den Ausgangsbedingungen,“ was David als unzulässige Gleichsetzung von Pfadabhängigkeit mit *deterministischem Chaos* kritisiert. David hält dies für das Ergebnis einer deterministischen Denkweise: „What it reflects is a predilection ... for transposing concepts and arguments that are probabilistic in nature into simple deterministic models.“ (David 1997, S. 16.)

[78] Ebda., S. 207.

[79] Ebda.

[80] Ebda., S. 207 f.

Es ist interessant zu sehen, wie Liebowitz und Margolis den Pfadabhängigkeitsbegriff (um)interpretieren, womit sie die Frage nach der implizierten ‚potentiellen Ineffizienz' in ihrem Sinne zuspitzen. Wie Paul David bemerkt, hat diese Vorgehensweise den Effekt „of restricting the applicability of the notion of 'lock-in' to a condition – 'third-degree path dependence' – which has been definitionally constructed so as to render it empirically implausible."[81] Der entscheidende ‚Kunstgriff' – man mag auch von einem Mißverständnis sprechen – liegt darin, daß Liebowitz und Margolis die ‚Wahl' eines Pfades als *bewußte Entscheidung* von irgendjemandem interpretieren.[82] Diese Interpretation kann wiederum auf zwei Weisen gelesen werden: *Erstens* könnte es sein, daß Liebowitz und Margolis unter der Rubrik ‚Pfadabhängigkeit' nur Sachverhalte fassen, die von einem Individuum auch tatsächlich gewählt werden können – also nicht ‚soziale' oder ‚Makro'-Ergebnisse. Dies würde allerdings den Beispielen widersprechen, die sowohl in der Literatur als auch von Liebowitz und Margolis selbst diskutiert werden. Denn bei sämtlichen ‚Ergebnissen', die anhand des Pfadabhängigkeitskonzepts untersucht werden, handelt es sich um *kollektive* Ergebnisse, die sich aus einer Vielzahl von Handlungen ergeben und von den einzelnen Beteiligten nicht wählbar sind. Dies gilt für technologische Standards ebenso wie für soziale Institutionen und alle anderen Beispiele pfadabhängiger Entwicklungen.[83]

Zweitens könnten Liebowitz und Margolis von einer bewußten Wahl von Pfaden sprechen, weil sie davon ausgehen, daß rationale Entscheidungen aller Beteiligten sich durch Addition auf die Ebene kollektiver Ergebnisse übertragen lassen, so daß kein Unterschied zwischen ‚individueller' und ‚kollektiver' Rationalität zu erwarten ist. In diesem Fall wäre die Rede von einer ‚Entscheidung' zwar eine verkürzte, metaphorische Sprechweise, die jedoch keine schwerwiegenden Konsequenzen hätte. Nun behandelt Pfadabhängigkeit ja aber gerade solche Fälle, in denen von einer Identität von kollektiver und individueller Rationalität nicht notwendigerweise ausgegangen werden kann. Dies liegt daran, daß positive Rückkopplungen in sozialen Kontexten immer dann vorliegen können, wenn das Verhalten des Einzelnen davon abhängt, wie sich die anderen verhalten. Unter Bedingungen sozialer Interdependenz kann aber eben nicht

---

[81] David 1997, S. 26 f.

[82] Vgl. wiederum David: „It is apparent that within the Liebowitz and Margolis framework the initial 'selection' of a path implicitly is presumed to involve a conscious choice on someone's part." (Ebda., S. 26.)

[83] Beispielsweise untersucht Arthur Urbanisierungsprozesse und die Entwicklung von Industriezentren (siehe Arthur 1994, Kapitel 4 und 6); Kuran (1989 und 1995) beschreibt Fälle von ‚kollektivem Konservatismus'; für eine Vielzahl weiterer Beispiele siehe Schelling 1978.

davon ausgegangen werden, daß individuell rationale Entscheidungen zu kollektiv rationalen Ergebnissen führen, wie es eine einfache Addition individueller ‚Rationalitäten' ergeben würde. Dies ist das Thema von Thomas Schellings *Micromotives and Macrobehavior*: „(...) situations, in which people's behavior or people's choices depend on the behavior or the choices of other people, are the ones that usually *don't permit any simple summation or extrapolation to the aggregates.*"[84]

Welche der beiden angedeuteten Interpretationen Liebowitz und Margolis meinen, wenn sie von ‚Entscheidungen' sprechen, bleibt indes unklar, weil sie gar nicht zwischen individuellen Entscheidungen und kollektiven Ergebnismustern unterscheiden. Wenn wir jedoch alle Sachverhalte in der sozialen Welt als Folge bewußter Entscheidungen auffassen, dann ergibt die Vorstellung einer ‚potentiellen Ineffizienz' nur dann einen Sinn, wenn *irrationales* Verhalten im Spiel ist, und das ist in der Tat die Schlußfolgerung, zu der Liebowitz und Margolis gelangten: „Thus, in order for third-degree lock-in to occur, there must be agents who know enough to make correct choices but who fail to take advantage of the implied profit opportunities (...)."[85] Wenn man dagegen die Explananda der Pfadabhängigkeitstheorie als kollektive Phänomene interpretiert, die sich aus einer Vielzahl interdependenter Handlungen ergeben, und wenn man berücksichtigt, daß in solchen Fällen individuelle und kollektive Rationalität auseinanderklaffen können, dann gibt es keine Notwendigkeit mehr, Ineffizienz auf der kollektiven Ebene mit irrationalem individuellem Verhalten in Verbindung zu bringen. Die historischen Beispiele von Pfadabhängigkeit sind vielmehr, wie wir noch sehen werden, vollkommen konsistent mit der Annahme rationalen Verhaltens.[86]

1.3.3 *Inflexibilität und potentielle Ineffizienz*

Wenngleich, wie in Abschnitt 1.3.1 dargelegt wurde, Ineffizienz nicht als Definitionskriterium für Pfadabhängigkeit herangezogen werden kann, so

---

[84] Schelling 1978, S. 14. (Hervorhebung hinzugefügt.)

[85] Liebowitz und Margolis 1995, S. 216.

[86] So schreibt auch David zur Pfadabhängigkeit von Technologien: „The facts of all the technological instances recently under re-examination ... are quite consistent with the view that the behavior of the initiating actors of the drama, generally, was quite deliberate ... and furthermore, reasonably conformable to the urgings of the profit motive. Yet, generally, their actions also were bounded by a parochial and myopic conception of the process in which they were engaging – in the sense that these decision agents were not concerned with whether the larger system that might (and was) being built around what they were doing would be optimized by their choice." (David 1997, S. 40.)

kann *potentielle* Ineffizienz doch als Implikation pfadabhängiger Prozesse verstanden werden. Wenn wir unter einem pfadabhängigen Prozeß einen Prozeß verstehen, bei dem mehrere Ergebnisse möglich sind, dessen Ergebnis aber nicht vorhersehbar ist, weil an bestimmten (‚Bifurkations'-) Punkten geringfügige Einflüsse den Pfad des Prozesses bestimmen können, dann können nicht *ex ante* bestimmte Ergebnisse garantiert werden. Also auch nicht diejenigen, die ‚effizient' wären – schließlich ist nicht zu erwarten, daß ‚kleine Ereignisse' ihren ‚großen Einfluß' unter Effizienzgesichtspunkten ausüben, oder in *irgendeiner* systematischen Weise. Wenn zudem noch Inflexibilität gegeben ist in dem Sinn, daß ein bestimmter Zustand, einmal erreicht, selbstverstärkend ist, dann kann es sein, daß das ‚effiziente' Ergebnis auch *ex post* nicht realisiert wird.[87] *Inflexibilität wird daher zum zentralen Problem*, denn ohne Inflexibilität wären jederzeit – und ohne Kosten – Korrekturen möglich, so daß es ein Ex-post-Ineffizienzproblem pfadabhängiger Prozesse nicht geben könnte.

Das Vorliegen ‚multipler Gleichgewichte' ist dabei so etwas wie eine *notwendige* Bedingung, da wir die Frage nach der Bewertung alternativer Zustände überhaupt nur dann sinnvoll stellen können, wenn verschiedene Zustände möglich sind. Als weltanschaulicher Determinist mag einer Optimist sein oder Pessimist, er wird nahezu zwangsläufig Fatalist, da ihm die Möglichkeit der Bewertung und Verbesserung gegebener Verhältnisse nicht denkmöglich ist. Die Begründer der Freiburger Schule waren sich darüber im Klaren: „Zwecklos oder närrisch erscheint es bei solcher Grundhaltung, sich dem ehernen Gang der Ereignisse entgegenzustellen oder sich für eine *Idee* einzusetzen."[88]

Was immer nun mit ‚Ineffizienz' genau gemeint sein soll – auf diese Frage soll erst in Kapitel 4 näher eingegangen werden – eine Ineffizienzthese impliziert immer einen *Handlungsimperativ*: Wenn Ökonomen etwas als ‚ineffizient' bezeichnen, dann meinen sie damit in der Regel, daß es, gemessen an irgendeinem Standard, nicht so ‚gut' ist, wie es sein könnte, und daß die ‚bessere' Situation herbeigeführt werden *sollte*.[89] Die Ineffizienzhypothese pfadabhängiger Prozesse hat somit deutliche Parallelen zur Theorie des ‚Marktversagens': Dort werden Ergebnisse realer Märkte mit einem theoretisch bestimmbaren allokativen Optimum verglichen; ‚ineffizient' sind reale Marktergebnisse dann, wenn sie hinter diesem Optimum zurückbleiben. Auf diese Weise werden Fälle von

---

[87] Zur Unterscheidung zwischen Ineffizienz ex ante und ex post siehe Abschnitt 1.3.4.

[88] Böhm, Eucken und Großmann-Doerth 1937, S. XII. (Hervorhebung im Original.)

[89] Die *Kosten der Umsetzung* der vorgeschlagenen Verbesserung müssen dabei natürlich bereits eingerechnet sein.

Marktversagen identifiziert, die Handlungsbedarf signalisieren, wie die staatliche Bereitstellung öffentlicher Güter oder die Internalisierung externer Effekte (indem etwa Eigentumsrechte geschaffen bzw. redefiniert werden oder eine Pigou-Steuer erhoben wird).[90]

Angewandt auf Technologien und Institutionen unternimmt die Ineffizienzhypothese der Pfadabhängigkeit für *evolutorische* Prozesse etwas Ähnliches wie die Theorie des Marktversagens im Zusammenhang mit marktlicher Allokation. Man könnte daher von ‚Evolutionsversagen' sprechen: Marktversagensvermutungen beziehen sich auf ‚Ineffizienzen' in der spontanen Ordnung des Marktes, Evolutionsversagensvermutungen beziehen sich auf ‚Ineffizienzen' in der Evolution von Technologien oder Institutionen. Es liegt daher nahe, im Zusammenhang mit der These vom ‚Lock-in' ineffizienter Technologien oder Institutionen auch von ‚Evolutionsversagen' zu sprechen, und die These von der potentiellen Ineffizienz pfadabhängiger Prozesse kann auch als ‚Evolutionsversagenshypothese' bezeichnet werden.[91]

Festzuhalten ist, daß *Inflexibilität* als das Kernproblem der Diskussion um Evolutionsversagen angesehen werden kann. Zwar betont Pfadabhängigkeit, daß sich durch den Einfluß historischer ‚Zufälle' auch Ergebnisse einstellen können, die ex ante als suboptimal identifiziert werden könnten. Entscheidend dürfte jedoch Ex-post-Ineffizienz sein, da es in einer sich wandelnden Welt keine Garantie geben kann, daß die Problemlösungen von gestern auch den Bedingungen von heute noch angemessen sind. So gesehen spielt es keine Rolle, ob ‚man es vorher hätte wissen können'; entscheidend ist, daß Inflexibilitäten spontane Anpassung verhindern. Ursache für die Inflexibilität von Pfaden sind positive Rückkopplungen[92] –

---

[90] Für einen Überblick siehe Streit 1991, S. 12-21.

[91] Es sei darauf hingewiesen, daß in der Pfadabhängigkeitsliteratur nicht immer zwischen marktlicher Allokation und Evolution unterschieden wird. Wenngleich die beiden natürlich eng miteinander zusammenhängen – wie Hayek mit seiner Formel von den „twin ideas of evolution and spontaneous order" deutlich zu machen suchte (siehe etwa Hayek 1967, S. 77) – so lassen sie sich dennoch sinnvoll unterscheiden. Die Pfadabhängigkeitsdiskussion dreht sich aber um die *Evolution von Technologien und Institutionen*, so daß die Frage von Liebowitz und Margolis „Are Network Externalities a New Source of Market Failure?" in dieser Hinsicht unglücklich gestellt ist. Auch Paul David versäumt es in seiner Gegenkritik, diesen Punkt zu klären. Vgl. Liebowitz und Margolis 1995a und 1995b sowie David 1997, S. 19 ff. Für die ‚Kontroverse' zwischen den beiden siehe den nächsten Abschnitt sowie Abschnitt 2.3.

[92] Wie bereits angesprochen, werden positive Rückkopplungen in der Nähe einmal erreichter ‚Gleichgewichte' ja zu *negativen* Rückkopplungen; es handelt sich aber dabei um dieselben Kausalbeziehungen, so daß – der Einfachheit halber – in der Folge auch dann von positiven Rückkopplungen gesprochen werden soll, wenn sie als Ursache von Inflexibilität betrachtet werden.

oder anders formuliert: Die selbstverstärkenden Effekte, die Pfadabhängigkeit verursachen, sind auch dafür verantwortlich, daß der Prozeß nicht in der Lage ist, Ex-post-Korrekturen *selbst* vorzunehmen.

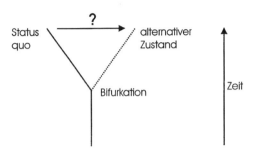

Abbildung 1.2: Diagnose von Evolutionsversagen und kollektiver Pfadwechsel.

Ein Fall von möglichem Evolutionsversagen ist in Abbildung 1.2 illustriert. Über die Zeit hat sich ein evolutorischer Prozeß abgespielt, der zu einem Status quo geführt hat. Es sei nun möglich, einen alternativen Zustand zu definieren, der sich historisch hätte ereignen können – es mag in der Vergangenheit einen ‚Bifurkationspunkt' gegeben haben, an dem beide Pfade gleichermaßen möglich waren. (Natürlich können auch alternative Zustände definiert werden, von denen wir nicht sagen können, daß sie an irgendeinem Punkt in der Vergangenheit ‚möglich' waren.) Wenn nun der Status quo als ein Fall von Evolutionsversagen diagnostiziert werden soll, müssen zwei Fragen geklärt werden: *Erstens* muß geklärt werden, warum der alternative Zustand sich nicht von alleine einstellt, wenn er doch ‚besser' ist, das heißt, die Ursachen der beobachteten Inflexibilität müssen untersucht werden. Diese Frage wird Gegenstand von Abschnitt 1.4 (verschiedene Ursachen institutioneller Inflexibilität), Kapitel 2 (positive Rückkopplungen bei Technologien) und Kapitel 3 (positive Rückkopplungen bei Institutionen) sein. *Zweitens* muß geklärt werden, in welchem Sinn der alternative Zustand ‚besser' ist als der Status quo, es muß also die Frage nach dem normativen Kriterium geklärt werden. Wenn es in Kapitel 4 um institutionelle Reformen geht, wird auch auf diese Frage noch ausführlicher einzugehen sein.

1.3.4 Ineffizienz ex ante *und Ineffizienz* ex post

In den vorangegangenen Abschnitten hat sich bereits herauskristallisiert, daß es nützlich ist, zwischen Ineffizienz ex ante und ex post zu unterscheiden. Geht man ferner davon aus, daß sich hinsichtlich der beiden großen Themen der Pfadabhängigkeitsdiskussion – Technologien und Institutionen – unterschiedliche Fragen stellen, dann ist es außerdem sinnvoll, die beiden gesondert zu behandeln. Wie in Abbildung 1.3 dargestellt, ergeben sich dann vier Fragenkomplexe im Zusammenhang mit Evolutionsversagensvermutungen aufgrund von Pfadabhängigkeit.

Pfadabhän- gigkeit von Ineffizienz	Technologien	Institutionen
ex ante	1	2
ex Post	3	4

Abbildung 1.3: Hinsichtlich der Problematik pfadabhängigkeitsbedingter Ineffizienz lassen sich vier Fragenkomplexe bestimmen, wenn man einerseits zwischen pfadabhängigkeitsbedingter Ineffizienz *ex ante und ex post* unterscheidet, und wenn man andererseits davon ausgeht, daß sich im Zusammenhang mit Technologien und Institutionen unterschiedliche Probleme stellen.

Zu den Fällen 1 und 2 läßt sich im Allgemeinen sagen, daß die Diagnose, daß evolutorische Prozesse ‚sich irren' können, zu dem Schluß verleiten könnte, man sollte spontane Entwicklungen durch bewußte Entscheidungen ersetzen. In die Nähe eines solchen Schlusses geraten etwa Argumente zu einer ‚strategischen Industrie- oder Handelspolitik', die inzwischen auch mit der Pfadabhängigkeitstheorie in Verbindung gebracht werden.[93] Die grundsätzliche Absurdität einer ‚weitsichtigen Pfadwahl-Politik'[94] wird jedoch offensichtlich, wenn man sich die Komplexität und die Offenheit sozio-historischer Prozesse vor Augen führt. Gerade was die bewußte Wahl *technologischer* Pfade anbelangt (Fall 1), so findet sich in technologiehistorischen Arbeiten eine Fülle von Beispielen, die uns Bescheidenheit

---

[93] Siehe etwa Gröhn 1997, der argumentiert, daß strategische Handelspolitik bei Vorliegen positiver Rückkopplungen aufgrund von ‚Netzwerkexternalitäten' wohlstandsmehrend sein kann. (Zum Begriff der Netzwerkexternalitäten siehe Abschnitt 2.2.2.) Für eine kritische Diskussion einer Rechtfertigung strategischer Handelspolitik anhand der Pfadabhängigkeitstheorie siehe Krugman 1994, S. 234 ff.

[94] Vgl. Vanberg 1996b, S. 119.

im Umgang mit der Zukunft lehren.[95] Die Forderung nach einer aktiven Pfadwahl-Politik kann aus der Pfadabhängigkeitstheorie überhaupt nur dann abgeleitet werden, wenn deren eigentliche Botschaft der Historizität und Kontingenz sozio-ökonomischer Prozesse ignoriert wird. Daß pfadabhängige Prozesse immer auch Inflexibilitäten aufweisen, ändert nichts an ihrer grundsätzlichen Offenheit und Nichtvorhersagbarkeit. Versuche, evolutorische Prozesse durch bewußte Entscheidungen zu ersetzen, beruhen somit auf einem Mißverständnis der Pfadabhängigkeitstheorie und sind zum Scheitern verurteilt. In diesem Sinn bemerkt Vanberg: „Aus evolutionstheoretischer Sicht ist solchen Überlegungen entgegenzuhalten, daß der geschichtliche – soziale, wirtschaftliche, politische – Prozeß als evolutorischer Prozeß notwendig zukunftsoffen ist (...). Der Gedanke einer ‚weitsichtigen Pfadwahl-Politik' setzt sich in diesem Sinne dem Hayek-schen Vorwurf konstruktivistischer Wissensanmaßung aus."[96]

Diese Überlegungen erinnern an den grundsätzlichen Punkt, den Harold Demsetz gemacht hat, daß nämlich aus vermutetem ‚Marktversagen' nicht auf die Wünschbarkeit staatlicher Eingriffe geschlossen werden kann, ohne staatliches Handeln selbst zu untersuchen.[97] Ein ähnlicher Trugschluß kann sich leicht auch im Zusammenhang mit ‚Evolutionsversagen' einschleichen, wenn aus der relativen Anpassungsinflexibilität realer evolutorischer Prozesse auf die Notwendigkeit staatlichen Handelns geschlossen wird, ohne zu hinterfragen, welche Ergebnismuster auf lange Sicht von einer staatlichen Pfadwahl-Politik zu erwarten wären.[98]

All dies bedeutet jedoch nicht, daß wir angesichts der Möglichkeit, daß zukünftige technologische Entwicklungspfade sich als unerwünscht erweisen, ex

---

[95] Siehe zum Beispiel Basalla 1988, David 1991, Rosenberg 1982, 1994 und 1996 oder Vincenti 1994. Rosenberg macht den Punkt klar, wenn schreibt: „The pervasiveness of uncertainty suggests that the government should ordinarily resist the temptation to play the role of a champion of any one technological alternative (...)." (Rosenberg 1996, S. 352.)

[96] Vanberg 1996b, S. 119. Zur Hayek'schen Kritik ‚konstruktivistischer Wissensanmaßung' siehe auch Kapitel 4. Witt weist darauf hin, daß mittlerweile auch die Erfolgsbilanz des japanischen MITI Vorbehalte gegenüber einer weitsichtigen Pfadwahl-Politik zumindest nicht mehr widerlegt: „Even the performance of Japan's MITI which has often been admired, recently has presented a mixed picture." Witt 1997, S. 771.

[97] Vgl. Demsetz 1969. Im Zusammenhang mit Pfadabhängigkeit weist auch Kiwit auf diesen Punkt hin, versäumt es aber, zwischen ex ante und ex post zu unterscheiden. (Vgl. Kiwit 1996, S. 74 f.)

[98] Als ein solcher Trugschluß könnte es etwa interpretiert werden, wenn Hodgson schreibt, „evolutionary processes do not necessarily lead to – by any reasonable definition – optimal outcomes. The possibility and indeed desirability of some limited form of state intervention in economic life – be it an industrial policy, some form of indicative planning, or whatever – is thus highlighted by modern evolutionary theory." (Hodgson 1993b, S. 198.)

ante *überhaupt nichts* tun können. Denn auch wenn wir nicht in der Lage
sind, zukünftige Technologieentwicklungen bewußt zu wählen, so können
wir doch versuchen, den Regelrahmen, innerhalb dessen die technologische Entwicklung abläuft, so zu gestalten, daß die Gefahr eines Lock-in in
unerwünschten Pfaden ex ante minimiert wird. Die Grundrichtung, in die
hier zu denken wäre, ist freilich keine Offenbarung; die wesentlichen Ide-
en für eine sinnvolle Ordnungspolitik in einer historischen Welt finden
sich bereits bei Eucken. So müßten zunächst einmal Anstrengungen unternommen werden, marktlichen Wettbewerb als ,Leistungswettbewerb' aus-
zugestalten in dem Sinne, daß nur die Bedienung von Konsumenteninter-
essen zu unternehmerischem Erfolg führen kann, daß also dem Prinzip der
,Konsumentensouveränität' so weit als möglich Geltung verschafft wird.[99]
Ferner wäre bezüglich der Gefahr technologischer Lock-ins vor allem das
Eucken'sche Prinzip der ,offenen Märkte' von Bedeutung:[100] Je besser
gewährleistet ist, daß die verschiedensten technologischen Alternativen im
Markt getestet werden können, desto geringer dürfte die Gefahr ,falscher'
Technologiepfade ceteris paribus werden.[101]

Nun können freilich weder Leistungswettbewerb noch offene Märkte
das grundsätzliche Problem unerwünschter Technologiepfade beseitigen.
Doch immerhin könnten durch eine möglichst weitgehende Sicherstellung
von Leistungswettbewerb solche Technologiepfade ausgeschlossen werden, die keinerlei Anbindung an Konsumentenwünsche haben. Eine möglichst weitgehende Offenheit von Märkten könnte dahingehend wirken,
daß die kritischen (,Bifurkations'-)Phasen in der technologischen Entwicklung, in denen alternative technologische Pfade noch möglich sind,
länger und ausgeprägter sind; dadurch dürfte die Wahrscheinlichkeit steigen, daß sich am Ende auch die (ex ante) ,beste' Technologie durchsetzt.
In diesem Zusammenhang wäre auch über Möglichkeiten nachzudenken,
den Einfluß staatlicher Nachfrage zu reduzieren. Denn ein so großer Nach-
frager wie der Staat kann kritische Phasen der technologischen Entwicklung *verkürzen*, indem er den Markt in eine bestimmte Richtung kippt.
Dies scheint in der Tat die Moral der Entwicklung in der Kerntechnik zu
sein, denn die Dominanz von Leichtwasserreaktoren auf dem Weltmarkt
kam insbesondere durch die Nachfrage der US-Kriegsmarine in den 50er
Jahren zustande.[102] Was Fall 1 anbelangt, bietet Pfadabhängigkeit aus

---

[99] Zum Begriff des Leistungswettbewerbs siehe Eucken 1952, S. 247 ff. Für eine moderne Reinterpretation siehe insbesondere Vanberg 1997, S. 718 f.

[100] Vgl. Eucken 1952, S. 264 ff.

[101] Natürlich spielen in diesem Zusammenhang die verschiedensten Aspekte der
Wirtschaftsverfassung eine Rolle, wie zum Beispiel die Ausgestaltung von Genehmi-
gungsverfahren oder die Verfügbarkeit von Risikokapital.

[102] Siehe auch Abschnitt 2.2.1.

ordnungspolitischer Perspektive also eher ein Argument für staatliche Zurückhaltung denn für staatlichen Aktionismus.[103]

Das gleiche ordnungspolitische Argument im Zusammenhang mit pfadabhängigkeitsbedingter Ineffizienz ex ante läßt sich im Prinzip auch für Institutionen machen (Fall 2), wenn man berücksichtigt, daß Institutionen eine Vielzahl von Ebenen bilden und die jeweils nächsthöhere Ebene als Selektionsumgebung für die darunter liegenden Ebenen angesehen werden kann.[104] Insofern lassen sich die angeführten Argumente auf die Entwicklung von Institutionen übertragen, und es kann versucht werden, „Rahmenbedingungen zu schaffen, die einen ... *Leistungs*wettbewerb zwischen Institutionen fördern, und damit das Überleben solcher Institutionen wahrscheinlicher zu machen, die – was immer das im einzelnen bedeuten mag – für die betroffenen Personen wünschenswerte Eigenschaften haben."[105] Und in ähnlicher Weise, wie es oben im Zusammenhang mit ‚offenen Märkten' diskutiert wurde, könnte es hilfreich sein, durch die Schaffung bzw. Stärkung föderalistischer Strukturen eine möglichst große Zahl institutioneller Experimente zu gewährleisten. Diese Anmerkungen mögen hier zunächst genügen; im dritten Teil der Arbeit soll – im Zusammenhang mit der Frage institutioneller Reformen – nochmals auf einige dieser Punkte zurückgekommen werden.

Es spricht also einiges dafür, daß eine entsprechende Ausgestaltung der Rahmenbedingungen die Wahrscheinlichkeit erhöhen kann, daß die Entwicklung von Institutionen und Technologien wünschenswerte Pfade einschlägt. Jedoch kann das Problem dadurch allenfalls abgemildert, nicht aber gelöst werden, denn aufgrund der Logik positiver Rückkopplungen und den durch sie bedingten Inflexibilitäten kann es keine Garantie geben, daß ausschließlich erwünschte Entwicklungspfade zustande kommen. Dann stellt sich die Frage, wie unerwünschte Pfade *ex post* diagnostiziert werden können, und was in solchen Fällen getan werden kann. Was Technologien angeht, so geht es dabei nicht nur um Fragen *technologischer* Effizienz, sondern durchaus auch um die Frage, ob und inwieweit bestimmte Aspekte unserer technologischen Umwelt, so wie sie sich historisch entwickelt haben, in einem breiteren Sinn unerwünschte Wirkungen haben. Offensichtlich sind damit etwa umweltpolitische

---

[103] Blankart und Knieps argumentieren, daß es unter Umständen sinnvoll sein kann, für technologische *Basisfunktionen* staatliche Standards ex ante zu setzen. Wie immer dieser Vorschlag zu beurteilen ist: Daß sich auch daraus kein Argument für staatlichen Ex-ante-Aktionismus ableiten läßt, wird deutlich, wenn sie schreiben, „if path dependence is a problem it is suggested to tackle it by regulating the basic networks only. This is a way to minimize the use of regulation." (Blankart und Knieps 1992, S. 59.)

[104] Vgl. Vanberg 1996c.

[105] Vanberg 1996b, S. 119. (Hervorhebung im Original.)

Probleme angesprochen, wie beispielsweise die Frage nach Alternativen zum benzingetriebenen Automobil, mit seinen bekannten Begleiteffekten notorisch verstopfter und verpesteter Metropolen, die in der Tat niemand gewollt haben kann. Nun gibt es für dieses Problem freilich keine einfachen Lösungen. Außerdem ist mit der Feststellung, daß der mobilitätstechnologische Status quo nicht nur wünschenswerte Eigenschaften hat, offensichtlich noch keine Lock-in-Diagnose gestellt; denn dafür müßte argumentiert werden, daß ‚bessere' Alternativen verfügbar sind. Der Punkt, auf den hier hingewiesen werden soll, ist lediglich, daß die Frage ex post unerwünschter technologischer Pfade eine legitime Frage ist, die sich im Rahmen der Pfadabhängigkeitstheorie sinnvoll erörtern läßt.[106] Auch „Was wäre gewesen, wenn"-Überlegungen, wie sie in der Pfadabhängigkeitsliteratur gerne angestellt werden, können dabei hilfreich sein, weil sie uns die Kontingenz von Entwicklungen vor Augen führen, die ex post zwangsläufig erscheinen. Die Erkenntnis, daß ‚die Dinge auch anders sein könnten', kann bisweilen eine wichtige Voraussetzung dafür sein, daß über Lösungen nachgedacht wird, anstatt Probleme fatalistisch hinzunehmen. Jedenfalls ist ein unqualifizierter ‚Panglossianischer' Evolutionsoptimismus insbesondere dann wenig hilfreich, wenn Probleme auftreten, und in diesem Sinn bietet sich Pfadabhängigkeit als theoretischer Rahmen für eine konstruktive und nichtfatalistische Herangehensweise an unsere historische Welt an.

Wenn argumentiert werden kann, daß Ex-post-Ineffizienz bei Technologien ein Problem darstellen kann, so gilt dies bei Institutionen mindestens in gleichem Maße. Es ist dieser vierte Fall in Abbildung 1.3, dem das Hauptaugenmerk in dieser Arbeit gilt. Die Diagnose institutioneller Lock-ins sowie die Möglichkeiten und Grenzen institutioneller Reformen sollen jedoch erst in Kapitel 4 behandelt werden. Zuvor soll genauer untersucht werden, wie positive Rückkopplungen – die Ursache pfadabhängigkeitsbedingter Inflexibilitäten – zustande kommen. Dies ist deshalb wichtig, weil eine genaue Analyse der Ursachen von Inflexibilität die Voraussetzung dafür ist, nützliche Reformvorschläge zu machen und die Reformmöglichkeiten richtig einzuschätzen. Für den institutionellen Bereich soll dies in Kapitel 3 geschehen; zuvor soll in Kapitel 2 kurz auf die Quellen positiver Rückkopplungen im technologischen Bereich eingegangen werden, weil die Diskussion in diesem Bereich ihren Anfang nahm und häufig Analogieschlüsse zwischen Technologien und Institutionen gezogen werden. Im nächsten Abschnitt soll aber erst noch geklärt werden, was hier unter institutioneller Pfadabhängigkeit *nicht* verstanden

---

[106] Siehe beispielsweise Goodstein 1995 für ein Beispiel, wie die Pfadabhängigkeitstheorie auf Umweltfragen angewandt werden kann.

werden soll, das heißt, welche Ursachen institutioneller Inflexibilität hier von positiven Rückkopplungen unterschieden werden.

1.4 Was ist Pfadabhängigkeit nicht? *– Andere Ursachen institutioneller Inflexibilität*

Im vorangegangenen Abschnitt war bereits angedeutet worden, daß Pfadabhängigkeit lediglich *eine* von mehreren möglichen Erklärungen für Inflexibilität und die Persistenz ‚unerwünschter' oder ‚ineffizienter' Institutionen darstellt. In diesem Abschnitt sollen dem Pfadabhängigkeitskonzept nun drei andere Erklärungsansätze gegenübergestellt werden, und zwar (1) fehlende Kontrolle bzw. Disziplinierung staatlicher oder privater Macht, (2) das Gefangenendilemma und (3) Probleme kollektiven Handelns. Diese drei sind weder als erschöpfende Liste gedacht noch schließen sie, wie wir sehen werden, einander wechselseitig aus.[107] Es soll lediglich darum gehen, das Pfadabhängigkeitskonzept schärfer zu konturieren und deutlich zu machen, was hier darunter verstanden werden soll und was nicht. Dafür werden – indem pfadabhängigkeitsbedingtes Evolutionsversagen von den genannten drei Ursachen institutioneller Ineffizienz abgegrenzt wird – folgende Argumente gemacht: (1) Pfadabhängigkeit als Erklärung institutioneller Inflexibilität ist zu unterscheiden von solchen Erklärungen, in denen das *Interesse* von Einzelnen oder Gruppen am institutionellen Status quo, und die *Macht*, diesem Interesse Geltung zu verschaffen, eine zentrale Rolle spielt. (2) Institutionelle Pfadabhängigkeit als Erklärung unerwünschter Ordnungseigenschaften ist zu unterscheiden von Ordnungsproblemen, die anhand des *Gefangenendilemmas* erklärt werden. (3) Pfadabhängigkeit als Erklärung institutioneller Inflexibilität ist zu unterscheiden von Erklärungen, die die *Kosten kollektiven Handelns* in den Mittelpunkt rücken.

Zu 1: Pfadabhängigkeit versus Interesse und Macht
In Abschnitt 1.3.3 war bereits angesprochen worden, daß das Pfadabhängigkeitskonzept sich denjenigen institutionenökonomischen Ansätzen zuordnen läßt, die die Existenz und den Wandel von Institutionen als das unintendierte Ergebnis einer Vielzahl von Handlungen erklärt. Diesen Ansätzen lassen sich grundsätzlich solche Konzeptionen gegenüberstellen, die Institutionen als das Ergebnis bewußter Gestaltung zu erklären suchen,

---

[107] Für einen umfangreicheren, teilweise überlappenden, teilweise auch etwas andere Schwerpunkte setzenden Überblick über verschiedene Theorien von Anpassungsinflexibilität – oder, wie er es nennt, ‚Konservatismus' – siehe Kuran 1988.

womit offensichtlich impliziert ist, daß es in irgendjemandes *Macht* steht, Institutionen zu gestalten.[108] In diesem Sinn ist es hilfreich, hinsichtlich der *Persistenz ineffizienter Institutionen* solche Erklärungen, bei denen Macht eine zentrale Rolle spielt, zu unterscheiden von solchen, die ohne dieses Konzept auskommen. Mit ‚Macht' soll hier gemeint sein, daß es Akteure gibt – Individuen oder organisierte Gruppen – die in der Lage sind, die institutionelle Ordnung in ihrem Sinn zu beeinflussen.[109] In dem Maße, in dem dies der Fall ist, können wir nicht mehr davon sprechen, daß Institutionen „das Produkt der Handlung vieler Menschen, aber nicht das Resultat eines menschlichen Entwurfs sind."[110] Die Idee der spontanen Ordnung, die Hayek in dieser Weise formuliert hat, ist im Grenzfall ein analytisches Ideal völliger Machtfreiheit; Entstehung und Wandel von Institutionen ist in dieser Perspektive das Nebenprodukt einer Vielzahl menschlicher Interaktionen, wobei die Absichten der Beteiligten sich ausschließlich auf ihre unmittelbaren persönlichen Ziele richten, und nicht auf die Beeinflussung der Regelordnung. Die *Abwesenheit von Absicht* ist also ein zentrales Merkmal des Erklärungsprinzips der spontanen Ordnung oder, wie es auch genannt wird, einer ‚Unsichtbare-Hand-Erklärung' von Institutionen. Wie bereits erwähnt, knüpft das Pfadabhängigkeitskonzept an diese Theorietradition an und versucht herauszuarbeiten, wie Prozesse

---

[108] Für die Unterscheidung dieser beiden grundlegenden Ansätze in der Institutionentheorie siehe etwa auch Leipold 1996, S. 93 f. Vanberg trifft eine ähnliche Unterscheidung, wenn er schreibt: „With respect to rule-generating and rule-changing processes, a basic distinction can be made between, first, *political processes*, i.e., those cases in which rules are explicitly chosen for, and implemented in, a social community by some agent or agency ... and, second, *spontaneous processes*, i.e., those cases in which rules emerge as an *unintended* social outcome of the interaction of individuals separately pursuing their own ends." (Vanberg 1994, S. 80, Hervorhebung im Original.)

[109] Für eine Diskussion verschiedener Definitionen von Macht siehe Lukes 1974. Knight (1997) stellt Verteilungskonflikte und relative Machtpotentiale in den Mittelpunkt seiner Institutionentheorie, wenn er fragt: „Wie kann A erreichen, daß B eine institutionelle Regel annimmt, die A in der Verteilung begünstigt (obwohl andere Alternativen für B besser wären)?" (Ebda., S. 46.) Macht scheint jedoch in seinem Ansatz eher der *Motor des Wandels* zu sein, während die *Persistenz* existierender Institutionen auf Probleme kollektiven Handelns und auf wechselseitig stabile Erwartungen – und damit, wie wir in Kapitel 3 sehen werden, auf positive Rückkopplungen – zurückgeführt wird: „Sobald eine Institution etabliert ist, verändert sie sich langsam und oft zu beträchtlichen Kosten. (...) Strategische Akteure werden die existierenden gesellschaftlichen Institutionen respektieren, es sei denn (1), daß sie die Macht besitzen, sie zu verändern ... oder (2), daß ... die beträchtlichen Probleme des kollektiven Handelns gelöst werden können, die für eine solche institutionelle Veränderung erforderlich sind. Hier handelt es sich zum großen Teil um die Aufgabe, eine Veränderung der gesellschaftlichen Erwartungen herbeizuführen (...)." (Ebda., S. 139.)

[110] Hayek 1980, Bd. 1, S. 59.

spontaner institutioneller Entwicklung zu Inflexibilität und persistent unerwünschten Ergebnissen führen können. Entsprechend ist Macht ein Faktor, auf den solche Erklärungen nicht zurückgreifen müssen; es ist ein anderer Erklärungsansatz, dem fundamental andere Mechanismen und ein anderes Verständnis der Problematik zugrundeliegt. Je nachdem, ob institutionelle Inflexibilität primär als Folge spontaner Kräfte und komplexer Interaktion erklärt wird oder als das Ergebnis gezielter Manipulation, müssen unterschiedliche Schlüsse darüber gezogen werden, wie Reformen implementiert bzw. die Reformfähigkeit der Gesellschaft wiederhergestellt werden könnte. Es ist daher sinnvoll, die beiden auseinanderzuhalten, auch wenn beobachtbare Inflexibilität in der Realität häufig die Folge einer Mischung von Interesseneinfluß und spontanen Kräften sein dürfte.[111] [112]

Es sei darauf hingewiesen, daß Interesseneinfluß und Pfadabhängigkeit in der Literatur nicht immer auseinandergehalten werden. Etwa North begründet an einer Stelle die Persistenz ,unproduktiver Pfade': „The increasing returns characteristic of an initial set of institutions that provide disincentives to productive activity will create organizations and interest groups with a stake in the existing constraints. They will shape the polity in their interests."[113] Wenn North hier auf die ,increasing returns characteristic' von Institutionen verweist, dann meint er damit nichts anderes als positive Rückkopplungen und liefert somit bereits einen Erklärungsansatz für die mögliche Persistenz ineffizienter Institutionen. Der Hinweis darauf, daß ineffiziente Institutionen auch ein Interesse an ihrem Erhalt generieren können, stellt eine *andere, zusätzliche* Erklärung dar, die von Selbstverstärkungseffekten zu unterscheiden wäre.

Ähnlich schlagen Kiwit und Voigt vor, institutionenspezifische Investitionen in Sach- und Humankapital als Ursache für positive Rückkopplungen und Pfadabhängigkeit zu betrachten, weil diese ein *Interesse* am Erhalt des institutionellen Status quo – und somit Widerstand gegen

---

[111] Das ,Mischungsverhältnis' der beiden wird natürlich auch von dem übergeordneten Regelrahmen abhängen, innerhalb dessen die betrachteten Prozesse stattfinden. So lädt etwa eine korporatistisch verfaßte Gesellschaftsordnung wie die der Bundesrepublik Deutschland geradezu dazu ein, Partikularinteressen geltend zu machen; es wäre daher zu erwarten, daß gezielte Einflußnahme in Deutschland eine größere Rolle spielt als in Ländern, in denen solche institutionalisierten Einflußkanäle nicht existieren.

[112] Die Trennung zwischen interessenbasierten und spontanen Ursachen institutioneller Ineffizienzen nehmen etwa auch Kobayashi und Ribstein vor, wenn sie über die Einheitlichkeit des Steuerrechts in den USA bemerken, „ ... uniformity may result from political pressure by dominant interest group (...). *Spontaneous* uniformity may be undesirable *for the additional reason* that state legislators are engaging in ‚herd' behavior by ignoring their private information and simply adopting prior statutes." (Kobayashi und Ribstein 1996, S. 478 f., Hervorhebung hinzugefügt.)

[113] North 1990, S. 99. Siehe auch North 1989b für eine ähnliche Formulierung.

Änderung – hervorrufen.[114] Sie weisen darauf hin, daß in diesem Zusammenhang ein Selbstverstärkungseffekt identifizierbar ist, weil die bestehenden Institutionen über die Spezifität der Investitionen, die unter ihnen vorgenommen werden, das Interesse an ihrem eigenen Erhalt generieren. Entscheidende Voraussetzung dafür, daß sich dieser Zirkel schließt, ist jedoch die Möglichkeit der Beeinflussung, also Macht. Dies ist jedoch, nochmals, ein anderes Problem, welches andere Fragen aufwirft als das Problem der Inflexibilität *spontaner* Prozesse.

Zum Machtproblem müssen hier einige kurze Anmerkungen genügen. Zunächst kann es offensichtlich *staatliche* Macht sein, die institutionellem Wandel entgegensteht. Betrachtet man die Bürger als Souveräne und Legitimatoren des Staates, so ist damit das Problem der Anbindung staatlichen Handelns an die Interessen der Bürger angesprochen.[115] Es wäre abwegig, die Hauptursache unerfreulicher Zustände eines Landes in institutionellen Pfadabhängigkeiten zu suchen, wenn es offensichtlich ein totalitäres Regime ist, welches jeglichen Wandel gewaltsam unterdrückt. Bekanntlich kommen aber auch in demokratisch verfaßten Gesellschaften gemeinwohlorientierte Reformen häufig nicht zustande, was insbesondere mit dem Wirken von Interessengruppen zusammenhängt – ein Problem, welches in der Literatur etwa unter dem Begriff des *Rent-seeking* diskutiert wird.[116] In diesem Fall tritt das Problem also, wie Franz Böhm es formuliert hat, „in der Nähe der Nahtstelle zwischen Gesellschaft und Staat"[117] auf. Es ist letztlich darauf zurückzuführen, daß Regierungen die

---

[114] Vgl. Kiwit und Voigt 1995, S. 131 f. Siehe auch Kiwit 1996, S. 81: „A self-reinforcing nature of institutional change could then take on the following form: the institutional set influences the individual investment decisions. If these investments are specific, the preservation of the predominant institutions will be in the interest of the investors. If they can influence the path of institutional change, path-dependence is the result."

[115] In Abschnitt 4.1 werden wir die normative Orientierung an individuellen Präferenzen als ‚internes' Kriterium bezeichnen. Legt man dagegen ein ‚externes' Kriterium zugrunde, das von individuellen Präferenzen unabhängig ist, dann ist staatliches Handeln an diesem zu messen.

[116] Für einen Überblick über die Rent-seeking-Diskussion siehe etwa die Beiträge in Tollison und Congleton 1995. Eine Rent-Seeking-Interpretation institutioneller Inflexibilität bietet etwa Adams, wenn er im Zusammenhang mit Entwicklungsländern schreibt: „Das Auftreten .. ‚fundamentalistischer' Politiker und ihr Auftrag, das mit neuen Normen in Wettbewerb stehende tradierte Normen- und Gesellschaftssystem mit Hilfe des Staates zu bewahren, erscheint auch auf dem nicht miteinander abgestimmten Aufeinandertreffen bisheriger und neuer Normen- und Rechtssysteme erklärbar [sic], die aufgrund des Systembruchs der jeweiligen Normen mit erheblichen Verteilungskonflikten für vergangene Leistungen und zukünftige Lebenschancen verbunden sind." Adams 1994, S. 533.

[117] Böhm 1966, S. 134.

Macht haben, Partikularinteressen zu bedienen und mit Privilegien zu versorgen. Sie werden dies tun, wenn es ihre eigenen Interessen fördert. Wie Olsons Analyse der ‚Logik des kollektiven Handelns‘ ergibt, wird dies in der Regel der Fall sein, wenn sich die Lasten der Privilegienvergabe auf eine sehr große, heterogene und schwer organisierbare Gruppe verteilen – etwa die Gruppe der Konsumenten oder der Steuerzahler –, die Adressaten der Maßnahme aber einen hinreichend großen Vorteil haben, so daß die Regierung sich ihrer Unterstützung – in welcher Form auch immer – sicher sein kann.[118] Aus dem gleichen Grund, aus dem Privilegien vergeben werden, ist es dann schwer, sie wieder zurückzunehmen; der resultierende Sperrklinkeneffekt sorgt für eine Kumulation von Privilegien, mit nachteiligen Auswirkungen für alle Gesellschaftsmitglieder. Wenn in dieser Situation notwendige Reformen ausbleiben, so ist dies darauf zurückzuführen, daß sich die Macht des Staates, Privilegien zu vergeben, als die Ohnmacht entpuppt, privilegiensuchende Interessen abzuwehren. Es ist das *Fehlen* von Handlungsbeschränkungen, das demokratische Regierungen zum Instrument mächtiger organisierter Interessen macht.[119]

Wenn die Problematik des Rent-seeking hier als Machtproblem betrachtet wird, so soll damit nicht gesagt sein, daß nicht auch andere der genannten Mechanismen dazu beitragen, daß der Rent-seeking-Prozeß in gesellschaftlicher Reformunfähigkeit resultiert. Zum einen läßt sich die Situation der in diesem Prozeß beteiligten Interessen als Gefangenendilemma modellieren. Die verfügbaren Strategien sind, Privilegien anzustreben oder nicht, und all diejenigen sind dabei die ‚Dummen‘, die keine Privilegien zu erlangen suchen – mit dem für das Gefangenendilemma typischen Ergebnis, daß sich alle kollektiv schlechter stellen. „Wo es in der Macht von Regierungen steht, solche Protektions-Privilegien zu gewähren,“ so schreibt Vanberg, „wird ein Gefangenen-Dilemma *kreiert* statt beseitigt, nämlich das Protektionismus- oder Rent-seeking-Dilemma, das die wirtschaftliche Grundlage einer Gesellschaft zerstört, indem immer mehr Ressourcen in das *schwarze Loch* von Verteilungskämpfen hineingesaugt werden (...).“[120] In dieser Perspektive erscheint Böhms Formulierung, das Problem trete „an der Nahtstelle zwischen Staat und Gesellschaft“ auf, nochmals plausibler, weil es sich ja erst durch das *Zusammenspiel* von staatlicher Macht und gesellschaftlichen Prozessen ergibt.

Zum anderen kann freilich nicht ausgeschlossen werden, daß im Rent-seeking-Prozeß auch selbstverstärkende Effekte eine Rolle spielen, wie sie

---

[118] Vgl. Olson 1968 sowie 1991. Siehe auch die Diskussion in Kuran 1988, S. 161 ff.

[119] *Darum* ging es den Vertretern der Freiburger Schule, wenn sie einen ‚starken Staat‘ forderten, siehe etwa Eucken 1952, S. 334 ff. sowie Vanberg 1997, S. 717.

[120] Vanberg 1998, S. 114. (Hervorhebung im Original.)

das Pfadabhängigkeitskonzept thematisiert.[121] Auch können Wechselwirkungen zwischen den beiden bestehen. Wenn etwa Rent-seeking dazu
führt, daß Innovationsmöglichkeiten von potentiell Geschädigten verhindert werden, dann führt dies zugleich auch zu einer Festigung etablierter
Pfade.[122] Der Punkt, auf den hier hingewiesen werden soll, ist jedoch lediglich, daß die Auswirkungen gezielter Einflußnahme sinnvoll von
spontanen Prozessen unterschieden werden können.

Dabei ist die Instrumentalisierung staatlicher Macht lediglich *eine* –
wenn auch eine besonders effektive – Möglichkeit privater Interessen, ihre
Ziele durchzusetzen, institutionellen Wandel zu beeinflussen oder zu verhindern. Wo immer Individuen oder Firmen im sozialen Interaktionsprozeß Macht haben, sind sie in der Lage, anderen bestimmte Verhaltensweisen aufzuzwingen und damit auch Einfluß zu nehmen auf soziale Institutionen.[123] Auch auf diesen Punkt wiesen die Begründer der Freiburger
Schule hin, als sie die Interpretation der Rechtsfortbildung kritisierten, die
der Mitbegründer der ‚historischen Schule' in der Rechtswissenschaft,
Savigny, im 19. Jahrhundert vertreten hatte:

> „Die inneren, stillwirkenden Kräfte, welchen nach Savignys An-
> sicht die Rechtsbildung zukommen sollte, haben im Laufe des 19.
> Jahrhunderts ihren Charakter gründlich geändert: Massive, wirt-
> schaftliche Machtgruppen größten Ausmaßes entstanden und ge-
> stalteten Recht in höchst einseitiger Weise. Man denke etwa an die
> Schaffung von Lieferungs- und Zahlungsbedingungen durch derar-
> tige Machtgruppen, die wichtige Teile des geltenden Schuldrechts
> für weite Gebiete der Wirtschaft außer Kraft setzten."[124]

---

[121] Eine in diese Richtung gehende Intuition mag Eucken gehabt haben, als er warnte,
der Staat dürfe sich nicht in einen „circulus vitiosus hineintragen lassen. Wer das erste
Privileg gewährt, muß wissen, daß er die Macht stärkt und die Grundlage gibt, von der
aus das zweite Privileg erstritten wird und daß das zweite Privileg die Grundlage für die
Erkämpfung eines dritten sein wird." (Eucken 1952, S. 335.) Für ein Beispiel siehe etwa
Eising und Kohler-Koch (1994, S. 177 ff.), die die Entwicklung des europäischen Inter-
essensystems als pfadabhängigen Prozeß betrachten.

[122] Diese Diagnose ergibt sich aus der oben geäußerten Vermutung, daß eine möglichst weitgehende Offenheit von Märkten die Gefahr von Evolutionsversagen ex ante
reduzieren kann. Röpke spricht in diesem Zusammenhang von einer „Verringerung des
gesellschaftlichen Evolutionspotentials." (Röpke 1987, S. 243).

[123] Entsprechend argumentiert Jack Knight, daß Macht auch auf der Ebene dezentra-
ler Interaktion ein wichtiger Einflußfaktor in der institutionellen Entwicklung ist, wenn
er schreibt, „die Logik institutioneller Entwicklungen, die auf Verteilungskonflikten
basieren," sei „auf alle Formen institutioneller Entwicklung anwendbar," und zwar „sowohl auf dezentralisierte wie auf intentionale Prozesse." (Knight 1997, S. 138.)

[124] Böhm et al. 1937, S. X.

In gleicher Weise kann es natürlich sein, daß ‚wirtschaftliche Machtgruppen' institutionellen Wandel *verhindern*, von dem sie annehmen, daß er ihren Interessen zuwiderlaufen würde. In dcm Maße, in dem sie über ‚Marktmacht' verfügen, sind sie dabei nicht auf die Hilfe eines für Rentseeking anfälligen Staates angewiesen.[125]

Ähnlich können auch die Probleme interpretiert werden, die Williamson und andere unter den Annahmen begrenzter Rationalität und opportunistischen Verhaltens diskutieren.[126] Aufgrund der Annahme begrenzter Rationalität können langfristige Verträge nicht alle Kontingenzen vorhersehen, und es kann sein, daß sie nach einiger Zeit neuverhandelt werden müssen. Wenn aber Anreize bestehen, sich ‚opportunistisch' zu verhalten und den anderen ‚über den Tisch zu ziehen', dann ist nicht notwendigerweise mit effizienten Vertragsrevisionen zu rechnen.[127] In solchen Situationen kann offensichtlich das zusätzliche Problem auftreten, daß derjenige der Vertragspartner Änderungen verhindert, der ein Interesse am Status quo hat.[128]

Zu 2: Pfadabhängigkeit versus Gefangenendilemma
Abbildung 1.4 zeigt die Auszahlungsstruktur eines Gefangenendilemmas: Zwei Spieler, S1 und S2, verfügen über die beiden allgemeinen Strategien ‚kooperieren' und ‚defektieren'; in konkreten Fällen könnte dies so etwas sein wie ‚ein Versprechen halten' bzw. ‚nicht halten' oder eben, wie im obigen Beispiel des ‚Protektionsdilemmas', ‚Privilegien anstreben' und ‚nicht anstreben'. Verhält S2 sich nun kooperativ, so besteht ein Anreiz für S1 zu defektieren (B>Z). Da die rationale Antwort auf ‚defektieren' ebenfalls ‚defektieren' ist (D>S), landen die beiden im rechten unteren Quadranten, obwohl sie es beide bevorzugen würden, wenn sie sich links oben befänden (Z>D). Der Punkt, auf den es hier nun ankommt, ist, daß das Gefangenendilemma, ebenso wie Pfadabhängigkeit, ein Beispiel dafür

---

[125] Es scheint, daß Kiwit und Voigt dieses Problem nicht sehen und nur die Rentseeking-Problematik im Auge haben, wenn sie schreiben: „Damit ein Widerstand der von einer potentiellen institutionellen Änderung negativ Betroffenen überhaupt sinnvoll sein kann, muß die Existenz einer Instanz vorausgesetzt werden, die bewußt Einfluß auf die Gestaltung von Institutionen nehmen kann und damit als Adressat für die Betroffenen in Frage kommt." (Kiwit und Voigt 1995, S. 131.)

[126] Für einen Überblick siehe Richter und Furubotn 1996, S. 143 ff.

[127] Wie Williamson schreibt: „Although both have a long-term interest in effecting adaptations of a joint profit-maximizing kind, each also has an interest in appropriating as much of the gain as he can on each occasion to adapt. Efficient adaptations that would otherwise be made thus result in costly haggling or even go unmentioned, lest the gains be dissipated by costly subgoal pursuit." (Williamson 1987, S. 63; vgl. auch ebda., S. 21.)

[128] Vgl. auch Kuran 1988, S. 149.

darstellt, daß individuell rationales Verhalten zu einem Ergebnis führt, das für alle Beteiligten unerwünscht ist. Mit dem Protektionsdilemma wurde bereits ein Beispiel genannt, wie dieses Grundproblem gesellschaftlicher Ordnung dazu beitragen kann, daß unerwünschte Institutionen sich verfestigen.

		Spieler 2	
		kooperieren	defektieren
Spieler 1	kooperieren	Z, Z	S, B
	defektieren	B, S	D, D

Abbildung 1.4: Das Gefangenendilemma (mit: B>Z>D>S).

Das Gefangenendilemma formuliert jedoch offensichtlich ein Problem, das verschieden ist von der Pfadabhängigkeitsproblematik. Es ist das Problem, wie trotz der ständigen Versuchung, sich auf Kosten anderer besser zu stellen (B), sowie der ständigen Gefahr, von anderen übervorteilt zu werden (S), kooperatives Verhalten etabliert und stabilisiert werden kann. Dabei geht es nicht um positive Rückkopplungen: Unkooperatives Verhalten wird nicht attraktiver, je mehr andere in der Population sich ebenfalls unkooperativ verhalten. Eine positive Rückkopplung zwischen dem individuellem Nutzen einer Verhaltensweise und der Verbreitung dieser Verhaltensweise in der Bevölkerung liegt beim *Koordinationsspiel* vor. Daher wird das Koordinationsspiel in Abschnitt 3.2 ausführlich behandelt; dort wird nochmals Gelegenheit sein, auf das Gefangenendilemma und seine Beziehung zum Pfadabhängigkeitskonzept einzugehen.

Zu 3: Pfadabhängigkeit versus Probleme kollektiven Handelns
Auch könnte man leicht verleitet sein, von institutioneller Pfadabhängigkeit zu sprechen, wenn ein organisierter, kollektiver Wechsel zu anderen, ‚besseren' Institutionen nicht zustande kommt, weil Probleme kollektiven Handelns dies verhindern; schließlich liegt es auf der Hand, daß ein et-

waiges Ausbleiben institutionellen Wandels damit zusammenhängt. Daß es Probleme kollektiven Handelns geben kann, hat damit zu tun, daß die Organisation eines kollektiven Institutionenwechsels so etwas wie ein öffentliches Gut für die betroffene Gruppe darstellt, und daß daher mit Trittbrettfahrerverhalten zu rechnen ist: Je größer und je heterogener die Gruppe, desto größer werden die Kosten sein, einen konzertierten Institutionenwechsel zu organisieren, und desto unwahrscheinlicher wird es, daß jemand dieses öffentliche Gut bereitstellt.[129]

Dieses Problem hängt offensichtlich eng mit der Rent-seeking-Problematik zusammen, die hier unter der Rubrik ‚Interesse und Macht‘ diskutiert wurde. Der Hinweis darauf, daß Pfadwechsel so etwas wie öffentliche Güter darstellen, ist jedoch ein allgemeineres Problem, und der allgemeinere Punkt, um den es dabei geht, ist, daß es nicht sinnvoll erscheint, *nur dann* von Pfadabhängigkeit zu sprechen, wenn *auch kollektives* Handeln ausbleibt. In der Literatur führt ein solches Vorgehen bisweilen zu Verwirrung, etwa wenn Roe eine ‚starke Form‘ von Pfadabhängigkeit darin sieht, daß ein Pfadwechsel positiven Nettonutzen stiften würde, sich aber dennoch nicht ereignet.[130] Weil Roe kollektives Handeln in die Betrachtung mit einbezieht, erscheint ein solcher Fall zunächst unvorstellbar, so daß es Pfadabhängigkeit in diesem Sinn nur geben kann, wenn Probleme kollektiven Handelns berücksichtigt werden. Jedoch ist auch dies – wiederum – ein anderes Problem, und zwar ein *zusätzliches* Problem, das dem der Pfadabhängigkeit *nachgelagert* ist: Wenn unerwünschte Institutionen aufgrund positiver Rückkopplungen zu unerwünschten Ergebnissen geführt haben, dann kann kein *einzelnes* Mitglied der Gemeinschaft den Übergang zu einer anderen Institution vollziehen. Die Frage nach den Kosten kollektiven Handelns ist also eine Frage, die sich an die Problematik des Evolutionsversagens anschließt, jedoch von ihr verschieden ist.[131]

---

[129] Vgl. wiederum Olson 1968.

[130] Vgl. Roe 1996, S. 651 f.

[131] Einen ähnlichen Punkt machen Kiwit und Voigt, wenn sie Norths Anwendung des Fixkostenkonzepts auf institutionelle Pfadabhängigkeit kritisieren: „Hohe Fixkosten mögen zwar die Errichtung von Institutionen erschweren, da sie ein *Problem kollektiven Handelns* aufwerfen, führen aber nicht zu einer Pfadabhängigkeit der institutionellen Entwicklung im Sinne sich selbst verstärkender Mechanismen." (Kiwit und Voigt 1995, S. 130.)

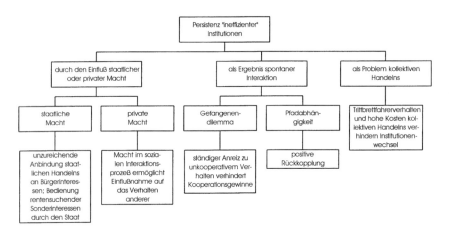

Abbildung 1.5: Unterschiedliche Erklärungen für die Persistenz unerwünschter Institutionen. Pfadabhängigkeit läßt sich sinnvoll abgrenzen von (1) Erklärungen, in denen Macht eine zentrale Rolle spielt, (2) dem Gefangenendilemma, und (3) Problemen kollektiven Handelns.

Die Argumente dieses Abschnitts sind in Abbildung 1.5 noch einmal zusammengefaßt. Zunächst wurden solche Ursachen für die Persistenz ineffizienter Institutionen unterschieden, in denen Macht eine entscheidende Rolle spielt, und solche, in denen die Ineffizienz das Ergebnis eines spontanen Prozesses ist, in dem kein Einzelner so viel Macht hat, daß er das Ergebnis in irgendeinem substantiellen Umfang beeinflussen könnte. Entsprechend erscheint die Persistenz ineffizienter Institutionen in der Macht-Perspektive als das Ergebnis bewußter Gestaltung derer, die in der Lage sind, die institutionelle Ordnung zu beeinflussen, während sie in der Spontane-Ordnung-Perspektive als unintendiertes Nebenprodukt einer Vielzahl von Interaktionen und Handlungen erscheint, die auf *individuelle* Zwecke gerichtet sind.

Was die Macht-Perspektive angeht, so wurde nochmals unterschieden zwischen staatlicher und privater Macht. Pfadabhängigkeit wurde dagegen als Ergebnis eines spontanen und – zumindest konzeptionell – *machtfreien* Prozesses betrachtet und mit dem Problem des Gefangenendilemmas kontrastiert, welches ebenfalls betont, daß dezentrale Interaktionsprozesse zu unerwünschten Ergebnissen führen können. Schließlich wurden Probleme kollektiven Handelns als weitere mögliche Ursache institutioneller Inflexibilität identifiziert, und es wurde darauf hingewiesen, daß dieses Problem erst dann greift, wenn spontane Prozesse bereits zu unerwünschten Ergebnissen geführt haben.

Im Folgenden sollen nun positive Rückkopplungen als Ursache *pfadab-hängigkeitsbedingter Inflexibilität* untersucht werden. Im nächsten Kapitel soll dies im Kontext *technologischer* Entwicklung geschehen, bevor in Kapitel 3 auf Institutionen eingegangen wird.

1.5 Zusammenfassung

Ziel dieses Kapitels war es, einige unterschiedliche Bedeutungen und Implikationen von Pfadabhängigkeit herauszuarbeiten, um zu einem möglichst klar konturierten und konsistenten Verständnis des Begriffs zu gelangen. Die Ergebnisse dieser Diskussion, und damit das den weiteren Überlegungen zugrundeliegende Pfadabhängigkeitsverständnis, sollen nun noch einmal zusammengefaßt werden. Folgende *Definition* wurde gegeben: Pfadabhängigkeit liegt dann vor, wenn ein Prozeß nicht nur ein mögliches Ergebnis hat, sondern mehrere (mindestens zwei, oder auch beliebig viele), und wenn es vom Prozeßverlauf abhängt, welches Ergebnis sich einstellt. Wir haben gesehen, daß die *Ursache* von Pfadabhängigkeit in positiven Rückkopplungen zu sehen ist. Ferner sind pfadabhängige Prozesse durch drei Eigenschaften gekennzeichet: Inflexibilität, Nichtvorhersagbarkeit und potentielle Ineffizienz.

Weiter wurde argumentiert, daß Pfadabhängigkeit zwei grundsätzlich unterschiedliche Implikationen hat, die es auseinanderzuhalten gilt: Erstens die *methodologische* Hypothese, daß Ökonomen die Historizität ihres Untersuchungsgegenstandes stärker berücksichtigen sollten (‚history matters‘), und zweitens die *normative* Hypothese, daß pfadabhängige Prozesse zu ineffizienten Ergebnissen führen können (Möglichkeit des ‚Evolutionsversagens‘).

Was das ‚History-matters-Argument‘ angeht, so wurde in Abschnitt 1.2 der breitere Kontext skizziert, in den die Pfadabhängigkeitsdiskussion eingebettet ist: Einerseits wurde darauf hingewiesen, daß Pfadabhängigkeit in diesem Sinn eine methodologische Gegenposition zur weitgehend ahistorischen ökonomischen Orthodoxie darstellt, und andererseits wurden einige Querbezüge angedeutet, die zu neueren Entwicklungen in den Naturwissenschaften bestehen, sowie auch zu heterodoxen Ansätzen in der Ökonomie. Insbesondere wurde auf die Position Shackles eingegangen, für den historische Zeit von zentraler Bedeutung war.

In Abschnitt 1.3 wurde darauf hingewiesen, daß Ineffizienz weder notwendig noch hinreichend für Pfadabhängigkeit ist, eine bisweilen anzutreffende definitorische Gleichsetzung von Pfadabhängigkeit und Ineffizienz also auf einem Mißverständnis beruht; Ineffizienz ist lediglich eine *mögliche Implikation pfadabhängiger Prozesse*. Bei der Diskussion der Kategorisierung pfadabhängiger Prozesse, die Liebowitz und Margolis anhand unterschiedlicher Ineffizienzbehauptungen vornehmen, wurde ferner deutlich, daß pfadabhängigkeitsbedingte Ineffizienzen nichts mit ‚irrationalem Verhalten' zu tun haben, sondern damit, daß in solchen Fällen individuelle und kollektive Rationalität divergieren können.

Weiter wurde argumentiert, daß *Inflexibilität* als Kernproblem potentieller Ineffizienz angesehen werden muß, denn in einer Welt völlig flexibler Institutionen würden sich alle wünschenswerten Pfadkorrekturen jederzeit vollziehen. Nun ist aber auch endgültiger Lock-in, oder völlige Inflexibilität, in der Realität offensichtlich nicht anzutreffen, so daß sich die Frage stellt, wann Institutionen ‚zu stabil' sind: Wo verläuft die Grenze zwischen Stabilität und ‚Inflexibilität' (bzw. ‚Hyperstabilität')? Zur Beantwortung dieser Frage ist offensichtlich eine Wertung erforderlich.[132]

Schließlich wurde zwischen pfadabhängigkeitsbedingter Ineffizienz ex ante und ex post unterschieden, und es wurde darauf hingewiesen, daß die Pfadabhängigkeit von Technologien und Institutionen unterschiedliche Fragen aufwerfen kann. Daraus ergaben sich vier Fälle, die kurz diskutiert wurden. Es wurde argumentiert, daß sich die Gefahr falscher Pfade *ex ante* zwar durch eine geeignete Ausgestaltung des übergeordneten Regelrahmens reduzieren läßt, daß es eine Effizienzgarantie in einer pfadabhängigen Welt jedoch nicht geben kann. Entscheidend wird dann ‚Evolutionsversagen' *ex post*, also die Frage, warum bestimmte Institutionen oder Technologien fortbestehen, obwohl sie nicht bzw. nicht mehr wünschenswert sind. Inflexibilität (in diesem Sinn) kann verschiedene Ursachen haben, und es erscheint nicht sinnvoll, sie alle unter der Rubrik ‚Pfadabhängigkeit' zusammenzufassen. In Abschnitt 1.4 wurde Pfadabhängigkeit daher von anderen möglichen Ursachen institutioneller Inflexibilität abgegrenzt.

---

[132] Zur Frage des Bewertungskriterium siehe Abschnitt 4.1.

2. Kapitel:

Pfadabhängigkeit und Positive Rückkopplungen bei Technologien

2.1 Vorbemerkungen

Wie in Kapitel 1 herausgearbeitet wurde, wird Pfadabhängigkeit hier als ein theoretisches Konzept verstanden, welches das Vorliegen von Inflexibilität in evolutorischen Prozessen anhand von *positiven Rückkopplungen* erklärt. Die entscheidende theoretische Frage wird somit: *Wodurch kommen positive Rückkopplungen zustande?*

Die Diskussion, die seit Anfang der achtziger Jahre zum Thema ‚Pfadabhängigkeit' geführt wird, bezog sich zunächst überwiegend auf den technologischen Bereich, wobei das Beispiel der QWERTY-Tastatur sicherlich das bekannteste, jedoch bei weitem nicht das einzige Beispiel darstellt.[1] Wenngleich das eigentliche Thema dieser Arbeit die Anwendung des Pfadabhängigkeitskonzepts auf *Institutionen* ist, soll in diesem Kapitel nun auf die Technologie-Diskussion eingegangen werden. Es ist dabei nicht beabsichtigt, einen erschöpfenden Überblick zu geben; es kann lediglich darum gehen, den Hintergrund zu skizzieren, vor dem die Frage institutioneller Pfadabhängigkeit dann diskutiert wird.

Im nächsten Abschnitt soll nun auf die verschiedenen Arten positiver Rückkopplungen eingegangen werden, die in der Evolution von Technologien identifiziert werden. Die Quellen positiver Rückkopplungen, die von verschiedenen Autoren genannt werden, sind recht unterschiedlich; die Verwendung der Begriffe ist uneinheitlich und nur teilweise überlappend. Um einige Beispiele zu nennen: Brian Arthur nennt Lerneffekte, hohe Fixkosten, Koordinationseffekte und selbstverstärkende Erwartungen;[2] Paul David technologische Interdependenz, Skalenerträge, sowie Lernen und Gewöhnung;[3] Katz und Shapiro sprechen von direkten und indirekten

---

[1] Für eine kurze Zusammenfassung einiger Beispiele siehe z.B. Foray 1997, S. 738 ff.

[2] Vgl. Arthur 1994, S. 112. An anderer Stelle nennt er *Learning by using*, Netzexternalitäten, Skalenerträge, Selbstverstärkung durch besser verfügbare Konsumenteninformation und technologische Interdependenz, siehe Arthur 1988, S. 591.

[3] David 1985, S. 334.

Netzexternalitäten und von Erwartungen,[4] während Farrell und Saloner Produktkomplementarität, Leichtigkeit der Kommunikation und Kostenersparnisse durch Massenproduktion anführen.[5]

Im folgenden Abschnitt sollen nun vier Quellen positiver Rückkopplungen in der technologischen Entwicklung erläutert werden, die als der ‚harte Kern‘ angesehen werden können, der sich aus der Diskussion herausschält: (1) dynamische und statische Skalenerträge, (2) direkte Netzexternalitäten, (3) Komplementarität der Bestandteile eines ‚technologischen Systems‘, und (4) die Eigendynamik kollektiver Lernprozesse. In Abschnitt 2.3 werden dann die Kritikpunkte, die von Liebowitz und Margolis am Konzept der technologischen Pfadabhängigkeit vorgebracht wurden, dargestellt und diskutiert.

Zuvor muß jedoch noch auf den Begriff der selbstverstärkenden Erwartungen eingegangen werden, der in der Diskussion häufig genannt wird, aber durch das hier vorgeschlagene Raster fällt. Erwartungen sollen hier *nicht* als Ursache positiver Rückkopplungen behandelt werden, da sie positive Rückkopplungen lediglich *verstärken* können. In diesem Sinne schreiben etwa Katz und Shapiro, „our model confirms the importance of consumers' expectations *in markets where network externalities are present.*"[6] Hier beziehen Erwartungen ihre Relevanz offensichtlich daraus, daß sie *in Verbindung mit Netzwerkexternalitäten* auftreten. Und dies muß wohl auch so sein: Wenn sich die Erwartung, eine bestimmte Technologie werde sich weiter verbreiten, auf das Verhalten eines potentiellen Käufers auswirken soll, dann muß die Verbreitung der Technologie *aus einem anderen Grund* für ihn von Vorteil sein als nur deshalb, weil dies erwartet wird. Dieser andere Grund ist dann die Ursache für positive Rückkopplung und Pfadabhängigkeit. Denn wenn das, was die Handelnden erwarten, ihnen gleichgültig wäre, dann könnten sich ihre Erwartungen auch nicht auf ihre Handlungen auswirken. Erwartungen sind somit lediglich Verstärker positiver Rückkopplungen, nicht aber Ursache. Freilich können Erwartungen auch selbstverstärkende Prozesse in Gang setzen, sie sind dann aber lediglich der *Auslöser* dieses Prozesses, und – wiederum – nicht seine Ursache. Die eigentliche Ursache für Pfadabhängigkeit ist, nochmals, in den Gründen zu suchen, aus denen der Nutzen einer Technologie mit zuneh-

---

[4] Katz und Shapiro 1985, S. 424 f. und 1986b, S. 146 f.

[5] Farrell und Saloner 1986, S. 940.

[6] Katz, Shapiro 1985, S. 439 (Hervorhebung hinzugefügt). Netzexternalitäten werden im nächsten Kapitel behandelt. Ähnlich schreibt Habermeier: „Indeed, foresight and rationality may exacerbate the inherent stability of competition with learning curves by generating ‚self-fulfilling‘ expectations." (Habermeier 1992, S. 370 f.) Auch hier wirken Erwartungen lediglich verstärkend; die eigentliche Ursache für den selbstverstärkenden Effekt liegt – in diesem Fall – in der Lernkurve begründet.

mender Verbreitung steigt, wodurch ihre Verbreitung weiter steigt, und so fort. Es ist dieser selbstverstärkende Zusammenhang, durch welchen die Erwartungen der Akteure erst bedeutsam werden.

2.2 Positive Rückkopplungen bei Technologien

2.2.1 Skalenerträge

Positive Rückkopplungen in Technologiemärkten werden häufig damit begründet, daß ein negativer Zusammenhang zwischen der Ausbringungsmenge und den Stückkosten einer Firma besteht. Dies mag an statischen Skalenerträgen liegen, also etwa an hohen Fixkosten, oder an dynamischen Skalenerträgen, die auch als ,Lernkurveneffekte' oder ,Learning by doing' bezeichnet werden.[7] Während statische Skalenerträge darin bestehen, daß bei einer Ausweitung der Produktion eine Bewegung entlang einer gegebenen Durchschnittskostenkurve stattfindet, können dynamische Skalenerträge als *Verschiebung* der Durchschnittskostenkurve aufgefaßt werden, die dadurch zustandekommt, daß mit zunehmender Produktionsmenge Möglichkeiten gefunden werden, Produktionsabläufe zu verbessern und Kosten einzusparen. Schließlich können Skalenerträge in Verbindung mit F&E-Aktivitäten auftreten, weil bei großer Ausbringungsmenge ein größerer Anreiz besteht, nach stückkostensenkenden Innovationen zu forschen; oder wenn erfolgreiche Innovationen zu hohen Gewinnen führen, die in F&E investiert werden, was wiederum die Wahrscheinlichkeit erfolgreicher Innovationen erhöht.[8]

Bei solchen dynamischen Effekten erscheint es plausibel, daß mit der Zeit nicht nur kostengünstiger produziert, sondern auch das Produkt selbst verbessert werden kann.[9] In der Summe können statische und dynamische Skalenerträge dazu führen, daß die Firma oder die Firmen, die als erste im Markt sind, gegenüber der Konkurrenz einen Vorteil haben (,First-mover advantage'), der sich selbst verstärkt: Mit einer größeren produzierten Stückzahl sind sie gegenüber der Konkurrenz eher in der Lage, das Produkt zu verbessern und die Kosten zu senken; dies wird dazu führen, daß

---

[7] Für eine Klassifizierung der verschiedenen Arten von Skalenerträgen siehe Junius 1997, S. 2 ff. Zu ,Learning by doing' siehe beispielsweise Rosenberg (1982, Kapitel 6 und 1994, S. 195 ff.), Dosi 1988b, Habermeier 1992 und Junius 1997, S. 36 ff.

[8] Siehe dazu Mueller 1997, S. 838 und Maggi 1993, S. 110.

[9] Vgl. Maggi 1993, S. 115: „... experience in production affects not only the cost but also the quality of the products, and in general the technological capabilities of the firm (industry)."

die Nachfrage nach ihren Produkten steigt, wodurch weitere Skalenerträge realisierbar werden, und so fort. So können sich die ‚First-mover‘ an der Spitze des Marktes etablieren und die Konkurrenz immer weiter zurückdrängen, bis schließlich nur noch nur noch einige wenige Firmen im Markt sind.[10]

Skalenerträge können jedoch nicht nur auf Firmenebene vorliegen, sondern auch auf Industrie- oder Regionenebene. Solche ‚externen Skalenerträge‘[11] hängen damit zusammen, daß technologisches Lernen sich nicht streng innerhalb von Firmen vollzieht, sondern häufig *alle* aus den Erfolgen oder Mißerfolgen der anderen ihre Lehren ziehen. Bedenkt man, daß der Verlauf des technologischen Fortschritts in aller Regel kaum vorhersehbar ist und sich daher nur über Versuch und Irrtum vollziehen kann, dann erscheint gerade *dezentrales Experimentieren* als entscheidender Bestandteil technologischen Lernens. In dem Maße, in dem Firmen nur eine begrenzte Anzahl von Lösungsversuchen selbst ausführen können – und damit andere Möglichkeiten außer Acht lassen – bedeutet dies aber, daß dynamische Skalenerträge insbesondere auf der Ebene von Industrien – anstatt lediglich innerhalb von Unternehmen – zu erwarten sind, weil von vielen unterschiedlichen Unternehmen eine Vielzahl verschiedener technologischer ‚Hypothesen‘ getestet, verworfen oder modifiziert werden können.

Festzuhalten ist: Skalenerträge – in dem weiten Sinn, in dem der Begriff hier gebraucht wird – führen dazu, daß technologische Produkte mit der Zeit immer attraktiver für die Konsumenten werden, womit ein selbstverstärkender Effekt verbunden sein kann, weil dadurch der Markt expandiert und so weiteres technologische Lernen ermöglicht wird. Als Folge dieses Prozesses kann es sein, daß sich diejenige Technologie durchsetzt, die, aus welchen Gründen auch immer, einen Vorsprung erzielt. Alternative Technologien sind dann schnell nicht mehr konkurrenzfähig, und zwar nicht unbedingt, weil sie ‚schlechter‘ sind, sondern weil sie – aufgrund ihrer geringeren Produktions- und Verkaufszahlen – weniger ausgereift sind. So ist es leicht vorstellbar, daß Technologien vom Markt verschwin-

---

[10] Selbst wenn der geschilderte Prozeß dazu führt, daß am Ende nur noch eine einzige Firma im Markt ist, muß er aus *wettbewerbspolitischer* Sicht nicht unbedingt negativ beurteilt werden. Wie Dennis Mueller bemerkt, „these advantages make the first mover a kind of dynamic natural monopoly, which can sustain its monopoly position only by maintaining lower costs than other actual and potential competitors, and by charging lower prices. Time- and scale-related economies are, as first-mover advantages, largely benign with respect to their impact on the competitive process." (Mueller 1997, S. 846.)

[11] Für die Unterscheidung zwischen externen und internen Skalenerträgen siehe Junius 1997, S. 2 ff.

den, die sich als überlegen erwiesen hätten, wären sie nur früher im Markt gewesen.

Als Beispiel für einen solchen Fall präsentiert Cowan die Dominanz von Leichtwasserreaktoren auf dem Weltmarkt.[12] Er argumentiert, daß die Entscheidung für die Leichtwassertechnik, die gleich nach dem Krieg in der US Navy getroffen wurde, zu einem Zeitpunkt fiel, zu dem sich die Fachleute bei weitem noch nicht darüber im Klaren waren, welcher der verfügbaren technologischen Möglichkeiten der Vorzug gegeben werden sollte. Da bei der Kernenergie jedoch starke dynamische Skalenerträge oder Lernkurveneffekte vorliegen, gab die Erfahrung, die zuvor im militärischen Bereich gesammelt werden konnte, dieser Technologie einen entscheidenden Vorsprung. „The early choice of light water for the U.S. naval program," so schreibt Cowan, „resulted in considerable learning about this technology very early in the competition. When the push for civilian nuclear power emerged in the early 1960s light water was well advanced along its learning curve while the other technologies were late entrants which failed to catch up."[13] Cowan räumt zwar ein, daß die Behauptung, alternative Technologien seien Leichtwasserreaktoren ‚eigentlich' überlegen, angesichts der *faktischen* Überlegenheit der Leichtwassertechnik nicht bewiesen werden kann; schließlich ist in der Beweisführung immer ein konjunktivisches Element enthalten: *Hätte* es Gelegenheit gegeben, mit den verfügbaren Alternativen ebensoviel Erfahrung zu sammeln wie mit der Leichtwassertechnik, dann *wären* sie heute technisch überlegen. Diese Behauptung kann offensichtlich nicht bewiesen werden. Gleichwohl, so Cowan, gibt es einige Hinweise für die mögliche Überlegenheit insbesondere von Gas-Graphit- und Schwerwasserreaktoren, die heute eine untergeordnete Rolle auf dem Weltmarkt spielen.[14] Wenn die Vermutung ihres größeren technischen Potentials richtig ist, dann spiegelt sich in den geringen Marktanteilen dieser Technologien in der Tat der Nachteil wider, der aus der Verbindung ihres späten Marktzutritts (beziehungsweise des Vorsprungs der Leichtwassertechnik zu diesem Zeitpunkt) mit starken Lernkurveneffekten resultiert.[15]

---

[12] Zum Folgenden vgl. Cowan 1990.
[13] Ebda., S. 545.
[14] Vgl. ebda., S. 545 ff.
[15] Kiwit bemerkt zu diesem Beispiel kritisch, daß der erste kommerziell betriebene Kernreaktor in Calder Hall, England zur Klasse der *gasgekühlten* Reaktoren gehört habe. Mit diesem Hinweis alleine läßt sich Cowans Beispiel jedoch nicht widerlegen. Ein solches Argument käme etwa der Behauptung gleich, in Arthurs Urnenmodell würde am Ende immer diejenige Farbe dominieren, die beim ersten Hineingreifen gezogen wird. Wenn beim ersten Mal, sagen wir, Rot gezogen wird, ist aber nur die *Wahrscheinlichkeit* erhöht, daß Rot am Ende dominieren wird. Der Prozeß kann jedoch (zu Anfang) noch

2.2.2 Netzexternalitäten

Im vorigen Abschnitt wurde dargelegt, daß der Nutzen einer Technologie positiv mit der Zahl der Anwender zusammenhängen kann, wenn mit wachsender Produktion Kostensenkungen und Produktverbesserungen einhergehen. Bei ‚Netzwerkexternalitäten‘ (oder kurz: Netzexternalitäten) kommt der positive Zusammenhang zwischen Nutzen und Nachfrage nun dadurch zustande, daß die Zahl der Anwender aufgrund der Eigenart der betreffenden Technologie *unmittelbar* nutzenrelevant ist. Die offensichtlichsten Beispiele dafür bieten Güter, die der Kommunikation dienen. So wäre es von geringem Nutzen, das einzige Telefon auf der Welt zu besitzen; schon ein weiterer Telefonbesitzer kann den Nutzen erheblich steigern (wenn man sich mit diesem etwas zu sagen hat), und maximal ist der Nutzen, wenn jeder eines besitzt.[16] Aufgrund dieses unmittelbaren Zusammenhangs zwischen dem Nutzen eines Gutes und der Zahl der Nutzer sprechen Katz und Shapiro von ‚direkten‘ Netzexternalitäten.[17] Den Begriff der *Externalität* verwenden sie, weil zum Beispiel jeder Telefonkauf eine Vergrößerung des Telefonnetzes und damit eine Nutzensteigerung für alle anderen Telefonbesitzer mit sich bringt. Umgekehrt bewirken Austritte aus einem Kommunikationsnetz eine Nutzenminderung für die verbleibenden Anwender. Weil nicht zu erwarten ist, daß diese Nutzeneffekte im Kalkül der einzelnen Anwender eine Rolle spielen, handelt es sich um (positive oder negative) externe Effekte.[18]

Das Konzept der Netzexternalitäten wird auch über den kleinen Kreis der Kommunikationsgüter hinaus angewandt. So wird von *indirekten* Netzexternalitäten gesprochen, wenn der Nutzen eines Gutes mit der Verfügbarkeit und Kompatibilität *komplementärer* Güter und Dienstleistungen zusammenhängt. Als Beispiel dafür werden häufig Computer genannt,

---

leicht kippen, wenn die nächsten Male Weiß gezogen wird. (Vgl. Abschnitt 1.1.2.) Für den realen technologiehistorischen Fall impliziert dies, daß für ein Gegenargument schon etwas weiter auszuholen wäre, als Kiwit dies tut. (Vgl. Kiwit 1996, S. 76.)

[16] In dem Maße, in dem es den Nutzern vor allem darauf ankommt, mit bestimmten Leuten zu telefonieren, läßt sich argumentieren, daß der Rückkopplungseffekt lokaler Natur ist. Im Hinblick auf die in Abschnitt 1.1.2 dargestellten Pfadabhängigkeitsmodelle würde dies bedeuten, daß dann eher Davids Schneeschipp-Modell einschlägig ist als das Arthur'sche Urnenmodell.

[17] Dazu und zum Folgenden siehe etwa Katz und Shapiro 1985, S. 424 und 1986b, S. 146 sowie Farrell und Saloner 1985, S. 70. Für Überblicke und Diskussionen mit unterschiedlichen Schwerpunkten siehe etwa auch David 1987, Pfeiffer 1988, David und Greenstein 1990, Blankart und Knieps 1992 und 1993, Besen und Farrell 1994, David und Steinmueller 1994, Tietzel 1994, Thum 1994, sowie die Beiträge in Holler und Thisse 1996.

[18] Vgl. Katz und Shapiro 1994, S. 96 und Farrell und Saloner 1987, S. 2.

deren Nutzen erheblich durch die Verfügbarkeit kompatibler Software beeinflußt wird; ähnlich verhält es sich bei Tonträgern und Wiedergabegeräten, Videorekordern und Kassetten und dergleichen.[19] Die Menge der Beispiele kann jedoch beliebig erweitert werden.[20] Der entscheidende Punkt ist, daß damit ein neuer Aspekt in die Betrachtung eingeführt wird, und zwar der Gedanke der *Komplementarität* der Bestandteile eines technologischen Systems; darauf soll im nächsten Abschnitt ausführlicher eingegangen werden.

In der Netzexternalitäten-Literatur werden dann im wesentlichen drei Fragen behandelt, und zwar *erstens* das ,Arthur'sche' Ineffizienzproblem, demzufolge es bei Vorliegen positiver Rückkopplungen passieren kann, daß sich die ,falsche' Technologie durchsetzt, und daß Inflexibilitäten des Marktes eine Ex-post-Korrektur verhindern.[21] Für das mit dem Lock-in-Problem verbundene Kritische-Masse-Problem, und den damit verbundenen Konflikt zwischen individueller und kollektiver Rationalität, haben Farrell und Saloner den Begriff ,Pinguin-Effekt' geprägt: Selbst wenn eine neue, bessere Technologie bekannt ist, kann es sein, daß sie sich am Markt nicht durchsetzt, weil es für jeden Einzelnen vernünftig ist, sich abwartend zu verhalten und zu hoffen, daß genügend andere vor ihm zu der neuen Technologie wechseln. Die Technologieanwender verhalten sich dann wie Pinguine, die (obwohl sie alle Hunger haben) aus Angst vor Raubfischen am Rand ihrer Eisscholle warten und hoffen, daß ein anderer zuerst springt.[22]

Zweitens wird die Frage behandelt, ob Netze bei Vorliegen von Netzexternalitäten die *optimale Größe* haben. Als Implikation der mit dem Netzzutritt verbundenen positiven Netzexternalität wird hier allgemein die Tendenz der Unternutzung konstatiert: Weil jeder einzelne Käufer nur seinen individuellen Nutzen in seinem Kalkül berücksichtigt, und nicht den positiven Nutzeneffekt, der für die anderen aus der Vergrößerung des Netzes resultiert, wird die Größe des Netzes geringer sein als wohl-

---

[19] Katz und Shapiro (1985, S. 424; 1994, S. 94) sprechen in diesem Zusammenhang auch vom ,Hardware-Software-Paradigma'.

[20] Komplementäre *Dienstleistungen* wären beispielsweise Reparatur- und Instandhaltungsleistungen, wie etwa bei Autos. Für weitere Beispiele siehe Farrell und Saloner 1987, S. 1 f.

[21] Katz und Shapiro sprechen in diesem Zusammenhang treffend davon, daß der Markt bei Vorliegen positiver Rückkopplungen durch den Einfluß geringfügiger Veränderungen (,kleine historische Ereignisse') in die eine oder andere Richtung ,kippen' kann: „Because of the strong positive feedback elements, systems markets are especially prone to ,tipping', which is the tendency of one system to pull away from its rivals in popularity once it has gained an initial edge." (Katz und Shapiro 1994, S. 105 f.).

[22] Für die Pinguin-Metapher vgl. Farrell und Saloner 1987, S. 13 f.

fahrtsökonomisch erwünscht. Aufgrund des externen Effekts ist das Netz folglich ‚zu klein'.[23]

Drittens schließlich werden die Übergänge von einer Netztechnologie zur anderen – wenn sie denn stattfinden – wohlfahrtsökonomisch untersucht. So wird die These aufgestellt, daß sich der Wechsel von einer Technologie zur anderen ‚zu langsam' vollziehen kann – Katz und Shapiro sprechen hier von ‚übermäßiger Trägheit' (*excess inertia*).[24] Übermäßige Trägheit wird dadurch erklärt, daß – wie es der Externalitätenbegriff impliziert – der individuelle Nutzen eines Wechsels vom sozialen Nutzen abweicht: „Today's consumers may be reluctant to adopt a new technology if they must bear the cost of the transition from one technology to the next, and if most of the benefits of switching will accrue to future users."[25] Katz und Shapiro argumentieren andererseits, daß auch das Gegenteil von übermäßiger Trägheit denkbar ist: Es kann auch sein, daß der Wechsel von einer Technologie zur anderen ‚zu schnell' vollzogen wird. Dafür finden sich dann Begriffe wie ‚unzureichende Friktion' (*insufficient friction*) oder ‚übermäßige Beschleunigung' (*excess momentum*). Hier liegt das Problem darin, daß diejenigen, die zu einer neuen, inkompatiblen Technologie überwechseln, dabei den *negativen* externen Effekt nicht berücksichtigen, der sich für die Anwender der alten Technologie aus der Verkleinerung ‚ihres' Netzes ergibt.[26]

Diese Bemerkungen mögen zunächst zur Darstellung der Netzexternalitäten-Literatur genügen. Es wird nochmals darauf zurückzukommen sein, wenn in Abschnitt 2.3 die Kritik von Liebowitz und Margolis am Konzept technologischer Pfadabhängigkeit behandelt wird, da sich deren Kritik insbesondere auch auf den Begriff der Netzexternalitäten bezieht.

---

[23] Vgl. Katz und Shapiro 1994, S. 100: „Since hardware/software networks and communications networks both exhibit positive adoption externalities, or network externalities, these networks are susceptible to under-utilization." Für einen Überblick über verschiedene Modelle siehe auch Pfeiffer 1988.

[24] vgl. etwa Katz und Shapiro 1994, S. 108.

[25] Ebda.

[26] Siehe Katz und Shapiro 1994, S. 108, Farrell und Saloner (1985, S. 81 und 1987, S. 14). Bei der Verursachung übermäßiger Beschleunigung können Erwartungen eine Rolle spielen: „If consumers are forward looking (i.e., form rational expectations about future sales), we obtain exactly the opposite of the view that industries become locked in to older, inferior technologies. In a sense, the market exhibits ‚excessive foresight.'" (Katz und Shapiro 1986a, S. 825.)

2.2.3 Komplementarität in technologischen Systemen

Im vorigen Abschnitt wurde bereits darauf hingewiesen, daß die Analyse von Netzen mit dem Begriff der *indirekten* Netzexternalitäten um einen neuen, anders gearteten Aspekt erweitert wird: Bei *direkten* Netzexternalitäten geht es darum, daß Technologieanwender miteinander interagieren, so daß ihre Geräte ‚kompatibel‘ sein müssen und der Nutzen eines Geräts unmittelbar mit wachsender Zahl potentieller Interaktionspartner zunimmt – wie etwa beim Telefon. Dagegen rührt die mit steigender Anwenderzahl einhergehende Nutzensteigerung bei *indirekten* Netzexternalitäten daher, daß kompatible *komplementäre Produkte* besser verfügbar werden. Mit dem Übergang von der direkten ‚Interaktionskompatibilität‘ zur Komplementarität technologischer Produkte wird damit der *Systemcharakter* von Technologien ins Spiel gebracht: Während es bei direkten Netzexternalitäten genügt, ein einzelnes technologisches Produkt (Telefon, Faxgerät, etc.) zu betrachten, impliziert der Übergang zu indirekten Netzexternalitäten, daß als ‚Technologie‘ nun ein *Bündel* von Gütern und Leistungen betrachtet wird, deren Nutzen (zumindest teilweise) aus ihrem Zusammenwirken erwächst.

Ein besonders spektakuläres Beispiel dafür, daß Komplementarität in einem technologischen System zu selbstverstärkenden Effekten führen kann, bietet die jüngere Technikgeschichte mit dem Fall Betamax versus VHS.[27] Dieser ‚Kampf der Systeme‘, der sich auf dem seit Mitte der 70er Jahre rapide wachsenden Weltmarkt für Videorekorder abspielte, wurde erheblich durch den selbstverstärkenden Effekt beeinflußt, der aus der Komplementarität von Videorekordern und Videokassetten resultiert. Denn erst als Anfang der 80er Jahre das Geschäft mit dem Verleih von Videofilmen zu boomen begann, bekam der Markt jene Dynamik, die dazu führte, daß VHS zum weltweit einzigen Standard wurde und Betamax vom Markt verschwand. Wie Cusumano et al. die zugrundeliegende positive Rückkopplung beschreiben: „The greater abundance of VHS program material gave buyers greater incentive to choose VHS players, which then led tape distributors to stock more VHS tapes, in a reinforcing pattern.“[28]

Dieser Art positiver Rückkopplung scheint auch in Paul Davids QWERTY-Geschichte entscheidende Bedeutung zuzukommen, denn die Anzahl der QWERTY-Anwender wurde für den Einzelnen erst dadurch nutzenrelevant, daß sich ein System von komplementären Leistungen um

---

[27] „The VCR story provides a classic example of the dynamics possible in a standardization contest affected by bandwagons and complementary products.“ (Cusumano, Mylonadis und Rosenbloom 1992, S. 86.)

[28] Ebda.

die Schreibmaschine herum bildete: „Typewriters were beginning to take their place as an element of a larger, rather complex system of production that was technically interrelated. (...) this system involved typewriter operators and the variety of organizations ... that undertook to train people in such skills.“[29]

Der Begriff des ‚technologischen Systems‘ kann auch noch weiter gefaßt werden. So definiert etwa der amerikanische Technologiehistoriker Thomas P. Hughes ein technologisches System als ein komplexes Geflecht von Artefakten, Organisationen und gesetzlichen Regelungen, das sich um eine technologische Idee herum entwickelt:

> „Among the components in technological systems are physical arti-
> facts, such as the turbogenerators, transformers, and transmission
> lines in electric light and power systems. Technological systems
> also include organizations, such as manufacturing firms, utility
> companies, and investment banks, and they incorporate compo-
> nents usually labeled scientific, such as books, articles, and univer-
> sity teaching and research programs. Legislative artifacts, such as
> regulatory laws, can also be part of technological systems.“[30]

Es ist leicht vorstellbar, daß komplementäre Beziehungen zwischen den einzelnen Teilen bei der Entstehung und Fortentwicklung eines so umfassenden Gebildes eine wichtige Rolle spielen. Dementsprechend ist zu erwarten, daß sich ein solches System nur sehr langsam zu ändern vermag.[31] Dies liegt daran, daß die vielen komplementären Komponenten eines technologischen Systems allen Akteuren Restriktionen auferlegen, die ihr Verhalten in bestimmter Weise kanalisieren. Dies gilt nicht nur für das Verhalten von Konsumenten – wie etwa im Beispiel der Videorekorder –

---

[29] David 1985, S. 334. Ähnlich argumentiert David in einer früheren Veröffentlichung, daß die gerade erfundene Mähmaschine im England des 19. Jahrhunderts aufgrund des historisch gewachsenen interdependenten Systems komplementärer Problemlösungstechniken, das sich in britischen Farmen etabliert hatte, nur sehr zögerlich angenommen wurde: „The problem ... is one of the ‚interrelatedness‘ of the techniques of grain-harvesting on the one hand, and on the other, the techniques used for drainage, wind-damage control, the management of livestock, and on-farm transportation of field equipment. These being *mutually complementary activities* of the Victorian arable farm, any capital goods embodying techniques for their execution within this general system of husbandry must have been, at least, *mutually compatible*.“ David 1975, S. 245 (Hervorhebung hinzugefügt). Für einen klassischen Artikel zur Inflexibilität interdependenter technologischer Systeme siehe auch Frankel 1955. Vgl. auch Dosi 1988, S. 1146 f.

[30] Hughes 1989, S. 51. Siehe auch Hughes 1992.

[31] Hughes bedient sich einer physikalischen Metapher, um dies darzustellen: „Mature systems have a quality that is analogous ... to inertia of motion.“ (Hughes 1989, S. 76.)

sondern auch für Produzenten, Banken, Forschungseinrichtungen, und so weiter.[32]

2.2.4 Technologische Systeme, ‚Lernen‘ und Wahrnehmung

In Abschnitt 2.2.1 wurde dargelegt, wie Skalenerträge zu positiven Rückkopplungen führen können; neben herkömmlichen (statischen) Skalenerträgen spielten Lernkurveneffekte dabei eine wesentliche Rolle. Je größer die Marktanteile eines technologischen Produkts sind, so das Argument, desto besser wird es (ceteris paribus) sein, weil es mit zunehmender produzierter Stückzahl immer weiter ausgereift und Kosten gesenkt werden können; es handelt sich hier also um Lernen auf *Produzentenseite*. Bisweilen ist mit ‚Lernen‘ als einer Ursache für positive Rückkopplungen jedoch auch gemeint, daß es die *Anwender* einer Technologie sind, die lernen, und zwar in dem Sinn, daß sie mit der Zeit immer besser mit deren spezifischen Eigenschaften zurechtkommen und so eine Bindung an diese Technologie entwickeln. In diesem Sinn schreibt Paul David, die spontane Etablierung der QWERTY-Tastatur als De-facto-Standard in den 1890ern hätte wohl auch etwas zu tun gehabt mit den „high costs of software ‘conversion’ and the resulting *quasi-irreversibility of investments* in specific touch-typing skills.“[33]

Dieser Effekt *alleine* beinhaltet jedoch lediglich, daß bereits gewonnene Anwender eine gewisse *persönliche* Inflexibilität entwickeln; er erklärt nicht, wie dadurch das Verhalten anderer Marktteilnehmer beeinflußt wird. Auch auf Märkten, auf denen keiner der oben diskutierten selbstverstärkenden Effekte in nennenswertem Umfang vorliegt, können Lerneffekte auf Anwenderseite auftreten, und davon können auch – insbesondere in statischen, ausgereiften Märkten – plausiblerweise Inflexibilitäten

---

[32] Beispielsweise argumentieren Cowan und Gunby, *integrated pest management* (IPM), eine vielversprechende Alternative zur chemischen Schädlingsbekämpfung in der Landwirtschaft, habe den Nachteil, daß es Anbietern wichtiger komplementärer Leistungen schwerer plausibel zu machen sei als die herkömmliche Methode: „Many users of IPM comment on the difficulty in educating bank managers and insurance agents about the feasibility and reliability of IPM.“ (Cowan und Gunby 1996, S. 538.)

[33] David 1985, S. 335 f. (Hervorhebung im Original.) Brian Arthur bezeichnet diesen Effekt auch als ‚customer groove-in‘. (Siehe Arthur 1996, S. 103.) Anschaulich formulierte er den Gedanken in einem Interview: „As you use something that's complicated, you come to know its foibles. And the more I type on the QWERTY typewriter keyboard, the better I get at that. It's harder for me to switch over to some alternative keyboard. (...) This seems to be very much a high tech thing, because it's hard to learn a high tech product. So the more I use Microsoft Word, which I do use, the more locked in I am or grooved-in to Microsoft.“ (PreText Magazine 1998, S. 2.)

ausgehen. Diese beruhen jedoch nicht auf positiven Rückkopplungen, weil sie nicht erklären können, daß eine steigende Anwenderzahl wiederum zu einer steigenden Anwenderzahl führt. Wenn also eine zunehmende Zahl von QWERTY-Anwendern den Nutzen der QWERTY-Tastatur für *potentielle* Anwender erhöht haben soll, dann kann dies nicht damit erklärt werden, daß diejenigen, die bereits QWERTY gelernt hatten, beim Wechsel zu einer anderen Tastatur hohe Wechselkosten hätten auf sich nehmen müssen, weswegen sie mit großer Wahrscheinlichkeit QWERTY die Treue gehalten hätten. Die Ursache für den selbstverstärkenden Effekt liegt vielmehr, wie oben ausgeführt, in der Komplementarität von Schreibmaschinen, Schreibkräften und Ausbildungsinstitutionen begründet. Die dadurch entstehenden Inflexibilitäten sind *Makro*-Inflexibilitäten; sie wirken auch dann, wenn die beteiligten Individuen bei ihren Entscheidungen vollkommen flexibel sind.

Andererseits ist die Intuition, daß auch Lernen auf Anwenderseite zu selbstverstärkenden Effekten führen kann, freilich auch nicht völlig abwegig. Dafür muß dann aber *erklärt werden, wie individuelles Lernen die Entscheidung potentieller Anwender beeinflußt*. Arthur und Lane machen diesen Schritt, indem sie annehmen, daß jede Kaufentscheidung – insbesondere in Hochtechnologiemärkten – durch erhebliche *Unsicherheit* gekennzeichnet ist, und daß die Käufer trotz öffentlich zugänglicher Informationen ihre Kaufentscheidung in hohem Maße vom Urteil derer abhängig machen, die die Technologie bereits nutzen.[34] Damit gibt es nun eine Rückkopplungsschleife vom Lernen *einzelner* zur Kaufentscheidung *potentieller* Anwender, weil die Informationen über private Erfahrungen mit einer Technologie umso besser verfügbar sind, je verbreiteter diese Technologie ist. Unter diesen Annahmen ist es in der Tat vorstellbar, daß technologische Pfade sich selbst verstärken: „Prospective purchasers are more likely to learn about a commonly purchased product than one with few previous users; so that, if they are risk averse, products that by chance win market share early on are at an advantage."[35]

---

[34] Siehe Arthur und Lane 1994, S. 70: „Specifications, advertising brochures, and consumer reports may be available, and the cost of purchase precisely known. Yet the purchaser may still be unsure about how the product will perform for him: how smoothly it can be integrated into his existing operations; how much maintenance or ‚down time' the product will require; whether the product in fact is suited to the particular uses he has in mind (...). In cases like these, usually the potential purchaser tries to reduce this uncertainty by asking previous purchasers about how *they* have fared with the products *they* bought and subsequently used." (Hervorhebung im Original.)

[35] Ebda. Auf diese Zusammenhänge wird in Abschnitt 3.4 ausführlicher einzugehen sein, wenn es um die Beziehung zwischen der Pfadabhängigkeit individuellen Lernens und der Pfadabhängigkeit sozialer Institutionen geht. In Abschnitt 3.4.4 werden wir

Während die zuvor diskutierten Selbstverstärkungseffekte – Skalenerträge, direkte Netzexternalitäten und Komplementarität – auch dann funktionieren, wenn bei den Anwendern kein Zweifel über die Funktionseigenschaften konkurrierender Technologien besteht, wird hier nun Unsicherheit zur zentralen Annahme. Der Unterschied zu den bisher behandelten Selbstverstärkungseffekten liegt also darin, daß es nun nicht mehr ein als bekannt angenommener ‚objektiver' Nutzen ist, der mit zunehmender Anwenderzahl steigt und – weil er von den Anwendern richtig wahrgenommen wird – zu einer weiter steigenden Anwenderzahl führt; sondern jetzt handelt es sich um die *subjektive Einschätzung* des Nutzens.[36] Eine positive Rückkopplung kann dann entstehen, wenn stärkere Verbreitung einer Technologie in der Gesellschaft zu einer systematisch höheren Einschätzung ihres Nutzens führt. Es geht hier nun also darum, wie *kollektive Lernprozesse* vor sich gehen, und ob dabei positive Rückkopplungen vorliegen können.[37]

Ein interessanter Zweig in der Technologieforschung macht die Annahme, daß der Nutzen von Technologien nicht objektiv gegeben ist, zum zentralen Thema und arbeitet heraus, wie technologische Pfade durch kollektive Lernprozesse geprägt werden: Technologien, so die Ausgangsvermutung dieses Ansatzes, sind in dem Maße ‚sozial konstruiert', in dem sie ihren ‚Nutzen' erst in einem *gesellschaftlichen Kontext* erhalten.[38] In der Tat zeigt die Technikgeschichte, daß bei der Wahrnehmung technologischer Innovationen ein erheblicher Spielraum besteht. Der Technologiehistoriker George Basalla illustriert diesen Punkt anhand der Geschichte des Rades: „At the same time that Europeans were energetically advancing wheeled transportation, Near Easterners were abandoning their experiment with the wheel, and Mesoamericans were adapting rotary motion to clay figurines. The story of the comparative reception and use of the wheel could be repeated for the other so-called necessities of modern life. Far

---

sehen, daß dabei – ähnlich wie bei Arthur und Lane – *Imitation* eine wichtige Rolle spielt.

[36] Natürlich sind Nutzenerwägungen *immer* subjektiv. Der Punkt ist, daß bei Skalenerträgen, Netzexternalitäten und Komplementaritäten von dieser Komplikation abstrahiert werden kann, weil diese Effekte auch dann auftreten würden, wenn über den Nutzen alternativer Technologien für einen potentiellen Käufer keinerlei Unsicherheit bestünde.

[37] Arthur und Lane nehmen an, daß die Akteure ihre Einschätzungen der relevanten Produkteigenschaften bayesianisch anpassen, vgl. Arthur und Lane 1994, S. 72.

[38] Siehe etwa Basalla 1988, Bijker 1995, Dierkes et al. 1992 und die Beiträge in Bijker et al. 1989 sowie in Dierkes 1997.

from fulfilling universal needs, they derive their importance within a specific cultural context or value system."[39]

Nun kann wohl nicht ernsthaft behauptet werden, daß der Nutzen von Technologien *ausschließlich* kulturell relativ sei; schließlich können bestimmte Probleme durchaus in einem ‚objektiven' Sinn gelöst werden. Der Punkt, auf den Basalla hier hinweist, ist vor allem, daß das, was *als Problem empfunden wird*, kulturell beeinflußt sein kann. Mehr muß auch gar nicht behauptet werden, um zu dem *einen* Leitmotiv der sozialkonstruktivistischen Herangehensweise an Fragen der technologischen Entwicklung zu gelangen – „the basic insight *that things could have been otherwise.*"[40]

Das *andere* Leitmotiv ist, daß der Prozeß der gesellschaftlichen Interpretation neuer technologischer Möglichkeiten typischerweise zu einem Ergebnis kommt, welches dann hohe Stabilität entwickelt. Der Vorgang dieser ‚Stabilisierung' dessen, was man in einer Gesellschaft unter einer Technologie versteht und wozu sie gut sein soll, wird auch als ‚Schließung' (*closure*) bezeichnet,[41] und das Ergebnis dieses Prozesses sind relativ homogene gesellschaftliche Vorstellungen von der betreffenden Technologie. Dierkes et al. sprechen in diesem Zusammenhang davon, daß sich in Verbindung mit einer Technologie ‚Leitbilder' entwickeln, die das Denken und Handeln der Gesellschaftsmitglieder prägen.[42] Etwas Ähnliches scheint Bijker mit dem Begriff eines ‚technologischen Rahmens' zu meinen, der selektiv auf die Wahrnehmung und das Handeln der Beteiligten wirkt.[43]

Während der sozialkonstruktivistische Ansatz eher der Soziologie zuzuordnen ist, finden sich bei Ökonomen sehr ähnliche Ideen, und zwar im Zusammenhang mit Begriffen wie ‚technologisches Paradigma', ‚technologische Trajektorie' oder auch ‚natürliche Trajektorie'.[44] Indem dabei die technologische Entwicklung ausdrücklich als Wissenschaffungsprozeß betrachtet wird, steht auch hier die *Dynamik kollektiver Lernprozesse* im Mittelpunkt der Betrachtung. Dosi etwa versucht zu erklären, daß technologisches Lernen durch die Entwicklung kollektiver Wahrnehmungen – ‚Paradigmen' – eigendynamisch in bestimmte Richtungen ‚getrieben'

---

[39] Basalla 1988, S. 12. Pinch und Bijker verwenden dafür den Begriff ‚interpretative flexibility', siehe Pinch und Bijker 1989, S. 27 sowie 40 f.

[40] Bijker 1995, S. 280 (Hervorhebung im Original).

[41] Vgl. Bijker 1995, S. 84 ff. sowie Pinch und Bijker 1989, S. 44 ff.

[42] Siehe Dierkes et al. 1992.

[43] „Technological frames provide the goals, the ideas, and the tools needed for action. They guide thinking and interaction. A technological frame offers both the central problems and the related strategies for solving them." (Bijker 1995, S. 191 f.)

[44] Siehe Nelson und Winter 1982, Dosi 1982 und 1988b sowie 1984, S. 13-21 und 1988a, S. 1128 f. Siehe auch Cimoli und Dosi 1996.

werden kann. Ganz wie ein Kuhn'sches wissenschaftliches Paradigma wirkt auch ein technologisches Paradigma *richtungsgebend* auf den technologischen Wissensschaffungsprozeß, indem es bestimmte Technologiepfade als ‚verheißungsvoller' erscheinen läßt als andere und damit zugleich die technischen Probleme und Tradeoffs bestimmt, an denen sich zu arbeiten lohnt.[45] Auch bei Dosi führt dies zu einer ‚Schließung'; er nennt es ‚Ausschlußeffekt' (*exclusion effect*). Dieser bewirkt, daß kreative Bemühungen sich auf bestimmte Richtungen konzentrieren und für andere Möglichkeiten gewissermaßen ‚blind' sind. Technologischer Fortschritt folgt in dieser Interpretation einem Muster, demzufolge bei der Wahl von Paradigmen hohe Unsicherheit besteht, Fortschritte *innerhalb* eines Paradigmas – entlang technologischer Trajektorien – aber relativ gut vorhersagbar sind. Dies ist wohl der Grund dafür, daß Nelson und Winter sogar von ‚natürlichen' Trajektorien sprechen.[46]

Mackenzie weist darauf hin, daß die Argumentation von Dosi, Nelson und Winter – und insbesondere der Begriff ‚natürlich' in diesem Zusammenhang – leicht einen deterministischen Beigeschmack bekommt, der nicht intendiert sein kann. Schließlich kann nicht gemeint sein, daß der Verlauf der technologischen Entwicklung ausschließlich von ‚technischen Kräften' bestimmt wird, nachdem ein Paradigma einmal gewählt ist.[47] Mackenzie schlägt daher vor, eine technologische Trajektorie als *Institution* zu verstehen, deren Stabilität nicht aus irgendeiner inneren Logik resultiert, sondern weil sie in das Denken und Handeln der Akteure Eingang findet: „Its continuance becomes embedded in actors' frameworks of calculation and routine behavior, and it continues because it is thus embedded."[48] Dieser Zusammenhang zwischen institutionalisierten Verhaltensweisen und den Theorien und Modellen, die die Akteure in ihren Köpfen haben, wird uns in Abschnitt 3.4 noch ausführlicher beschäftigen.

Ein Beispiel dafür, daß die Interaktion zwischen einem technologischen Paradigma und individuellem Denken und Handeln selbstverstärkend sein kann, sieht Mazzoleni in der unterschiedlichen Entwicklung der Märkte für numerisch gesteuerte Werkzeugmaschinen (*numerically controlled*

---

[45] Siehe Dosi 1982, S. 152.

[46] Nelson und Winter 1982.

[47] Siehe Mackenzie 1996, S. 55: „If I throw a stone, I as human agent give it initial direction. Thereafter, its trajectory is influenced by physical forces alone. The notion of ‚technological trajectory' can thus very easily be taken to mean that once technological change is initially set on a given path (for example, by the selection of a particular paradigm) its development is then determined by technical forces."

[48] Ebda., S. 58. Siehe auch Lundvall 1992, S. 10: „(...) we may regard technological trajectories and paradigms, which focus the innovative activities of scientists, engineers, and technicians, as one special kind of institution."

machine tools, NCMTs) in den USA und in Japan.[49] Unterschiedliche An-
fangsbedingungen führten hier zu unterschiedlichen Vorstellungen darüber, wozu die neue Technologie gut sei. So war in den USA von Anfang
an die US-Luftwaffe involviert, was dazu führte, daß die hohe Präzision,
die für die Luftfahrt erforderlich ist, als entscheidende Eigenschaft der
NCMTs angesehen wurde. Dadurch wurde ein anderer Vorteil der neuen
Technik, die Möglichkeit einer flexibleren Gestaltung der Produktionspro-
zesse, systematisch ausgeblendet, während dieser Vorzug in Japan aufgrund der dortigen Marktstruktur von Beginn an gesehen wurde.[50] Eine
selbstverstärkende Rückkopplung zwischen technologischer Trajektorie
und kollektiver Wahrnehmung[51] trug dazu bei, diesen Unterschied in der
Folge zu perpetuieren.

Fassen wir zusammen: Bei den zuvor behandelten Selbstverstärkungseffekten konnte von einem bekannten Nutzen der technologischen Alternativen ausgegangen werden. In vielen Fällen wird nun aber erhebliche
Unsicherheit über den Nutzen bestehen – sei es, weil der einzelne Anwender nicht sicher sein kann, ob ein Produkt seine Zwecke erfüllt, sei es,
weil überhaupt noch nicht abzusehen ist, wozu eine technologische Innovation gut sein wird, oder ob sie überhaupt zu irgendetwas gut sein wird.
In solchen Fällen kommt *Lernen* ins Spiel. Nun vermag *individuelles* Lernen – wenn etwa der einzelne Anwender mit der Zeit immer besser mit
einem technischen Produkt zurechtkommt – keine selbstverstärkende Dynamik zu begründen, sondern lediglich individuelle Inflexibilitäten. Häufig wird jedoch – so das Argument dieses Abschnitts – der interdepen-
dente *gesellschaftliche* Lernprozeß, aus dem der Nutzen technologischer
Innovationen immer erst hervorgeht, ‚Leitbilder‘ oder ‚Paradigmen‘ hervorbringen, die eine eigene Dynamik entwickeln und daher als Erklärungsansätze für Inflexibilität und Lock-in technologischer Pfade in Frage
kommen. Dabei liegt eine positive Rückkopplung vor, weil ein etabliertes
Paradigma das Denken und Handeln der Beteiligten prägt, was wiederum
dazu führt, daß das Paradigma weiter gefestigt wird und der eingeschlage-
ne technologische Pfad sich selbst verstärkt.[52]

---

[49] Siehe Mazzoleni 1997.

[50] Ebda., S. 415 f. und 419f.

[51] Wie Mazzoleni schreibt, „a significant interdependence emerged between the direction of technology development and the evolution of users' perceptions." (Ebda., S.
424.)

[52] Der Begriff des ‚Paradigmas‘ wird uns im Zusammenhang mit Institutionen wieder
begegnen, wenn auf den Ansatz von Young Back Choi eingegangen wird. Choi bezeichnet damit beispielhafte Denkmuster oder Denkmodelle, vgl. Abschnitte 3.4.3.4 und
3.4.4.

2.3   Zur Kritik von Liebowitz und Margolis

Das Konzept der Pfadabhängigkeit von Technologien wird von Liebowitz und Margolis in einer Reihe von Veröffentlichungen kritisiert.[53] Die Kritik richtet sich insbesondere gegen die These, positive Rückkopplungen könnten zu Evolutionsversagen führen, andererseits wird aber auch der Begriff der Netzexternalitäten einer kritischen Prüfung unterzogen.

Ihre Kritik am Konzept der Netzexternalitäten stellt insbesondere darauf ab, daß die empirische Relevanz von Netzexternalitäten wesentlich geringer sei als von Vertretern der entsprechenden Literatur angenommen. Die Intuition, die dieser Kritik zugrundeliegt, ist nicht von der Hand zu weisen: Die Menge der Sachverhalte, auf die das Konzept der Netzexternalitäten angewandt werden kann, ist in der Tat groß; die Anwendungsfälle in der Literatur reichen von Straßen und Luftverkehr über Zündkerzen, Photoapparate und Objektive, Autos und Reparaturdienstleistungen, Schrauben und Muttern, Bausteine für Stereoanlagen und Fernseher bis hin zu Verkehrsschildern, Kreditkarten, Währungen und Sprache.[54] In der Tat: „Network externalities have a wide field of applications."[55] Liebowitz und Margolis sind der Ansicht, daß diese universelle Anwendbarkeit ein Warnsignal sein sollte: „What we have here is either much smaller or much bigger than its current position in the literature would indicate."[56] Sie entscheiden sich für ‚viel kleiner', und zwar mit Hilfe von drei Argumenten.

Erstens kritisieren sie, daß die Unterscheidung zwischen direkten und indirekten Netzexternalitäten in der Literatur zwar getroffen, ihre Implikationen aber nicht weiter ausgearbeitet würden: „Once network effects were embodied in payoff functions, any distinction between direct and indirect effects was ignored in developing models and drawing conclusions."[57] Der Grund, aus dem Liebowitz und Margolis dieses Versäumnis als entscheidenden Mangel ansehen, hat vor allem mit der Unterscheidung zwischen ‚pekuniären' und ‚realen' (oder ‚technologischen') Externalitäten zu tun: Bei *indirekten* Netzexternalitäten sei nur dann eine Aussage

---

[53] Zum Folgenden siehe Liebowitz und Margolis 1990, 1994, 1995a, 1998a, 1998b.

[54] Für eine recht ausführliche Liste siehe Farrell und Saloner 1987, S. 1 f. Eine sehr interessante Anwendung des Konzepts auf Sprachen bieten Blankart und Knieps 1993, S. 47 ff.

[55] Blankart und Knieps 1992, S. 56.

[56] Liebowitz und Margolis 1994, S. 134.

[57] Liebowitz und Margolis 1998a, S. 671. Siehe auch Liebowitz und Margolis 1995, S. 3: „In the theoretical statements, both types of network externalities are assumed to have the same consequences; direct and indirect interactions alike are embodied in payoff functions, regardless of their source."

über wirtschaftspolitische Implikationen möglich, wenn zwischen pekuniären und technologischen Externalitäten unterschieden werde: „Generally, indirect network effects are pecuniary in nature and therefore should
not be internalized."[58]

Zweitens kritisieren Liebowitz und Margolis, daß in vielen Fällen die
externen Effekte, über die Ökonomen sich den Kopf zerbrechen, in realen
Märkten längst internalisiert und daher gar keine ‚externen‘ Effekte mehr
seien.[59] Das Argument hier ist, daß bei allen Netzen, die man besitzen
kann, die Externalitäten auch internalisiert werden können. Probleme, die
in diesem Zusammenhang dennoch auftreten, seien dann entweder andere
Probleme – etwa natürliche Monopole – oder sehr spezielle Fälle.[60]

Das *dritte Argument*, mit dem die Relevanz von Netzexternalitäten re-
lativiert werden soll, basiert auf dem Begriff der ‚inframarginalen Externalität‘, der von Buchanan und Stubblebine eingeführt wurde. Eine infra-
marginale Externalität liegt dann vor, wenn marginale Veränderungen einer Aktivität den Nutzen anderer nicht beeinträchtigen, wohl aber der Ge-
samtumfang der Aktivität.[61] Als Beispiel führen Liebowitz und Margolis
an, daß der Kauf weiterer Videorekorder wohl nicht mehr zu einer besseren Verfügbarkeit von Leihkassetten führen dürfte – schließlich sind heute, wie sie es ausdrücken, „businesses that rent videotapes .. about as pre-
valent as ones that sell milk."[62] In einem entwickelten Markt wie dem Vi-
deorekordermarkt, in dem die Verfügbarkeit komplementärer Produkte
(wie Leihkassetten) kein Problem mehr darstellt, wäre also in der Tat nicht

---

[58] Liebowitz und Margolis 1998a, S. 672. Siehe auch Liebowitz und Margolis 1994,
S. 138: „Without some additional information to differentiate between pecuniary effects
... and genuine externalities, it is impossible to prescribe appropriate public policy."

[59] Dies sei ein Defekt der ökonomischen Theorie, der schon früher vorgekommen sei:
„(...) while economists were writing of the positive externality brought to apple growers
by the pollination activities of bees, beekeepers were internalizing this activity (and
consequently invalidating the arguments of economists) by contracting with owners of
apple orchards." Liebowitz und Margolis 1994, S. 137. Es läßt sich freilich darüber
streiten, inwiefern die ökonomischen Argumente durch die Internalisierungsaktivitäten
von Imkern und Apfelplantagenbesitzern ‚entkräftet‘ wurden.

[60] Vgl. Ebda., S. 143. Die Autoren beziehen sich hier auf ein Zwei-Perioden-zwei-
Firmen-Modell von Katz und Shapiro (1986a, S. 837 f.). Hier hat der Anbieter, der in
der ersten Periode geringere Produktionskosten hat, einen *Nachteil* gegenüber dem
Konkurrenten, weil dieser in der ersten Periode unter seinen Kosten anbieten (d.h. die
positive Externalität internalisieren) kann, er selbst aber nicht glaubhaft versprechen
kann, daß er dies in der zweiten Periode tun wird und die Konsumenten daher erwarten,
daß er in der zweiten Periode aus dem Markt ausscheiden wird. Dieses Problem erscheint in der Tat etwas konstruiert; insbesondere funktioniert es nur, wenn die Produktionskosten der Zukunft bekannt sind.

[61] Siehe Buchanan und Stubblebine 1962, S. 372 f.

[62] Liebowitz und Margolis 1994, S. 140.

mehr damit zu rechnen, daß indirekte positive Externalitäten in relevantem Umfang auftreten.

Diesen Überlegungen zufolge bleiben nur noch relativ wenige Fälle wirtschaftspolitisch relevanter Externalitäten übrig; diese wiederum führen nach Liebowitz und Margolis schwerlich zu Lock-in-Problemen, sondern sind lediglich in Bezug auf die Größe von Netzwerken wirtschaftspolitisch relevant: „In the case of positive network externalities, all networks are too small. (...) This is completely compatible with standard results on conventional externalities. (...) this is a far more likely consequence of uninternalized network effects than the more exotic cases of incorrect choices of networks, standards or technologies."[63] Warum halten Liebowitz und Margolis das Lock-in-Problem nun für ein so unwahrscheinliches und exotisches Problem? Sie bestreiten zwar nicht, daß die Modelle technologischer Entwicklung, in denen positive Rückkopplungen vorkommen, die Möglichkeit eines Evolutionsversagens aufzeigen. Sie bestreiten jedoch *erstens* die Plausibilität der Annahmen, die in der Ökonomik der Standardisierung häufig gemacht werden, und *zweitens* bestreiten sie die empirische Relevanz des Lock-in-Problems, indem sie die in der Pfadabhängigkeitsliteratur angeführten Beispiele kritisieren. Auf beide Ansätze zur Kritik wird nun kurz einzugehen sein; zunächst soll es um den zweiten Punkt gehen, die Diskussion der empirischen Beispiele.

Liebowitz und Margolis setzen sich ausführlich mit der QWERTY-Geschichte auseinander und kommen zu dem Ergebnis, daß Paul David uns eine verkürzte und verfälschte Geschichte erzählt, deren normative Implikation des Evolutionsversagens nicht haltbar ist.[64] Zum gleichen

---

[63] Liebowitz und Margolis 1998a, S. 672.

[64] Sie begründen dies damit, daß sich QWERTY in einem sehr viel lebhafteren Wettbewerb durchgesetzt habe, als David es darstellt. Insbesondere übertreibe dieser die Bedeutung des Tippwettbewerbs von Cincinatti als eines entscheidenden (‚Bifurkations'-) Ereignisses. So war Frank McGuerrin nicht der einzige ‚touch typist' seiner Zeit; solche Wettbewerbe seien weitaus verbreiteter gewesen, als David es darstellt; und verschiedene Hersteller behaupteten, den Rekord im Schnelltippen zu halten. Sie weisen ferner darauf hin, daß Schreibkräfte damals nicht ohne weiteres verfügbar waren, so daß in der Regel jede Firma, die Schreibmaschinen anschaffte, ihre eigenen Schreibkräfte ausbildete: Das Argument, daß Firmen QWERTY-Tastaturen bevorzugten, weil darauf ausgebildete Schreibkräfte leichter verfügbar waren, wäre dann nicht mehr stichhaltig. Vielmehr würde gerade unter diesen Umständen ein erheblicher Anreiz existieren, eine leicht zu erlernende Tastatur anzuschaffen. QWERTY könne also im Vergleich zu den Konkurrenten so schlecht nicht gewesen sein.

Außerdem zweifeln Liebowitz und Margolis die Beweise für die Überlegenheit alternativer Tastaturen an. Die Studie der US-Marine etwa, auf die David verweist und die eine deutliche Überlegenheit der Dvorak-Tastatur gegenüber QWERTY ergab, weise schwerwiegende methodische Unsauberkeiten auf. Außerdem sei der verantwortliche

Ergebnis kommen sie, was den Fall Beta versus VHS angeht:[65] Die angebliche technische Überlegenheit von Beta sei in Tests nie diagnostiziert worden, und der entscheidende Unterschied habe in der Länge der Kassetten bestanden.[66] Obwohl Beta zuerst im Markt war, siegte am Ende das VHS-System, weil dessen Hersteller (Matsushita) auf Anfragen, ein ganzes Footballspiel aufnehmen zu können, mit der Verdopplung der Aufnahmezeit auf vier Stunden reagierte.[67] Da es offensichtlich dies war, was die Konsumenten wünschten, kann, so die Schlußfolgerung von Liebowitz und Margolis, von Evolutionsversagen keine Rede sein: „Thus the Beta-VHS competition is a fine example, not of path dependence, but of its opposite. (...) Matsushita, the owner of the VHS format, was able to dethrone Sony by giving consumers more of what was important to them."[68]

Das Argument von Liebowitz und Margolis geht jedoch an der Sache vorbei. Die Tatsache, daß VHS einen gewissen Vorsprung dadurch erhielt, daß viele der Konsumenten Footballspiele aufnehmen wollten, ist klar zu unterscheiden von der selbstverstärkenden Dynamik, die diesen Vorsprung immer weiter vergrößerte und schließlich Beta vom Markt verschwinden ließ. Ebenso ist die Frage, welcher Standard nun *tatsächlich* überlegen gewesen wäre, ja gar nicht entscheidend; entscheidend ist vielmehr die Frage, wie gut der Wettbewerbsprozeß bei Vorliegen positiver Rückkopplungen geeignet ist, den Konsumentenpräferenzen zum Ausdruck zu verhelfen. Man muß kein Verfechter massiver staatlicher Interventionen in den Wettbewerbsprozeß sein, um diese Frage zumindest ernst zu nehmen. In Anbetracht der Schwierigkeit, Evolutionsversagen empirisch nachzuweisen, ist es wenig verwunderlich, daß die relevanten Fallbeispiele zumindest umstritten sind; dies sollte jedoch noch nicht ausreichen, um das Lock-in-Problem für irrelevant zu erklären.

Liebowitz und Margolis führen jedoch auch theoretische Argumente zur Stützung ihrer ‚Irrelevanzthese' an. In Modellen würde regelmäßig übersehen, so argumentieren sie, daß mit dem Wechsel von einem Standard zum anderen immer eine Gewinnchance verbunden sein kann, die wahrzunehmen ein findiger Unternehmer bereit sein wird: „A transition to a stan-

---

Leiter der Studie Dr. Dvorak selbst, der Erfinder der konkurrierenden Tastatur, gewesen. Die Möglichkeit einer Voreingenommenheit der Studie sei also nicht von der Hand zu weisen. Zahlreiche andere Studien, die David nicht erwähnt, kommen zu dem Ergebnis, daß die Dvorak-Tastatur gar keinen oder nur einen relativ geringen Vorteil gegenüber QWERTY aufweist. Siehe Liebowitz und Margolis 1990, S. 17 ff. sowie Liebowitz und Margolis 1998b, S. 21 f.

[65] Siehe dazu Abschnitt 2.2.3.
[66] Vgl. Liebowitz und Margolis 1998b, S. 22.
[67] Siehe auch Cusumano, Mylonadis und Rosenbloom 1992, S. 81.
[68] Liebowitz und Margolis 1998b, S. 22.

dard or technology that offers benefits greater than costs will constitute a profit opportunity for entrepreneurial activities that can arrange the transition and appropriate some of the benefits."[69] Diese Argumentation hat jedoch tautologische Züge:[70] Wenn es einen überlegenen Standard gäbe, dann würde er eingeführt, und deshalb sind existierende Standards die besten verfügbaren; folglich kann es so etwas wie Evolutionsversagen nicht geben.

Ferner kritisieren Liebowitz und Margolis an der Ökonomik der Standardisierung, daß äußerst restriktive Annahmen erforderlich seien, um die Möglichkeit eines Evolutionsversagens in Modellen aufzuzeigen: Einerseits würden konstante Grenzkosten der Produktion angenommen, andererseits unbegrenzt steigender Konsumentennutzen bei zunehmender Netzgröße.[71] Offensichtlich kann es jedoch sein, daß positive Netzexternalitäten ausgeschöpft, beziehungsweise nicht mehr entscheidungsrelevant sind, bevor eine Technologie den gesamten Markt übernimmt. Dies ist sicherlich richtig, ändert jedoch nichts an der grundlegenden Problematik. Wenn positive Rückkopplungen in der Realität nicht immer unerschöpflich sind, so daß konkurrierende Technologien koexistieren können, dann ist die These *möglichen* Evolutionsversagens damit nicht widerlegt, sondern es ist lediglich gesagt, was ohnehin offensichtlich sein sollte: daß kein Modell alles zu erklären vermag.

Die Annahme konstanter Grenzkosten der Produktion halten Liebowitz und Margolis für notwendig, weil *abnehmende* Grenzerträge die Vorteile steigender Netzgröße überkompensieren könnten.[72] Es sei jedoch unplausibel anzunehmen „that in all or most new-technology industries the law of diminishing marginal product is somehow suspended. While the scale properties of a technology pertain to the simultaneous expansion of all inputs, it seems evident that resource limitations do ultimately constrain firm size. Economists have long supposed that limitations of management play a role in this (...)."[73] Hier gilt wiederum, daß damit nicht gesagt ist, daß es ein Lock-in-Problem nicht geben kann. Insbesondere aber war ja in Abschnitt 3.2.1 dargelegt worden, daß es für die Pfadabhängigkeitsproblematik unerheblich ist, ob Skalenerträge auf Firmenebene oder auf

---

[69] Liebowitz und Margolis 1994, S. 146; ähnlich in Liebowitz und Margolis 1990, S. 4.

[70] Darauf weisen auch David und Greenstein hin (1990, S. 8, Fn.4).

[71] Vgl. Liebowitz und Margolis 1998a, S. 673.

[72] Siehe Liebowitz und Margolis 1998a, S. 672: „(...) if production costs exhibit decreasing returns, and if these decreasing returns overwhelm the network effects, then natural monopoly is not implied, and competing incompatible networks (standards) will be possible."

[73] Liebowitz und Margolis 1998a, S. 673.

firmenübergreifender Ebene vorliegen. Das Argument, positive Rückkopplungen in der Evolution von Technologien könnten durch abnehmende Skalenerträge auf Firmenebene aufgehoben werden, ist daher wenig
stichhaltig.

Weiter argumentieren Liebowitz und Margolis, daß die Annahme identischer Konsumentenpräferenzen bezüglich der konkurrierenden Technologien allzu restriktiv sei: Mit heterogenen Präferenzen wäre es eher denkbar, daß sich nicht eine Technologie durchsetzt, sondern mehrere Technologien koexistieren.[74] Dies ist sicher richtig; gleichwohl ist es freilich
möglich, daß der Nutzen, an einem größeren Netz teilzunehmen, die Präferenz für eine andere Technologie überkompensiert, so daß am Ende doch
nur noch eine Technologie im Markt ist.

Schließlich weisen sie darauf hin, daß der zusätzliche Nutzen, den der
einzelne Konsument durch einen weiteren Netzbenutzer hat, sehr unterschiedlich sein kann, je nachdem, um wen es sich handelt: „(...) compatibility may be important for employees within a firm. But compatibility
with the rest of the world may be relatively unimportant, unimportant
enough to be overwhelmed by differences in preferences, so that multiple
networks could survive. Networks that serve niche markets well .. might
not be significantly disadvantaged by network effects."[75] Auch dieser
Hinweis mag nützlich sein, um die scheinbare Unausweichlichkeit, die
Netzeffekte in Modellen leicht bekommen, etwas zu relativieren. Doch
auch dieses Argument vermag die Möglichkeit eines Evolutionsversagens
nicht zu widerlegen. Denn mit der Möglichkeit, daß sich mehr als eine
Technologie im Markt hält, ist noch nicht gezeigt, daß die überlebenden
Technologien die besten verfügbaren sind. Liebowitz und Margolis argumentieren bisweilen so, als wäre Lock-in nur möglich, wenn *eine* Technologie sich durchsetzt. Bei Vorliegen positiver Rückkopplungen kann es
aber durchaus sein, daß zwar mehrere Technologien im Markt überleben,
aber diejenige, die ex post die ‚beste' gewesen wäre, durch anfängliche
Schwankungen der Marktanteile zu Anfang zu stark ins Hintertreffen gerät
und vom Markt verschwindet. Der Punkt ist: Lock-in ist nicht gleichzusetzen mit der Übernahme des gesamten Marktes durch *eine* Technologie.
Auch wenn die Koexistenz mehrerer Technologien den Konsumenten eine
Wahl läßt, heißt dies noch nicht, daß die im Markt verbleibenden Alternativen die ‚richtigen' sind.

In ähnlicher Weise scheinen Liebowitz und Margolis die Existenz von
Nischenmärkten als Argument gegen die Möglichkeit eines Evolutionsversagens aufzufassen, wenn sie etwa schreiben: „Networks that serve niche

---

[74] Ebda.
[75] Ebda.

markets well (such as word-processors specializing in mathematical nota-
tion), might not be significantly disadvantaged by network effects."[76] Damit scheinen sie andeuten zu wollen, daß kein Problem vorliegt, solange
nicht der gesamte Markt – etwa für Textverarbeitungsprogramme – am
Ende von einem Standard dominiert wird. Abgesehen davon, daß – wie
oben argumentiert – die Möglichkeit der Koexistenz von Standards Evolutionsversagen nicht ausschließt, übersehen Liebowitz und Margolis hier
auch, daß der Hinweis auf Nischenmärkte lediglich die Frage nach dem
relevanten Markt aufwirft: Während Kompatibilität mit dem Gesamtmarkt
in der Tat relativ unwichtig für den einzelnen Anwender sein mag, können
innerhalb des Nischenmarktes natürlich sehr starke Netzeffekte vorliegen.
In solchen Fällen sind also die entsprechenden Nischenmärkte der rele-
vante Untersuchungsgegenstand, und *für sie* wäre zu prüfen, ob Evolutionsversagen vorliegt oder nicht.

Wir können also festhalten, daß die Kritik von Liebowitz und Margolis
insgesamt nicht zu überzeugen vermag. Dennoch wird sie von einer intui-
tiven Sorge getragen, die nicht gänzlich von der Hand zu weisen ist: Wenn
die Betonung positiver Rückkopplungen und potentiellen Evolutionsversagens zur ‚Mode‘ wird, dann könnte die Leistungsfähigkeit wettbewerb-
lich organisierter Märkte allzu leicht aus dem Blick geraten. Dies hängt
mit der allgemeinen Problematik zusammen, daß sich Modellannahmen
leicht verselbständigen können. Ein bestimmtes Problem, das in einem
Modell hervorgehoben wird, ist in der Realität zwangsläufig von geringe-
rer Bedeutung, als es dem Modell zufolge erscheinen mag, weil die Modellannahmen ja gerade mit dem Ziel gemacht wurden, *dieses Problem zu
isolieren*. Wenn in Modellen herausgearbeitet wird, daß positive Rückkopplungen zu Evolutionsversagen führen können, dann muß dabei immer
von verschiedenen Aspekten der Wirklichkeit abstrahiert werden. Wird
dies bei der Ausarbeitung wirtschaftspolitischer Empfehlungen nicht angemessen berücksichtigt, dann besteht die Gefahr, daß allzu weitreichende
Schlüsse gezogen werden, sollten sich positive Rückkopplungen in der
Realität als weitverbreitendes Phänomen erweisen. In diesem Sinn mag
die Kritik von Liebowitz und Margolis auch als Warnung vor einer ‚Ver-
selbständigung der Annahmen‘ gelesen werden; wie etwa in der folgenden
Passage:

„Indeed, with this perspective on the world, we will find it remarkable that even the most ordinary new technology or action is ever
implemented. It will seem remarkable that gasoline stations ever

---

[76] Ebda.

became available because, after all, at one time there were no cars. It will seem just as remarkable that cars ever became available because, after all, at one time there were no gas stations. (...) if science is unable to explain how bees fly, it is science that needs to be amended, not our acknowledgment that bees, in fact, manage to stay aloft. Similarly, the fact that current economic models of transition indicate that worthwhile transitions may not occur is not sufficient reason to abandon the presumption that they usually do occur."[77]

Der Kern dieser Aussage scheint zu sein, daß Modelle, die Technologiemärkte anhand der Idee der positiven Rückkopplung und der Pfadabhängigkeit abzubilden suchen, eben nur Modelle sind.[78] Tatsächlich ist es aber so, daß so umfassende Phänomene wie moderne Technologiemärkte sich – im Unterschied zur ‚Flugfähigkeit von Bienen' – unserer unmittelbaren Anschauung entziehen, so daß wir ohnehin nur theoretisch an sie herangehen können.[79] Dies trifft natürlich auch auf Liebowitz und Margolis selbst zu, deren implizit zugrundeliegendes Marktmodell offensichtlich durch hohe Flexibilität gekennzeichnet ist. Wenn Liebowitz und Margolis also Paul David vorwerfen, er habe der QWERTY-Geschichte seine Modellvorstellung vom Markt übergestülpt,[80] so fällt dieser Vorwurf auf sie selbst zurück. Die Kontroverse um historische Einzelfälle wie QWERTY oder VHS versus Betamax illustriert letztlich nur, wie stark unser Verständnis der ökonomischen Wirklichkeit theoriegefärbt ist: Wer positive Rückkopplungen als zentrales Charakteristikum der technologischen Ent-

---

[77] Liebowitz und Margolis 1994, S. 145 f.

[78] Siehe auch Liebowitz und Margolis 1998b, S. 21: „None of which proves that the best technology necessarily prevails. It only goes to demonstrate that these models are merely models. They demonstrate particular results in the context of particular assumptions."

[79] Vgl. dazu etwa die methodologischen Überlegungen Euckens: „Erkenntnis wirtschaftlicher Wirklichkeit ist Erkenntnis dieses wirtschaftlichen Ganzen und seines Gesamtzusammenhangs. (...) *Dieses Ganze in seinen Zusammenhängen zu erkennen, ist aber der unmittelbaren Anschauung der heutigen Wirklichkeit nicht möglich.*" (Eucken 1947, S. 29 f.) Und ebda., S. 32: „Angesichts dieser Sachlage gibt es nur *einen* Ausweg: Wir müssen versuchen, den komplizierten Sachverhalt in verschiedene Bestandteile zu zerlegen, also zu analysieren." (Hervorhebungen im Original.)

[80] Liebowitz und Margolis 1990, S. 22: „(...) David's interpretation of the historical record is dominated by his own implicit model of markets, a model that seems to underlie much economic thinking. In that model, an exogenous set of goods is offered for sale at a price, take it or leave it. There is little or no role for entrepreneurs. (...) In the world created by such a sterile model of competition, it is not surprising that accidents have considerable permanence."

wicklung ansieht, der wird bei der Analyse eines gegebenen Falls wohl eher potentielles Evolutionsversagen diagnostizieren als jemand, der von flexibler Anpassung und findigen Unternehmern ausgeht. Es ist dann wenig überraschend, daß ein und derselbe historische Sachverhalt unterschiedlich dargestellt und interpretiert wird.

Insbesondere aber zeigt die Diskussion der Kritik von Liebowitz und Margolis, daß die in Abschnitt 1.3.4 getroffene Unterscheidung zwischen Ineffizienz *ex ante* und *ex post* hilfreich sein kann. Sofern Liebowitz und Margolis argumentieren wollen, daß Märkte im Vergleich zur Politik überlegene Pfadwahl-Mechanismen darstellen, steht ihr Argument in keinem Widerspruch zu weiten Teilen der Pfadabhängigkeitsliteratur.[81] Wie in Abschnitt 1.3.4 dargelegt, kann sich die Forderung nach einer weitsichtigen Pfadwahl-Politik nur dann aus der Pfadabhängigkeitstheorie ergeben, wenn ihr zentraler Punkt der Historizität und Kontingenz pfadabhängiger Prozesse ignoriert wird. Daher können aus der These, daß pfadabhängige Prozesse ex ante zu ineffizienten Pfaden führen können, nur sehr vorsichtige *ordnungspolitische* Schlüsse gezogen werden, wie sie in Abschnitt 1.3.4 angedeutet wurden; diese müssen nicht notwendigerweise im Widerspruch zur Liebowitz und Margolis'schen Position stehen. Wenn Liebowitz und Margolis dagegen über den Hinweis auf die überlegene relative Leistungsfähigkeit von Märkten *ex ante* hinausgehen und behaupten, aus marktlicher Interaktion würde sich *immer* derjenige technologische Pfad ergeben, der sich *auch ex post* als der ‚beste' erweist, dann geraten sie auf das schlüpfrige Terrain unbeweisbarer Panglossianischer Effizienzbehauptungen.

In diesem Sinn kann als Fazit festgehalten werden, daß Liebowitz und Margolis zwar einige Relativierungen liefern, die dazu beitragen mögen, Evolutionsversagen nicht überzubewerten und die Leistungsfähigkeit von Märkten nicht zu übersehen. Was die wirtschaftspolitischen Implikationen positiver Rückkopplungen angeht, ist ein solcher warnender Hinweis nützlich – insbesondere in Anbetracht der ständigen Bereitschaft vonseiten der Politik, Begründungen für weitreichende Interventionen in den Marktprozeß dankbar aufzunehmen. Andererseits vermögen weder die empirischen noch die theoretischen Argumente, die Liebowitz und Margolis vorbringen, zu widerlegen, daß Evolutionsversagen *ex post* im technologischen Bereich ein wirtschaftspolitisch relevantes Problem sein kann. Wie sie selbst einräumen, gilt dies im institutionellen Bereich möglicherweise a forteriori, weil in diesem Bereich in aller Regel nicht von einem ‚Markt'

---

[81] Vgl. dazu auch David 1997, S. 41. Siehe auch Williamson (1993, S. 140 f.), der Pfadabhängigkeit – teilweise in Anlehnung an Liebowitz und Margolis – ausschließlich als Ex-ante-Problem zu verstehen scheint.

gesprochen werden kann, so daß eines ihrer Hauptargumente so nicht mehr gilt:

> „Our attention has been largely limited to the role of path dependence in market choices. (...) We do note, however that many social choices do not take place in markets, and in fact may not even be recognized explicitly as choices. The choice of religious and social institutions does not take place in an explicit market. (...) In these cases, the forces that would normally promote an efficient solution in the market do not necessarily come to the fore."[82]

Im nächsten Kapitel soll es nun um die Frage gehen, welche Arten von positiven Rückkopplungen im Bereich der Regeln und Institutionen vorliegen können.

---

[82] Liebowitz und Margolis 1997, S. 17. Siehe auch Liebowitz und Margolis 1998b, S. 22: „In non-market arenas, where there may be less opportunity for entrepreneurs to profit from removing inefficiencies, third-degree path dependence is more likely to occur."

Teil II

Institutionen

3. Kapitel:

Pfadabhängigkeit und positive Rückkopplungen bei Institutionen

3.1 Drei Ursachen Positiver Rückkopplungen bei Institutionen

3.1.1 Vorbemerkungen

Nachdem einige Arten positiver Rückkopplungen erläutert worden sind, die zu Pfadabhängigkeit von Technologien führen können, wollen wir uns nun der eigentlichen Frage dieser Arbeit zuwenden, der Pfadabhängigkeit von *Institutionen*. Ungeachtet aller Differenzen in der institutionenökonomischen Literatur über den Institutionenbegriff scheint ein relativ einheitlicher Kern in der Sprachverwendung zu existieren, demzufolge Institutionen als die Regeln verstanden werden, die das Zusammenleben von Menschen strukturieren;[1] im Wesentlichen sollen hier die Begriffe ‚Institution' und ‚Regel' synonym verwendet werden. Dabei ist es im Prinzip unerheblich, welcher Art die gesellschaftlichen Prozesse sind, die man betrachtet. Denn wo immer Menschen interagieren, werden sich Regeln herausbilden, die diese Interaktion erleichtern; dies gilt nicht nur für marktliche Interaktionen, sondern auch für den politischen Prozeß und den Rechtsprechungsprozeß, für Systeme kollektiver Verhandlungen (wie etwa in Deutschland im Rahmen der Tarifautonomie)[2] oder innerhalb von Organisationen. Auch ist es unerheblich, um was für eine Gruppe von Menschen es geht; die Hypothese, daß Institutionen relevant sind, gilt prinzipiell

---

[1] Vgl. etwa die Definition von North: „Institutions are the rules of the game in a society or, more formally, are the humanly devised constraints that shape human interaction." (North 1990, S. 3.)

[2] In Bezug auf die deutschen Arbeitsmarktinstitutionen weist der Sachverständigenrat sowohl auf die Bedeutung der spontanen institutionellen Entwicklung als auch auf die Möglichkeit eines Evolutionsversagens hin, wenn es im Gutachten 1993/94 heißt: „Der Arbeitsmarkt bedarf ... einer Ordnung, die durch Gesetze und tarifvertragliche Regelungen gestaltet, aber auch durch Usancen bestimmt wird. Eine nicht unwichtige Frage im Zusammenhang mit dem gestiegenen Niveau und der Verfestigung der Arbeitslosigkeit ist, ob sich in Deutschland Regelungen und Verfahrensweisen eingebürgert haben, die, obwohl so nicht beabsichtigt, dazu führen, daß am Arbeitsmarkt ein Gleichgewicht bei hohem Beschäftigungsstand nicht leicht zu finden ist." (Sachverständigenrat 1993, S. 243.)

für Familien ebenso wie für gesellschaftliche Gruppen oder ganze Volkswirtschaften.[3]

In Abschnitt 1.2.3 ist bereits darauf hingewiesen worden, daß Institutionen notwendigerweise eine gewisse Stabilität über die Zeit aufweisen müssen, um ihre Funktion als Ordnungsfaktoren zu erfüllen, daß sie andererseits aber – in ‚historischer‘ Perspektive – auch ständigem Wandel unterworfen sind. Wenn also in diesem Kapitel institutionelle ‚Inflexibilität‘ aufgrund von positiven Rückkopplungen untersucht wird, dann könnte man ebensogut von ‚Hyperstabilität‘ sprechen: Inflexibilität bedeutet, daß Institutionen, die ja stabil sein *müssen, so* stabil sind, daß Anpassungen an sich verändernde Umstände nicht eintreten oder zu lange auf sich warten lassen, so daß unerwünschte Ergebnisse eintreten. Insofern also ‚Stabilität‘ eine grundlegende Eigenschaft von Institutionen ist und es in diesem Abschnitt um ‚unerwünschte Stabilität‘ oder ‚Hyperstabilität‘ geht, wird den angestellten Überlegungen auch allgemeine institutionentheoretische Relevanz zukommen.

Ferner sei darauf hingewiesen, daß mit einem so allgemeinen Institutionenbegriff, wie er hier zugrundegelegt wird, nicht geleugnet werden soll, daß, wie Kiwit und Voigt bemerken, „der Begriff ... als Sammelbekken für die unterschiedlichsten Phänomene dient."[4] Kiwit und Voigt gehen an dieses Problem heran, indem sie *zunächst* verschiedene Arten von Institutionen kategorisieren und *dann* ihre Überlegungen über eine mögliche institutionelle Pfadabhängigkeit anstellen.[5] Hier soll eine etwas andere Strategie verfolgt werden, indem lediglich unterschiedliche Arten positiver Rückkopplungen untersucht werden, auf eine Kategorisierung von Institutionen jedoch verzichtet wird. Diese Vorgehensweise hat den Vorteil, daß die Analyse nicht durch die vorab unternommene Kategorisierung präjudiziert wird. Bei Kiwit und Voigt tritt dieses Problem insbesondere dadurch auf, daß sie ihre Kategorisierung anhand des Überwachungsmechanismus vornehmen, durch den Institutionen ihre Stabilität erlangen.[6] Die ‚Überwachung‘ von Institutionen ist jedoch gerade *erklärungsbedürftig*, und zwar sowohl hinsichtlich des *Erfordernisses* der Stabilität als auch

---

[3] Damit ist freilich nicht gesagt, daß etwa die Gruppengröße keine Rolle spielt, sondern lediglich, daß allgemeine Aussagen über die spontane Entstehung und Entwicklung von Institutionen möglich sind.

[4] Kiwit und Voigt 1995, S. 117. Ähnlich äußern sich etwa Ostrom 1986, S. 3 f. oder Nelson 1995, S. 80.

[5] Siehe Kiwit und Voigt 1995 und Kiwit 1996 sowie auch Kiwit und Voigt 1998.

[6] Vgl. z.B. Kiwit und Voigt 1995, S. 122 ff.

hinsichtlich des *Problems* der Hyperstabilität; die Art der Überwachung sollte daher nicht Teil der Definition sein.[7]

Die Vorgehensweise in diesem Kapitel wird folgendermaßen sein: In diesem Abschnitt werden zunächst die Selbstverstärkungsmechanismen bei Institutionen untersucht, die von den beiden wichtigsten Vertretern institutioneller Pfadabhängigkeit, Douglass North und Paul David, genannt werden. Aus der Diskussion werden sich die drei Mechanismen herauskristallisieren, die in der Folge als grundlegend für institutionelle Pfadabhängigkeit angesehen werden; sie sollen in Abschnitt 3.1.4 kurz zusammengefaßt und dann in den Abschnitten 3.2, 3.3 und 3.4 ausführlich diskutiert werden. Dabei werden weitere institutionenökonomische Ansätze behandelt, die sich zur Illustration der jeweils zur Diskussion stehenden positiven Rückkopplung eignen. Im Hinblick auf die Mechanismen technologischer Selbstverstärkung, die im letzten Kapitel dargestellt wurden, wird sich zeigen, daß Skalenerträge nicht als Ursachen institutioneller Pfadabhängigkeit angesehen werden können, daß hinsichtlich der anderen drei Rückkopplungsmechanismen jedoch einige Ähnlichkeiten bestehen.

3.1.2 Douglass North

Da die Idee der Pfadabhängigkeit, so wie sie gegenwärtig diskutiert wird, ursprünglich für den technologischen Bereich entwickelt wurde, stellt Douglass North die Frage, inwieweit die positiven Rückkopplungen, die dort identifiziert werden, auf den institutionellen Bereich übertragen werden können.[8] Hinsichtlich der von Arthur genannten vier Ursachen positiver Rückkopplungen – Setup-Kosten, Lerneffekte, Koordinationseffekte und adaptive Erwartungen – argumentiert er in einer vielzitierten Passage, eine Übertragung der Argumente sei mit geringfügigen Modifikationen möglich:

„Indeed, all four of Arthur's self-reinforcing mechanisms apply, although with somewhat different characteristics. There are large *initial setup costs* when the institutions are created de novo as was the U.S. Constitution in 1787. There are significant *learning effects* for organizations that arise in consequence of the opportunity set

---

[7] Darauf weist auch Leipold hin, wenn er schreibt: „Gerade dieses Problem [der Überwachung, R.A.] ist jedoch erklärungsbedürftig. Indem Kiwit und Voigt die Überwachung als Kriterium für die Typisierung von Regeln wählen, setzen sie deren Befolgung per Annahme voraus." (Leipold 1996, S. 109.)

[8] Kiwit und Voigt sprechen in diesem Zusammenhang von einem ‚Analogietest'. (Vgl. Kiwit und Voigt 1995, S. 132 ff.)

provided by the institutional framework. (...) The resultant organizations will evolve to take advantage of the opportunities defined
by that framework, but as in the case of technology, there is no im-
plication that the skills acquired will result in increased social efficiency. There will be *coordination effects* .. via contracts with
other organizations. (...) *Adaptive expectations* occur because increased prevalence of contracting based on a specific institution
will reduce uncertainties about the permanence of that rule. In
short, the interdependent web of an institutional matrix produces
massive increasing returns."[9]

Die Übertragung der Arthur'schen Rückkopplungseffekte, so wie sie
North hier vornimmt, ist jedoch unscharf und läßt Fragen offen. Zwar finden sich in *Institutions, Institutional Change and Economic Performance*
noch des Öfteren Hinweise auf die „increasing returns characteristic of
institutions,"[10] jedoch ohne die Argumentation weiter zu präzisieren. Ausgehend von den vier Arthur'schen Ursachen für positive Rückkopplungen
soll nun versucht werden, eine solche Präzisierung vorzunehmen. Es wird
dabei erforderlich sein, auf einige Aspekte der Institutionentheorie des
‚späten North' etwas näher einzugehen.[11]

Adaptive Erwartungen
Im Zusammenhang mit Technologien war ja bereits argumentiert worden,
daß adaptive Erwartungen allenfalls als Verstärker, nicht jedoch als Ursache für positive Rückkopplungen angesehen werden können. Auch in
Norths Formulierung zeigt sich, daß es eigentlich um Koordinationseffekte geht, denn er leitet ja die Relevanz von Erwartungen daraus ab, daß
die zunehmende Verbreitung einer Institution („increased prevalence of
contracting based on a specific institution") die Unsicherheit über deren
Fortbestehen reduziert. Somit scheint auch North Erwartungen nicht als

---

[9] North 1990, S. 95. (Hervorhebung hinzugefügt.)
[10] So etwa auf S. 100, 112 und 137.
[11] Es wird häufig darauf hingewiesen, daß North sich in den vergangenen Jahren von
einem ‚neoklassischen' Erklärungsmuster gelöst hat, demzufolge institutioneller Wandel
als effiziente Anpassung an sich verändernde Rahmenbedingungen erklärt werden kann;
siehe etwa Groenewegen et al. 1995, S. 471 f. sowie Löchel 1995, S. 98 f. Insofern kann
man den ‚frühen North' unterscheiden vom ‚späten North', der sich nun stark am Pfadabhängigkeitskonzept orientiert, indem er institutionellen Wandel als das Ergebnis
eines kontingenten historischen Prozesses betrachtet, dessen ‚Effizienz' nicht vorausgesetzt werden kann. Vgl. dazu auch die Bemerkungen zur ‚Neuen Institutionenökonomik'
in Abschnitt 1.2.3.

Ursache positiver Rückkopplungen anzusehen, sondern lediglich als Kodeterminante ihres Ausmaßes.

Setup- oder Fixkosten
In Abschnitt 2.2.1 haben wir gesehen, wie sinkende Stückkosten bei zunehmender Ausbringungsmenge – wie etwa, im Fall statischer Skalenerträge, bei Vorliegen hoher Fixkosten – bei Technologien positive Rückkopplungen verursachen können: Wenn sinkende Stückkosten zu geringeren Preisen führen, steigt die Nachfrage, was zu weiter sinkenden Stückkosten führt, und so weiter. North versäumt es jedoch, einen solchen Rückkopplungsmechanismus für Institutionen zu spezifizieren und begnügt sich damit, die Existenz von Fixkosten bei der Einrichtung von Institutionen wie der US-Verfassung festzustellen. North wählt nicht zufällig dieses Beispiel, denn nur bei Institutionen, die das Ergebnis bewußter Gestaltung sind – etwa durch ein Gericht oder ein politisches Gremium – kann überhaupt von einem ‚Produzenten‘ gesprochen werden, der zunehmende Skalenerträge realisieren könnte. Jedoch ist eine positive Rückkopplung bei Institutionen auch in diesem Fall nicht vorstellbar, denn dies würde ja erfordern, daß ein individueller Nutzer einer Institution einen Vorteil davon hat, daß sich die Fixkosten ihrer Errichtung auf mehr Köpfe verteilen. Dies ist offensichtlich nicht der Fall, weil, wie Kiwit und Voigt mit Recht bemerken, die Finanzierung der Setup-Kosten bei der Einrichtung von Institutionen nicht – wie bei Technologien – ein dynamischer Prozeß individueller Adoption ist, sondern eher ein statisches Problem kollektiven Handelns darstellt.[12] Wie bereits dargelegt, soll institutionelle Pfadabhängigkeit hier jedoch als Eigenschaft *spontaner* Entstehung von Institutionen angesehen werden. Dann aber betrachten wir Institutionen ja als das unintendierte Nebenprodukt fortdauernder Interaktion in einer Gemeinschaft, und wir können offensichtlich noch nicht einmal davon sprechen, daß Institutionen von irgendwem ‚produziert‘ würden. In diesem Fall ist eine positive Rückkopplung durch hohe Setup- oder Fixkosten noch nicht einmal im Ansatz denkbar.[13] [14]

---

[12] Kiwit und Voigt 1995, S. 130 f.: „Während Pfadabhängigkeit im technischen Bereich als sich selbst verstärkendes und damit dynamisches Phänomen beschrieben wird, stellen hohe Kosten der Errichtung von Institutionen eher ein statisches Phänomen dar: Das Beharrungsvermögen einer bestimmten Institution erwächst hier nicht etwa daraus, daß sie sich *selbst* verstärken würde, sondern aus einem Problem kollektiven Handelns bei der Errichtung *konkurrierender* Institutionen." (Hervorhebung im Original)
[13] Kiwit und Voigt schlagen vor, für den institutionellen Bereich den Begriff der Fixkosten durch den Begriff der spezifischen Investitionen zu ersetzen. (Vgl. Kiwit und Voigt 1995, S. 131.) Eine Erklärung institutioneller Inflexibilität, die an diesem Kriteri-

Lerneffekte

Wenn North eine selbstverstärkende Rückkopplungsschleife im institutionellen Kontext durch Lerneffekte begründet sieht, meint er damit etwas anderes als dynamische Skalenerträge, wie sie in Abschnitt 2.2.1 diskutiert wurden und die im Wesentlichen den gleichen Rückkopplungsmechanismus begründen wie hohe Fixkosten. North meint, daß Individuen und Organisationen mit der Zeit lernen werden, welche Verhaltensweisen in einer gegebenen institutionellen Landschaft ihren Zielen förderlich sind und welche nicht. Sie werden also auch eine bestimmte Art von Wissen erwerben. North führt folgendes Beispiel an: Wenn die institutionelle Struktur derart ist, daß Seeräuberei eine erfolgversprechende Verhaltensweise darstellt, dann wird sich Wissen darüber ansammeln, wie man ein erfolgreicher Pirat ist, beziehungsweise wie man sich gegen Piraten verteidigt. Wenn es die Institutionen dagegen zu einer erfolgversprechenden Strategie machen, die Dinge herzustellen und zu verkaufen, die die Menschen wünschen, so wird völlig anderes Wissen entstehen. Der letztere Fall wird offensichtlich eher zu ökonomischem Wohlstand führen als der erste. Norths Punkt hier ist, daß Wissenswachstum im Sinne verbesserter Anpassung an gegebene Institutionen keine Gewähr für steigenden Wohlstand bietet; vielmehr sind die Institutionen selbst der entscheidende Faktor für die langfristige Entwicklung einer Gesellschaft.[15]

Zunächst ist damit aber lediglich gesagt, daß unterschiedliche institutionelle Ordnungen in unterschiedlichem Maße geeignet sind, Wohlstand zu schaffen. Es ist noch keine positive Rückkopplung beschrieben, die zu erklären vermöchte, warum institutionelle Strukturen häufig fortbestehen, obwohl sie Wohlstandswachstum verhindern, indem sie etwa räuberische oder andere bloß redistributive Verhaltensweisen belohnen. Was fehlt, ist die Rückkopplungsschleife zurück zur Institutionenebene, die dazu führen kann, daß bestimmte institutionelle Entwicklungspfade sich selbst verstärken. North liefert diesen Schritt freilich an anderer Stelle, wenn er etwa

---

um ansetzt, beruht aber letztlich auf Macht und wird hier nicht als Pfadabhängigkeit verstanden. Siehe dazu die Ausführungen in Abschnitt 1.4.

[14] In einem späteren Paper nennt North *economies of scope* als mögliche Ursache institutioneller Pfadabhängigkeit. (North 1995, S. 22) Das gleiche Argument, das hier für Fixkosten und Skalenerträge gemacht wurde, dürfte jedoch auch dafür gelten. Unter *economies of scope* versteht man ja, daß es billiger ist, zwei oder mehrere verschiedene Güter zusammen zu produzieren statt separat. Auch in diesem Fall ist nicht zu sehen, wie solche Kostenersparnisse zu einer pfadabhängigen Adoptionsdynamik führen könnten – abgesehen von dem Problem, daß auch hier wiederum von einem ‚Produzenten‘ von Institutionen ausgegangen werden muß und die spontane Entstehung von Institutionen somit gar nicht betrachtet werden kann.

[15] Vgl. North 1990, S. 77 f.

schreibt: „As the organization evolves to capture the potential returns, it will gradually alter the institutional constraints themselves – either indirectly, by undermining the informal constraints, or directly, by investing resources in altering the political rules of the game and therefore attempting to alter the way in which the system works."[16] North argumentiert, daß dieses Zusammenspiel zwischen Regel- und Handlungsebene auch zu Inflexibilität führen kann, weil mit der Zeit Organisationen und Gruppen entstehen, die ein Interesse am Status quo haben, und die folglich versuchen werden, institutionellen Wandel zu verhindern.

Nun wurde ja bereits in Abschnitt 1.4 darauf hingewiesen, daß North es hier versäumt, Pfadabhängigkeit und Rent-seeking als unterschiedliche Quellen institutioneller Inflexibilität auseinanderzuhalten. Pfadabhängigkeit liefert eine Unsichtbare-Hand-Erklärung institutioneller Inflexibilität, die Macht nicht als erklärende Variable benötigt; Rent-seeking als Erklärung institutioneller Inflexibilität impliziert dagegen die Möglichkeit gezielter Einflußnahme, also Macht. Wie bereits in Abschnitt 1.4 ausgeführt, soll damit nicht gesagt sein, daß der Rent-seeking-Prozeß nicht auch unintendierte Auswirkungen haben kann; in diesem Zusammenhang wurde auf das ‚Protektionismus-Dilemma' hingewiesen sowie auf die Möglichkeit, daß positive Rückkopplungen und Pfadabhängigkeit auch im Rent-seeking-Prozeß eine Rolle spielen könnten. Ebenfalls soll damit nicht gesagt sein, daß in einen pfadabhängigen Prozeß nicht auch Versuche gezielter Einflußnahme eingehen. Der Punkt ist, daß bei einer Rent-seeking-Erklärung institutioneller Inflexibilität, wie North sie hier liefert, das Interesse bestimmter Gruppen am Status quo im Mittelpunkt steht; dies impliziert aber, daß diese Gruppen zumindest teilweise in der Lage sind, *das Gesamtergebnis* in ihrem Sinn zu beeinflussen. Eine solche Erklärung kann systematisch von einer Pfadabhängigkeits-Erklärung institutioneller Inflexibilität unterschieden werden, bei der keine Möglichkeit direkter Einflußnahme auf das institutionelle Gesamtergebnis angenommen werden muß, sondern bei der es die *selbstverstärkende Interdependenz individueller Entscheidungen* ist, die institutionelle Pfade verstärkt und verfestigt. Einige Unklarheiten bei North rühren daher, daß er diese beiden unterschiedlichen Erklärungen institutioneller Inflexibilität nicht voneinander trennt.

Andererseits geht North natürlich auch auf jene Form spontanen institutionellen Wandels ein, die sich nicht aus gezielter Einflußnahme auf das Gesamtergebnis ergibt, sondern als Nebenprodukt individueller Zielverfolgung. So schreibt er etwa: „Informal constraints will be altered as organizations, in the course of interaction, evolve new, informal means of

---

[16] North 1989, S. 242.

exchange and hence develop new social norms, conventions, and codes of conduct. In this process 'obsolete' informal constraints will gradually wither away to be replaced by new ones."[17] Die Möglichkeit von Lock-in und Evolutionsversagen ist in dieser Formulierung zwar abwesend; dies heißt jedoch nicht, daß North fehlende institutionelle Anpassungsfähigkeit *ausschließlich* dem Widerstand organisierter Interessen zuschreibt, ansonsten aber ,panglossianisch' argumentiert. Das fehlende Glied in der Argumentationskette sind die Theorien oder mentalen Modelle, mit denen die Akteure ihre Umwelt zu verstehen suchen. Diese mentalen Modelle werden einerseits durch das institutionelle Umfeld beeinflußt sein, andererseits bestimmen sie das Handeln der Akteure, was wiederum Einfluß auf die Institutionen der Gemeinschaft hat. Diese Wechselwirkung zwischen Institutionen und Individuen scheint North als zentrale Ursache für Pfadabhängigkeit anzusehen, und sie muß letztlich auch gemeint sein, wenn von ,Lerneffekten' als Ursache positiver Rückkopplungen die Rede ist. Dies wird beispielsweise deutlich, wenn North schreibt: „The complex interaction between institutions and the mental constructs of the players together shape downstream developments."[18]

Koordinationseffekte
Positive Rückkopplungen aufgrund von Koordinationseffekten hängen mit der häufig festgestellten Funktion von Institutionen zusammen, bei Interaktionen Unsicherheit zu vermindern und Erwartungen zu stabilisieren; wie North es formuliert: „Institutions reduce uncertainty by providing a structure to everyday life. They are a guide to human interaction, so that when we wish to greet friends on the street, drive an automobile, buy oranges, borrow money, form a business, bury our dead, or whatever, we know (or can learn easily) how to perform these tasks."[19] Somit können viele Institutionen – vor dem Hintergrund ihrer verhaltensnormierenden, erwartungsstabilisierenden Funktion – durchaus mit technologischen Standards verglichen werden: Sie erzeugen ,Kompatibilität' bei Interaktionen, indem sie den Kommunikationsaspekt menschlichen Handelns in der Gesellschaft ,standardisieren'. „Interaction among individuals," schreiben Blankart und Knieps in diesem Sinne, „is facilitated when it is standardized. Two individuals using the same standards of interaction will communicate or exchange more efficiently than if they apply exclusively their own rules."[20] So wird die Parallele zu ,Netzexternalitäten' offen-

---

[17] North 1995, S. 16.
[18] North 1995, S. 24:
[19] North 1990, S. 3 f.
[20] Blankart und Knieps 1993, S. 39.

sichtlich, denn ebenso, wie es im Interesse des Einzelnen sein wird, diejenige Kommunikationstechnologie zu erwerben, die am weitesten verbreitet ist, so wird es auch im Interesse des Einzelnen sein, sich an solche Institutionen zu halten, die die Interaktion mit anderen erleichtern.[21] Somit kann in der Tat davon ausgegangen werden, daß aus der Koordinationsfunktion von Institutionen positive Rückkopplungen entstehen.

Wenn der Grundgedanke *direkter* Netzexternalitäten auf Institutionen anwendbar erscheint, dann stellt sich die Frage, ob nicht auch *indirekte* Netzeffekte – also der Gedanke der Komplementarität der Bestandteile eines Systems – auf Institutionen anwendbar sein könnte. Dieser Effekt mag nicht zentral für Norths Ansatz sein, und er erwähnt ihn bei seiner Diskussion der Arthur'schen Rückkopplungseffekte ja auch nicht explizit (oder unterscheidet ihn nicht von Koordinationseffekten). Gleichwohl nennt North an anderer Stelle Komplementarität – zusammen mit Netzexternalitäten und *economies of scope* – explizit als Ursache institutioneller Pfadabhängigkeit,[22] und auch in *Institutions, Institutional Change and Economic Performance* finden sich einige Stellen, in denen deutlich wird, daß er Komplementarität von Institutionen durchaus als Quelle positiver Rückkopplungen anzusehen scheint. So kommentiert er seine Beschreibung der unterschiedlichen Entwicklung Englands und Spaniens, die sich in der Folge in unterschiedlichen Entwicklungspfaden Süd- und Nordamerikas niederschlug: „To make the contrasting brief stories convincing illustrations of path dependence would entail an account of the political, economic, and judicial systems of each society as a *web of interconnected formal rules and informal constraints that together made up the institutional matrix and led the economies down different paths*."[23]

Der Gedanke der Komplementarität als Ursache für die Persistenz ineffizienter Institutionenordnungen kommt auch zum Ausdruck, wenn North Clifford Geertz' Beschreibung des Karawanenhandels im Marokko der letzten Jahrhundertwende zitiert – als Beispiel für das komplizierte Netz informeller Institutionen, das erforderlich war, um Handel in einer Welt ohne zentrale Sanktionsinstanz überhaupt zu ermöglichen: „In the narrow sense," schreibt Geertz, „a zettata (...) is a passage tool, a sum paid to a local power ... for protection when crossing localities where he is such a

---

[21] Bisweilen spricht North auch explizit von Netzexternalitäten als Quelle positiver Rückkopplungen bei Institutionen (siehe etwa North 1995, S. 22), und er erwähnt auch die Möglichkeit einer pfadabhängigen Entwicklung von Konventionen als Lösungen spieltheoretischer Koordinationsprobleme. (North 1990, S. 41.) Darauf wird in Abschnitt 3.2 ausführlich eingegangen.

[22] Siehe North 1995, S. 22. Zu *economies of scope* siehe die Bemerkungen in Fußnote 12 in diesem Kapitel.

[23] North 1990, S. 115 (Hervorhebung hinzugefügt).

power. But in fact it ... was part of a whole complex of moral rituals, customs with the force of law and the weight of sanctity – centering around the guest-host, client-patron, petitioner-petitioned, exile-protector, suppliant-divinity relations – all of which are somehow of a package in rural Morocco."[24] Eine beobachtete Persistenz der hier von Geertz erläuterten Institution der ‚Zettata‘ müßte wohl – zumindest teilweise – damit erklärt werden, daß sie Teil eines interdependenten Systems komplementärer Institutionen war, die schwerlich einzeln, sondern nur ‚im Paket‘ geändert werden konnten. Die Beispiele zeigen, daß auch indirekte Netzexternalitäten, oder Komplementarität, eine Rolle in Norths Konzeption institutioneller Pfadabhängigkeit spielen.

3.1.3 Paul David

Paul David unterscheidet drei Ursachen für institutionelle Pfadabhängigkeit:[25] (1) Die Bildung wechselseitig kompatibler Erwartungen, die individuelles Handeln koordinieren helfen; (2) den Umstand, daß organisationsinterne Informationskanäle eine Art dauerhaftes Kapital darstellen; und (3) die Interdependenz und Komplementarität von Institutionen. Auch auf diese Kategorien soll nun im Einzelnen eingegangen werden.

Bildung wechselseitig kompatibler Erwartungen
Mit dieser Kategorie erfaßt David zweierlei: *Erstens* Konventionen, die, wie wir in Abschnitt 3.2 sehen werden, häufig spieltheoretisch als Lösungen eines Koordinationsspiels analysiert werden. Damit ist letztlich nichts anderes gemeint als das, was im vorangegangenen Abschnitt ‚Koordinationseffekte‘ genannt wurde: Die Herausbildung wechselseitig kompatibler Verhaltensweisen im sozialen Interaktionsprozeß. Dabei spielen natürlich Erwartungen eine entscheidende Rolle, weil es den Spielern bei (sogenannten ‚reinen‘) Koordinationsspielen nur darauf ankommt, *daß* Verhalten koordiniert wird, und nicht darauf, *wie* dies geschieht; sie werden also bestrebt sein, richtige Erwartungen über das Verhalten des jeweils anderen zu bilden. Wenn sich durch fortdauernde Interaktion eine Konvention etabliert, dann stabilisieren sich diese Erwartungen.[26]

Zweitens diskutiert David unter der Rubrik ‚Erwartungsstabilisierung‘ einen Ansatz aus der Soziologie, und zwar den von Berger und Luckmann,

---

[24] Zitiert nach North 1990, S. 124.
[25] Zum Folgenden siehe David 1994a.
[26] Erwartungen können jedoch auch hier wiederum nicht als Ursache positiver Rückkopplungen angesehen werden, denn die Ursache ist – in diesem Fall – der Koordinationseffekt.

in dem es explizit um *Rollen*erwartungen geht:[27] Hier ist die These, daß Institutionen den Mitgliedern einer Gemeinschaft ‚Rollen' zuweisen, die bestimmte Erwartungen von Seiten der anderen Mitglieder der Gemeinschaft begründen. Erwartungskonformes Verhalten wird in dieser Theorie jedoch anders erklärt als im Fall des Koordinationsspiels: Während Konventionen gewöhnlich als selbstdurchsetzend angesehen werden in dem Sinn, daß abweichendes Verhalten gar nicht im Interesse des Einzelnen sein kann, wird in dieser Theorie darauf abgestellt, daß Rollenverhalten im Verlauf der Sozialisierung ‚internalisiert' wird.[28] Dies bedeutet, daß die Institutionen, die eine Rolle definieren, deshalb eingehalten werden, weil der Träger der Rolle dieses Verhalten als ‚richtig' erlernt hat und daher abweichendes Verhalten psychische Kosten mit sich bringen würde; wie David es ausdrückt: „Enforcement may be left to internal psychological inhibitions aimed at maintaining the person's self-esteem and avoiding guilt-feelings. A very considerable prior investment in personal socialization, acculturation and ethical education of the individual is usually required to bring these behavioural controls to a tolerably high level of reliability."[29]

David weist selbst darauf hin, daß Koordinationseffekte und das Konzept der Internalisierung von Rollenverhalten deutliche Unterschiede aufweisen.[30] In der Tat erscheint es etwas unglücklich, daß er diese beiden Ansätze unter der Rubrik der ‚Stabilisierung von Erwartungen' zusammenfaßt, weil der Mechanismus, durch den die Institutionalisierung von Verhaltensweisen – und damit die Stabilisierung von Erwartungen – erfolgt, in den beiden Fällen ein völlig anderer ist. Zwar kann, wie David betont, auch bei Koordinationsspielen der kulturelle Hintergrund der Akteure eine Rolle spielen, wenn es um die Frage geht, *welche* von mehreren möglichen Konventionen sich einspielt: Es wird, einem Argument von Thomas Schelling zufolge, in der Regel diejenige sein, die den Spielern als ‚hervorstechend' (*salient*) erscheint.[31] Der Einfluß, den der kulturelle Hintergrund der Spieler dabei haben kann, ist jedoch offensichtlich ein anderer, als wenn erlerntes Rollenverhalten angenommen wird. Dort wird behauptet, Institutionen würden deshalb eingehalten, weil die Mitglieder einer Gemeinschaft die ‚Richtigkeit' dieses Verhaltens im Sozialisierungsprozeß internalisiert haben. Bei Koordinationsspielen dagegen

---

[27] Zum Folgenden siehe auch Abschnitt 3.4.

[28] Für eine kritische Auseinandersetzung mit dieser Vorstellung siehe Abschnitt 3.4.2.

[29] David 1994, S. 211.

[30] Vgl. ebda., S. 210 f.

[31] Vgl. ebda., S. 210.

erleichtert ein gemeinsamer kultureller Hintergrund zwar die Koordination, wenn die Spieler nicht auf eine etablierte Konvention zurückgreifen können. Hat sich eine Konvention aber einmal etabliert, dann spielt der kulturelle Hintergrund keine Rolle mehr für ihre Einhaltung, weil abweichendes Verhalten dem Einzelnen schaden würde.

Organisationsinterne Informationskanäle als dauerhaftes Kapital
David knüpft hier an einen Gedanken von Arrow an, Organisationen seien darauf angewiesen, interne Informationsflüsse in entsprechender Weise zu filtern und zu komprimieren, damit sie im Entscheidungsprozeß von Nutzen sein könnten; um diesem Erfordernis gerecht zu werden, würden sie daher Informationsverarbeitungsprozeduren, Informationskanäle und ‚Codes' entwickeln.[32] Diese würden dann großes Beharrungsvermögen aufweisen, weil sie Teil des Kapitals der Organisation seien.

Freilich ist die Gleichsetzung organisationsinterner Codes und Informationsverarbeitungsprozeduren mit dauerhaftem Kapital jedoch keine Erklärung ihrer relativen Unveränderlichkeit über die Zeit, sondern lediglich eine Metapher. Letztlich geht es aber auch hier um institutionalisierte Verhaltensweisen, um organisationsinterne Regeln für Interaktion und Kommunikation, deren Persistenz auch in Organisationen – ebenso wie in ‚spontanen Ordnungen' – unter Rückgriff auf positive Rückkopplungen erklärt werden kann. Es erscheint daher gar nicht sinnvoll, eine Sonderkategorie ‚Informationskanäle als dauerhaftes Kapital' einzuführen, da sie nichts Neues bringt. Dies zeigt sich auch bei Paul David in der weiteren Diskussion, etwa wenn er auf Parallelen zwischen dem Koordinationsspiel und der Entwicklung organisationsinterner Codes hinweist.[33]

Komplementarität von Institutionen
Schließlich weist David darauf hin, daß neu hinzukommende Institutionen immer auch kompatibel sein müssen mit den bereits existierenden Regeln einer Gemeinschaft, so daß die historisch gewachsene institutionelle Struktur einer Gemeinschaft zu jedem gegebenen Zeitpunkt die Möglichkeiten institutioneller Innovation beschränkt – ganz ähnlich, worauf Paul David auch hinweist, wie die Interdependenz technologischer Systeme, die in Abschnitt 2.2.3 diskutiert wurde. Daraus resultieren selbstverstärkende

---

[32] Vgl. ebda., S. 212 f.

[33] Siehe ebda., S. 213: „What matters is not the precise form of the code, but that an individual can readily learn the code(s) being used in the organization in question. The situation in this respect resembles that of the pure ‘coordination games' (...). In such games ... the positive feedback effects or self-reinforcement of early and quite possibly adventitious choices reflecting merely transient conditions, can have profound consequences, in effect ‘selecting' the eventual outcome."

Effekte, die zu Pfadabhängigkeit und institutioneller Inflexibilität führen können: „Historical precedent thus can become important in the shaping of the whole institutional cluster, simply because each new component that is added must be adapted to interlock with elements of the pre-existing structure – unless the whole is to be abandoned and replaced in its entirety."[34]

3.1.4 Zusammenfassung: Drei Arten positiver Rückkopplungen bei Institutionen

Fassen wir zusammen: Die Diskussion des ‚späten North' deutet darauf hin, daß sich letztlich drei Kategorien, oder Arten, von positiven Rückkopplungen bei Institutionen identifizieren lassen, die einer näheren Prüfung standhalten. Erwartungen können, gleich ob es um Technologien oder um Institutionen geht, lediglich verstärkend wirken, jedoch nicht ursächlich für institutionelle Pfadabhängigkeit sein. Fixkosten und Skalenerträge können zwar bei Technologien als Ursache von Pfadabhängigkeit angesehen werden, das Argument erweist sich jedoch als nicht auf den institutionellen Bereich übertragbar. Die Diskussion von Lerneffekten hat ergeben, daß es letztlich darum gehen muß, daß einerseits Institutionen die mentalen Modelle der Individuen prägen und andererseits Individuen durch ihr Handeln – das geleitet wird von ihren mentalen Modellen – die Entwicklung der Institutionen bestimmen. In diesem Sinn könnte man hier auch von einer „Wechselwirkung zwischen Individuen und Institutionen" sprechen. Schließlich hat sich gezeigt, daß nicht nur Koordinationseffekte – ganz analog zu direkten Netzexternalitäten – positive Rückkopplungen generieren können, sondern daß es auch im institutionellen Bereich sinnvoll erscheint, indirekte Netzexternalitäten, oder die Komplementarität von Institutionen, als mögliche Ursache positiver Rückkopplungen zu betrachten.[35]

Diese drei Typen positiver Rückkopplungen sind es auch, die sich aus der Diskussion von Paul David herauskristallisieren. So faßt David unter seiner Rubrik ‚Stabilisierung wechselseitiger Erwartungen' zwei unterschiedliche Selbstverstärkungsmechanismen zusammen, und zwar einerseits Koordinationseffekte, die sich spieltheoretisch anhand des Koordinationsspiels darstellen lassen, und andererseits das, was David unter Rückgriff auf die soziologischen Konzepte der ‚Sozialisation' und

---

[34] Ebda., S. 215.
[35] Wie wir in Abschnitt 4.4.2 sehen werden, ist dies insbesondere auch dann sinnvoll, wenn es um die Frage institutioneller Reformen geht.

‚Internalisierung' von Regeln anspricht.[36] Daß in beiden Ansätzen Erwartungen eine Rolle spielen, erweist sich als ungeeignetes Kriterium zur Zusammenfassung der beiden, da es lediglich auf eine häufig diagnostizierte *Funktion* von Institutionen abstellt, die unterschiedlichen Ursachen für die Stabilität oder Inflexibilität von Institutionen jedoch nicht erkennen läßt. Da es hier also um jeweils unterschiedliche selbstverstärkende Mechanismen geht, erscheint es sinnvoll, sie auch als separate Kategorien aufzufassen. Wenn Paul David jedoch die Vergleichbarkeit organisationsinterner Informationskanäle mit dauerhaftem Kapital als weitere Ursache für Pfadabhängigkeit anführt, dann scheint er dem zuvor Gesagten kein neues Argument hinzuzufügen, so daß wir diese Kategorie problemlos beiseite lassen können. Zusammen mit der Komplementarität von Institutionen schälen sich hier also letztlich die gleichen Kategorien heraus wie aus der Diskussion Douglass Norths.

Die drei Typen positiver Rückkopplungen bei Institutionen, von denen also in der Folge ausgegangen werden soll, sind in Abbildung 3.1 schematisch dargestellt. Hier ist unterschieden zwischen der Handlungsebene, auf der die n Mitglieder der Regelgemeinschaft, Individuen I^1 ... I^n, miteinander interagieren, und der Regelebene mit m Regeln R^1 ... R^m, die diese Interaktionen strukturieren. Positive Rückkopplungen vom Typ 1 (Koordinationseffekte) entstehen auf der Handlungsebene durch die Vorteile der Kompatibilität ‚standardisierter' Verhaltensweisen. Positive Rückkopplungen vom Typ 2 (Komplementaritätseffekte) entstehen, weil die Institutionen einer Gesellschaft nicht unabhängig voneinander existieren, sondern als interdependentes System; diese Interdependenz kann positive Rückkopplungen zur Folge haben, wenn die Beziehung der Institutionen eine komplementäre ist.[37] Positive Rückkopplungen vom Typ 3 können schließlich durch ‚Wechselwirkungen' zwischen der Ebene sozialer Regeln und der Ebene individuellen Verhaltens entstehen, die hier durch die senkrechten Pfeile angedeutet ist. Da es in diesem Fall schwierig ist, die zugrundeliegenden Mechanismen auf einen einfachen Begriff zu bringen, soll in der Folge lediglich von positiven Rückkopplungen vom Typ 3 oder auch von Typ-3-Inflexibilität gesprochen werden.[38]

Es sei darauf hingewiesen, daß die Bedeutung der Pfeile in den drei Fällen nicht dieselbe ist. Während die Pfeile bei Typ 1 Interaktionen zwi-

---

[36] Wie in Abschnitt 3.4.2 zu zeigen sein wird, weist dieses Konzept jedoch Schwächen auf, die vermieden werden können, wenn, wie bei North, auf den Zusammenhang zwischen mentalen Modellen und Institutionen abgestellt wird.

[37] Siehe dazu Abschnitt 3.3.1.

[38] Für eine ähnliche Kategorisierung selbstverstärkender Effekte siehe auch Dopfer 1991, S. 537 f.

schen Individuen symbolisieren, kann dies bei Typ 2 und 3 natürlich nicht
gemeint sein, denn schließlich können nur Individuen interagieren, und
nicht Institutionen oder analytische Ebenen. In den folgenden drei Abschnitten wird also zu klären sein, was diese schematische Darstellung
genau beinhaltet. Im Hinblick auf positive Rückkopplungen vom Typ 3
wird dabei ausführlich auf die Rolle mentaler Modelle einzugehen sein,
die uns ja bereits bei North begegnet sind.

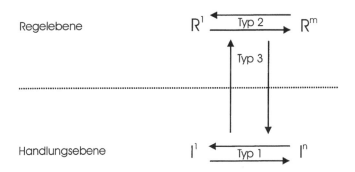

Abbildung 3.1: Drei Arten positiver Rückkopplungen bei Institutionen: Koordinationseffekte (Typ 1), Komplementaritätseffekte (Typ 2) und Wechselwirkungen zwischen
Regel- und Handlungsebene (Typ 3).

3.2 Koordinationseffekte als Ursache positiver Rückkopplungen bei Institutionen

3.2.1 Unsichtbare-Hand-Erklärungen von Konventionen

In Abbildung 3.2 ist das klassische Beispiel für ein Koordinationsspiel
dargestellt. Zwei Autos (,Spieler 1' und ,Spieler 2') fahren aufeinander
zu, und sie müssen sich einigen, auf welcher Straßenseite beide fahren,
damit eine Kollision vermieden wird. Das Problem der Unsicherheit, auf
welcher Straßenseite der andere fahren wird, kann offensichtlich durch
eine Regel gelöst werden, die eine Straßenseite für alle vorschreibt. Um
nun die Entstehung einer solchen Regel zu erklären, muß nicht auf eine
Zentralinstanz zurückgegriffen werden, die die Regel setzt; vielmehr kann
die Entstehung solcher Regeln aus der wiederholten strategischen Interaktion der Indidviduen heraus erklärt werden. Wie Andrew Schotter schreibt:
„If a coordination game were a recurrent feature of a given economy or
society, (...) it would be reasonable to expect the agents in the economy to
establish some equilibrium mode of behavior or convention and adhere to

it each time the problem arises."[39] Eine solche ‚Unsichtbare-Hand-Erklärung' von Koordinationsregeln wäre offensichtlich konsistent mit dem Verständnis von Pfadabhängigkeit als einem Phänomen, das im Zusammenhang mit spontanen Prozessen auftritt.[40]

In dem in Abbildung 3.2 dargestellten Koordinationsspiel verfügen die Spieler über die Strategien ‚rechts fahren' und ‚links fahren'. Wie die Auszahlungsmatrix zeigt, haben die beiden ein Interesse daran, ihr Verhalten zu koordinieren: Wenn beide rechts bzw. beide links fahren, haben sie den Nutzen, heil aneinander vorbeizukommen; fährt dagegen der eine rechts und der andere links, kann es zu einem Unfall kommen. Daher ist koordiniertes Verhalten – (rechts, rechts) oder (links, links) – immer besser als unkoordiniertes Verhalten (B>S).

Spieler 2

	rechts	links
rechts	B, B	S, S
links	S, S	B, B

(Spieler 1)

Abbildung 3.2: Das Koordinationsspiel (mit: B>S).

Dieses Beispiel ist freilich in mancherlei Hinsicht ein analytischer Sonderfall: *Erstens* muß sich die Analyse natürlich nicht auf den Zwei-Strategien-Fall beschränken, und die Zahl der möglichen Gleichgewichte ist immer so groß ist wie die Zahl der verfügbaren Strategien. Eine Erweiterung der Zahl der Gleichgewichte bringt allerdings lediglich eine Vergrößerung der Auszahlungsmatrix, und keinen zusätzlichen analyti-

---

[39] Schotter 1981, S. 23.
[40] Als ‚Klassiker' zum Koordinationsproblem seien erwähnt: Ullmann-Margalit 1977, Kapitel III, Schelling 1960, S. 53 ff., und Lewis 1975. In neueren Beiträgen findet sich der Bezug zur Pfadabhängigkeitsdiskussion etwa in Wärneryd 1990a und 1990b, Boyer und Orléan 1993, Witt 1993, und Klein 1997.

schen Gehalt.[41] *Zweitens* besteht hier nicht die Gefahr des Evolutionsversagens, da beide Regeln als gleichwertig angenommen sind: Beide Spieler haben gleichermaßen ein Interesse an Koordination, aber es ist ihnen völlig gleichgültig, welches der beiden Gleichgewichte sich einstellt bzw. welche der beiden möglichen Regeln sich etabliert. *Drittens* schließlich gibt es in diesem Beispiel keinen Interessenkonflikt, da beide Spieler die beiden Regeln gleich bewerten – die Auszahlungsmatrix ist in diesem Sinn ‚symmetrisch‘ –, so daß keiner der beiden durch die eine oder andere Regel schlechter gestellt würde als der andere. Der Fall potentiellen Evolutionsversagens (bei symmetrischer Bewertung) wird im nächsten Abschnitt diskutiert; auf den Fall konfligierender Interessen aufgrund asymmetrischer Bewertung soll erst im Zusammenhang mit institutionellen Reformen eingegangen werden.[42]

Für eine ‚Unsichtbare-Hand-Erklärung‘ einer Konvention würde nun von folgenden Annahmen auszugehen sein:[43] (1) In der Ausgangssituation sind die individuellen Verhaltensweisen zufällig verteilt; (2) durch Zufall (bzw. ‚kleine historische Ereignisse‘) wird eine der Handlungsmöglichkeiten häufiger gewählt; und (3) je häufiger eine Verhaltensweise in der Bevölkerung auftritt, desto vorteilhafter wird sie für jeden Einzelnen. Der dritte Punkt besagt natürlich, daß eine positive Rückkopplung vorliegt: Es besteht ein positiver Zusammenhang zwischen dem Nutzen, den die Befolgung einer Regel für den Einzelnen hat, und der Verbreitung dieser Regel in der Population; somit ist zu erwarten, daß die Ausbreitung dieser Regel ein selbstverstärkender Prozeß sein wird. Es wurde bereits darauf hingewiesen, daß diese Logik identisch ist sowohl mit der Logik technologischer Netzeffekte, wo der Nutzen einer bestimmten Technologie ebenfalls davon abhängt, wie verbreitet diese Technologie ist:[44] Ebenso wie technologische Standards wiederkehrende technische Interaktionsprobleme lösen, können Konventionen als standardisierte Lösungen sozialer Interaktionsprobleme angesehen werden. Somit ist der Nutzen bestimmter Lösungen an deren Verbreitung gekoppelt; der Ausbreitungsprozeß wird mit einer positiven Rückkopplung versehen: Je häufiger eine Variante

---

[41] Für ein Beispiel siehe etwa Leibenstein (1984, S. 77 ff.), der die Frage der Koordination von Arbeitszeiten diskutiert. Dabei gibt es, da die Zeit unendlich teilbar ist, offensichtlich auch unendlich viele mögliche Koordinationsgleichgewichte.

[42] Siehe Abschnitt 4.4.1.3.

[43] Vgl. Vanberg 1994a, S. 90.

[44] So schreibt Witt: „This result strongly resembles the path-dependence and lock-in phenomena investigated in the context of competing technologies. Indeed, the basic logic ... is the same whether it is competing technologies or rivalling institutions." (Witt 1993, S. 7.)

vertreten ist, desto nützlicher ist sie für den Einzelnen; je nützlicher sie für den Einzelnen ist, desto häufiger tritt sie auf.

Der dritte Punkt impliziert ferner, daß jedes der beiden Strategiengleichgewichte stabil ist, weil es keinen Anreiz gibt, sich nicht an eine einmal etablierte Regel zu halten. Jeder Verkehrsteilnehmer wird auf der gleichen Straßenseite fahren wie die anderen Verkehrsteilnehmer. In diesem Sinn kann man sagen, daß Koordinationsregeln *selbstdurchsetzend* sind. Ein Wechsel von einem Gleichgewicht zum anderen würde der Überwindung einer kritischen Masse bedürfen. In diesem Fall würde die kritische Masse 0,5 betragen: Etwas mehr als die Hälfte der Autofahrer müßten auf die andere Straßenseite überwechseln, dann würde sich der Prozeß fortsetzen, und am Ende würden alle auf der anderen Seite fahren.

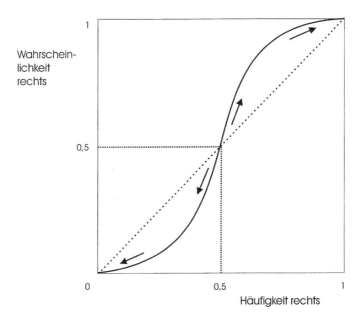

Abbildung 3.3: Die Entstehung einer Rechts- oder Linksfahrregel.

Analog zu der in Kapitel 1 eingeführten Darstellungsweise ist die Entstehung einer Rechts- oder Linksfahrregel in Abbildung 3.3 als Zusammenhang zwischen der Häufigkeit, mit der in der Bevölkerung rechts gefahren wird, und der Wahrscheinlichkeit, daß ein Autofahrer rechts fahren wird, dargestellt.[45] Die Winkelhalbierende – als der geometrische Ort aller mög-

---

[45] Für eine präzise Übersetzung des Koordinationsspiels in diese Darstellungsweise siehe Witt 1993; verschiedene Anwendungen auf Institutionen finden sich in Witt 1988.

lichen Gleichgewichte, in denen keine Veränderung zu erwarten ist – ist gestrichelt eingezeichnet; die Pfeile deuten die erwartete Bewegung an.[46] Die Situation, in der in der Hälfte der Fälle links und in der Hälfte der Fälle rechts gefahren wird, stellt zwar ein Gleichgewicht dar, weil hier der Erwartungswert beider Verhaltensweisen gleich ist, also kein Fahrer einen Grund hat, sein Verhalten zu ändern. Eine Abweichung von diesem Gleichgewicht, wodurch sie auch immer zustande kommt, wird jedoch dazu führen, daß sich das System immer weiter von diesem Gleichgewicht entfernt. Wenn beispielsweise in etwas mehr als der Hälfte der Fälle rechts gefahren wird, werden einige Fahrer merken, daß es nun vorteilhafter ist, rechts zu fahren. Dies wird weitere Fahrer dazu bewegen, rechts zu fahren, und so fort: Am Ende des Prozesses werden alle auf der gleichen Straßenseite fahren; eine Regel wird sich etabliert haben, und Abweichungen von dem Gleichgewicht, das diese Regel darstellt, werden selbstkorrigierend sein. Das instabile Gleichgewicht, bei dem genau die Hälfte der Fahrer links und die andere Hälfte rechts fährt, stellt die kritische Masse dar, die überwunden werden muß, um von einem Gleichgewicht zum anderen zu wechseln. Die Wahrscheinlichkeit, daß dies durch zufällige Fluktuation geschieht, nimmt zu, je geringer die kritische Masse ist. Diese ist in dem Maße reduziert, in dem die Alternative zur etablierten Regel aus irgendeinem intrinsischen (von ihrer Verbreitung unabhängigen) Grund für besser erachtet wird. Auf diesen Fall wird noch einzugehen sein.

Häufig wird in diesem Zusammenhang auch auf das Konzept der ‚evolutionär stabilen Strategie' (ESS) zurückgegriffen, das von dem Biologen John Maynard Smith übernommen wurde.[47] Eine Strategie ist dann evolutionär stabil, wenn, sobald sie in einer Gesellschaft hinreichend verbreitet ist, keine andere Strategie größeren Nutzen für den Einzelnen verspricht – was bedeutet, daß keine andere Strategie in dieser Gesellschaft Fuß fassen kann. Denn jedes einzelne Individuum, das mit einer anderen Strategie experimentiert, wird schnell lernen, daß es sich schlechter stellt, und wieder zurück wechseln zur etablierten Strategie. Dies ist dann der Fall, wenn die etablierte Strategie A die bessere Antwort auf sich selbst ist als jede andere verfügbare Strategie B; sollte eine Strategie B als Antwort auf A gleichen Nutzen bringen wie A selbst, müßte (als zusätzliche Bedingung) A die bessere Antwort auf B sein, weil sonst die B-Strategie durch die

---

[46] Vgl. dazu auch die Ausführungen in Abschnitt 1.1.2.

[47] Vgl. Maynard Smith und Price 1990, Maynard Smith 1990 sowie Hirshleifer 1982, S. 14 ff., Sugden 1986, S. 26 ff., Binmore 1992, S. 425 f., Rieck 1993, S. 192 ff. sowie Boyer und Orléan 1993, S. 19 f. Der Transfer des Konzepts von der Biologie zur Ökonomie impliziert freilich eine Uminterpretation der Auszahlungen der Spiele: Während sie bei Maynard Smith biologische Fitness bedeuten, stehen sie in einem sozialwissenschaftlichen Kontext für subjektiven Nutzen (Sugden 1986, S. 27).

Interaktionen mit anderen B-Spielern – und die würde es geben, wäre die erste Bedingung erfüllt – insgesamt besser wäre.[48] ESS kann als neutraleres Synonym für das Konzept des Lock-in angesehen werden, weil dieses eine Evolutionsversagensvermutung impliziert, das Konzept des ESS dagegen nicht.

3.2.2 Konventionen und Evolutionsversagen

Wie im Fall technologischer Standards hat das Vorhandensein einer positiven Rückkopplung auch bei Institutionen die normative Implikation, daß sich nicht notwendigerweise die ‚beste‘ von mehreren konkurrierenden Koordinationsregeln durchsetzt, d.h. es kann zu Evolutionsversagen kommen. Diese Möglichkeit besteht in Abbildung 3.4. Der hier dargestellte Fall unterscheidet sich von dem in Abbildung 3.3 dargestellten reinen Koordinationsspiel nur dadurch, daß es den Spielern nicht gleichgültig ist, welche der beiden konkurrierenden Regeln sich etabliert: Beide ziehen gleichermaßen Regel A vor; hat sich aber Regel B einmal etabliert, gibt es keinen Anreiz für den *einzelnen* Spieler, davon abzuweichen. Um den Übergang von Regel B zu Regel A zu vollziehen, müßten sich die Beteiligten absprechen. Dies wird umso schwieriger, je größer die betreffende Gruppe ist. Der Punkt ist, daß in einer Situation, in der sich aufgrund positiver Rückkopplungen alle nach Regel B verhalten – was eine spontan zustandegekommene gemeinsame Besserstellung aller gegenüber einem regellosen Zustand bedeutet –, eine *weitergehende* Besserstellung nur durch den Übergang zu *kollektiven* Entscheidungsprozessen erzielt werden kann.

Dabei ist es zunächst unerheblich, ob dies durch institutionalisierte politische Prozesse, also durch den Staat, oder durch private Initiative geschieht. Für den Staat spricht, daß die Organisation des kollektiven Übergangs von einer Regel zur anderen für die Gruppe ein öffentliches Gut darstellt, so daß zu befürchten ist, daß sich niemand finden wird, der diese Organisationstätigkeit bereitstellt. Witt argumentiert, daß die Überwindung kritischer Massen durch kollektives Handeln dann möglich wird, wenn ‚Agenten kollektiver Aktion‘ auf den Plan treten und Überzeugungsarbeit leisten – „ein lohnendes Betätigungsfeld für Organisatoren, Führer, Agitatoren, Moralisten, Intriganten, ‚Politische Unternehmer‘, kurz: Agenten, die sich darauf spezialisieren, Verabredungen, Abstimmung von Verhalten, herbeizuführen, d.h. die ... Isoliertheit der Entschei-

---

[48] Formal: Entweder $U(A,A) > U(B,A)$, oder $U(A,A) = U(B,A)$ und $U(A,B) > U(B,B)$.

dung aufzuheben."[49] Die Frage bleibt jedoch, wodurch solche Persönlichkeiten, die es gewiß in der Geschichte immer wieder gegeben hat, motiviert sind.

Spieler 2

		Regel A	Regel B
Spieler 1	Regel A	B, B	S, S
	Regel B	S, S	Z, Z

Abbildung 3.4: Das Koordinationsspiel mit unterschiedlich bewerteten Regeln (mit: B>Z>S). Es kann zum Lock-in in der suboptimalen Regel B kommen.

Das Beispiel zeigt, daß die Höhe der kritischen Masse davon abhängt, welchen Nutzen die Beteiligten den zur Verfügung stehenden Verhaltensweisen *unabhängig von deren Häufigkeit* beimessen. Ist dieser ,intrinsische' Nutzen zweier Handlungsalternativen gleich, wird die kritische Masse bei 0,5 liegen; je stärker der intrinsische Nutzen einer Handlungsweise den einer Alternative übersteigt, desto geringer wird die kritische Masse sein, die zu überwinden wäre, sollte die Bevölkerung in einer inferioren Verhaltensweise eingeschlossen sein. Die Hartnäckigkeit eines Lock-in hängt von der Höhe der kritischen Masse ab. Diese kann sehr gering sein, wodurch die Chancen steigen, daß institutionelle Lock-ins ,spontan' – das heißt durch unkoordiniertes Experimentieren bzw. zufällige Fluktuation – verlassen werden können. Im Extremfall geht die kritische Masse gegen Null; dann haben wir ein instabiles Gleichgewicht, und es ergibt gar keinen Sinn, von Lock-in zu sprechen.

---

[49] Witt 1988, S. 87. Für eine Anwendung dieser Idee auf die Rolle des Wissenschaftlers in der Gesellschaft siehe auch Witt 1992.

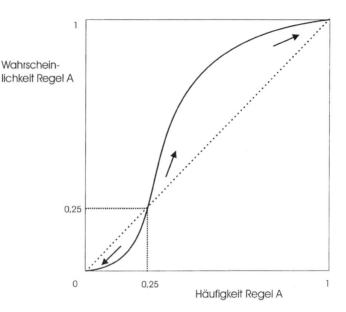

Abbildung 3.5: Die Entstehung einer Koordinationsregel bei unterschiedlicher Bewertung der alternativen Regelungen.

In Abbildung 3.5 ist angenommen, daß der Nutzen der Regel A von allen Beteiligten mit B=3 bewertet wird, der Nutzen der Regel B mit Z=1, und unkoordiniertes Verhalten sei von allen gleichermaßen als ‚nutzlos‘ angesehen, so daß S=0. Die Beteiligten sind zwischen den beiden Regelalternativen gerade indifferent, wenn die Erwartungswerte der beiden Verhaltensweisen gleich sind; unter den angegebenen Nutzenverhältnissen ist dies der Fall, wenn in einem Viertel der Fälle Regel A befolgt wird.[50] Sollte sich nun durch eine Laune der Geschichte Regel B durchgesetzt haben, dann ist dies immer noch ein stabiles Gleichgewicht: Geringfügige Abweichungen werden nicht dazu führen, daß sich Regel A zu etablieren vermag; in der unmittelbaren Umgebung der linken unteren Ecke, in der sich niemand an Regel A hält – also alle an Regel B –, führt die zu erwartende Bewegung nach Abweichungen immer wieder zu diesem Gleichgewicht zurück, wie durch den Pfeil angedeutet. Die kritische Masse beträgt nun jedoch nur 0,25 und erscheint entsprechend leichter zu überwinden; die Aufgabe eines Witt'schen ‚Agenten der kollektiven Aktion‘ erscheint nicht mehr ganz so aussichtslos.[51]

---

[50] Dann betragen die Erwartungswerte beider Verhaltensweisen 0,75.

[51] Witt weist darauf hin, daß ‚Agenten der kollektiven Aktion‘ auch durch Beeinflussung der öffentlichen Meinung *darauf hinwirken* können, daß die kritische Masse gerin-

3.2.3 Koordinationseffekte, Evolutionsversagen und Rechte: Sugden

Ein Ansatz, der im Zusammenhang mit Konventionen von Interesse ist, ist der von Robert Sugden. Sugden erweitert den Anwendungsbereich des Koordinationsspiels, weil er dessen Logik auch auf, wie er es nennt, ‚Eigentumskonventionen' anwendet. Dies ist deshalb ungewöhnlich, da Eigentumsrechte häufig anhand des Gefangenendilemmas analysiert werden.[52] Und in der Tat gibt es bei der Frage, wem eine Sache gehören soll, ja zunächst einmal einen scheinbar unüberwindbaren Interessenkonflikt.

Spieler 2

	Taube	Falke
Taube	B/2, B/2	0, B
Falke	B, 0	S, S

(Spieler 1)

Abbildung 3.6: Das Hawk-Dove-Game (mit B>0 und S<0).

Wie geht Sugden also vor?[53] Stellen wir uns vor, so Sugden, zwei Individuen würden sich um eine Sache streiten, an der noch kein Eigentum besteht – etwa Treibholz an einem Strand. Jeder der beiden kann sich dann entweder aggressiv verhalten oder nachgiebig, woraus sich ein Spiel ergibt, das als ‚Hawk-Dove-Game' oder auch als ‚Chicken Game' bekannt

---

ger wird. (Vgl. Witt 1988, S. 89 f.) Damit ist der *kognitive* Aspekt institutioneller Entwicklung angesprochen; darauf wird in Abschnitt 3.4 im Zusammenhang mit Typ-3-Selbstverstärkung näher einzugehen sein.

[52] Kritisch zu dieser Tradition, das Gefangenendilemma zum Ausgangspunkt der Analyse von Eigentumsrechten zu machen, äußert sich zum Beispiel auch Klein (1997, S. 328): „Scholars often think of property rights in terms of a prisoner's dilemma, which is not a coordination game. This perspective makes it difficult to see the elements of convention in property rights."

[53] Zum Folgenden vgl. Sugden 1986, Kap. 4 und 5, sowie Sugden 1989 und 1998.

ist.[54] In Abbildung 3.6 ist ein solches Spiel in allgemeiner Form dargestellt. Der Wert des umstrittenen Gutes ist mit ‚B' angegeben; wenn es
umstritten ist, dürfen wir annehmen, daß es für die beiden irgendeinen
positiven Nutzen stiftet, der, der Einfachheit halber, für beide identisch
sei. Verhalten sich beide nachgiebig (als ‚Tauben'), können wir annehmen, daß sie teilen werden – das Gut sei als teilbar angenommen: Der
Nutzen für beide ist dann B/2. Verhalten sich beide aggressiv (als ‚Falken'), kommt es zum Kampf, aus dem einer der beiden als Sieger hervorgeht. Wenn wir annehmen, daß alle Falken gleich stark sind, dann wird es
Glücksache sein, wer einen konkreten Kampf gewinnt; bei einer Vielzahl
von Kämpfen wird jedoch jeder Falke die Hälfte seiner Kämpfe gewinnen
und die andere Hälfte verlieren.

Sugden nimmt nun an, daß der Schaden aus einem Kampf hinreichend
groß ist, um den Nutzen überzukompensieren, den ein Falke dadurch hat,
daß er in der Hälfte der Fälle gewinnt und das Gut bekommt.[55] Damit ist
der Erwartungsnutzen ‚S' des Kampfes mit einem Falken negativ, und es
ist somit besser, beim Zusammentreffen mit Falken immer nachzugeben.
Die beste Antwort auf das Verhalten des anderen ist also, das jeweils andere zu tun: Wenn Du auf einen Falken triffst, spiele Taube; wenn Du auf
eine Taube triffst, spiele Falke. Wenn es keine Möglichkeit gibt, zu wissen, ob der andere ein Falke oder eine Taube ist – Sugden nennt solche
Spiele ‚symmetrisch' – dann hat dieses Spiel ein stabiles Gleichgewicht
gemischter Strategien. Wenn p die Wahrscheinlichkeit ist, daß der Gegner
Taube spielt, dann ergibt sich der Erwartungswert für ‚Taube' als pB/2;
der Wert für ‚Falke' ist entsprechend pB + (1 − p)S. Setzt man die beiden
gleich und löst nach p auf, ergibt sich, daß die beiden Strategien den gleichen Erwartungsnutzen bringen, wenn p = −S/(−S + B/2). Beispielsweise
ergeben die Zahlenwerte, die Sugden annimmt (B = 2 und S = −2), den

---

[54] Sugden analysiert noch zwei andere Arten, auf die der Konflikt ausgetragen werden könnte, und zwar erstens den ‚Abnutzungskrieg' (*war of attrition*), wobei er sich
ebenfalls auf den Biologen John Maynard Smith bezieht. (Siehe auch Maynard Smith
1990.) Dabei fügen sich die Konfliktparteien keinen entscheidenden Schaden zu, sondern ‚piesacken' einander so lange, bis einer der beiden den Konflikt abbricht. Eine
Strategie ist dann dadurch definiert, wie lange ein Spieler bereit ist auszuhalten. Zweitens analysiert Sugden ein Spiel, das auf Schelling (1960, S. 61) zurückgeht, und das er
division game nennt. Dabei können die Spieler jeden beliebigen *Anteil* der umstrittenen
Ressource beanspruchen. Da das wesentliche Ergebnis seiner Analyse für alle drei Fälle
gilt, sei hier nur auf das Hawk-Dove Game eingegangen. Siehe jedoch Sugden 1986, S.
62-78.

[55] Seien X die Kosten aus einem Kampf, die für Gewinner und Verlierer gleich sind.
Dann ist S, der Erwartungswert eines Kampfes, bei einer Wahrscheinlichkeit für Sieg
oder Niederlage von 0,5: S = 0,5(0 − X) + 0,5(B − X) = B/2 − X. Ist S<0, bedeutet dies,
daß B/2<X: Die Kosten eines Kampfes übersteigen den Nutzen des Teilens.

Wert p = 2/3. Dieses Gleichgewicht ist stabil, denn wenn p größer wird als 2/3, also der Anteil der Tauben zunimmt, dann wird es lohnender, Falke zu spielen, so daß der Anteil der Falken zu- und der der Tauben abnimmt; für den Fall, daß der Anteil der Tauben unter 2/3 sinkt, verhält es sich umgekehrt.[56]

Solche stabilen Gleichgewichte von Tauben und Falken kann man, so Sugden, als „models of allocation of resources in a Hobbesian state of nature" ansehen.[57] Die Situation verändert sich jedoch grundlegend, sobald die Spieler eine ‚Asymmetrie' wahrnehmen, einen Unterschied zwischen den beiden, der ihnen bei jedem Aufeinandertreffen unterschiedliche *Rollen* zuweist.[58] Wenn man die Rollen als ‚A' und als ‚B' bezeichnet, dann kann jede Strategie folgendermaßen in Form von Wahrscheinlichkeiten ausgedrückt werden: „Wenn Du A bist, spiele Taube mit Wahrscheinlichkeit p; wenn Du B bist, spiele Taube mit Wahrscheinlichkeit q."[59] Geht man von der gleichen Payoff-Struktur wie im symmetrischen Fall aus, dann ist das Gleichgewicht, in dem in 2/3 der Fälle Taube gespielt wird, nun ein *instabiles* Gleichgewicht: Denn sobald, sagen wir, die A-Spieler etwas häufiger Falke spielen, wird es für die B-Spieler vernünftig sein, etwas häufiger Taube zu spielen, wodurch wiederum die A-Spieler häufiger Falke spielen werden, und umgekehrt: Im asymmetrischen Fall wird sich am Ende eines von zwei stabilen Gleichgewichten herausbilden, in dem A-Spieler immer Falke und B-Spieler immer Taube spielen oder umgekehrt. Diese Gleichgewichte sind stabil, denn wenn, beispielsweise, die Strategie seines Gegenübers „Wenn A, spiele Falke; wenn B, spiele Taube" lautet, dann kann der Spieler nichts Besseres tun, als ebenfalls diese Strategie zu übernehmen. Ein solches Gleichgewicht läßt sich auch als System faktischer Eigentumsrechte interpretieren – in diesem Fall eines, in dem die Rechte an umstrittenen Ressourcen den A-Spielern zugewiesen werden.[60]

Als Beispiel für eine solches ‚faktisches Eigentumsrecht' könnte sich etwa ein Gleichgewicht herausbilden, in dem derjenige, der ein Gut als erster findet, sich immer als Falke verhält; dann wird es für alle vernünftig sein, sich als Taube zu verhalten, wenn sie nicht die ersten waren, und als

---

[56] Sugden 1986, S. 60 f.

[57] Ebda., S. 70.

[58] Maynard Smith und Parker unterscheiden drei Arten von Asymmetrien: (1) Unterschiedliche Auszahlungen, (2) unterschiedliche Fähigkeit zu kämpfen, und (3) solche, die auf die ersten beiden Unterschiede keinen Einfluß haben; diese nennen sie ‚unkorrelierte Asymmetrien'. Sugden bezieht sich auf letztere. Vgl. Maynard Smith und Parker 1990, S. 170.

[59] Vgl. Sugden 1986, S. 70.

[60] Vgl. ebda.

Falke, wenn sie die ersten waren. Die Ambiguität, die das Problem im Chicken Game ist, würde durch eine solche Regel beseitigt; *jede* Regel, die ein eindeutiges Signal beinhaltet, könnte dies leisten; und hat sich eine solche Regel einmal etabliert, gibt es keine Anreize zu abweichendem Verhalten. In Sugdens Worten, „any signal that gave one label to one player and a different label to the other would serve equally well. Any such convention may be understood as a *de facto* rule of property. The rule assigns the good to whichever of the two players has been identified by a particular signal. Each player receives the signal and each knows the convention (and knows the other knows it, and so on). Given the behavior of the other, each player benefits by following the convention. In this sense the rule is self-enforcing."[61]

Sugdens Ansatz zeigt, daß es in der Tat möglich ist, die Entstehung von Eigentumsrechten im Sinne selbstverstärkender Konventionen zu erklären. Wenn von mehreren konkurrierenden Signalen eines – aus welchem Grund auch immer – von einer größeren Anzahl von Individuen als ‚Eigentums- regel' anerkannt wird, dann wird das Befolgen dieser Regel *aus diesem Grund* attraktiver. Denn wann immer sich zwei Individuen an eine be- stimmte Eigentumskonvention halten, wird ein Kampf zwischen diesen beiden vermieden; und je mehr Individuen *in einer Population* sich an eine bestimmte Eigentumskonvention halten, desto größer ist die Chance, Kämpfe zu vermeiden, indem man sich ebenfalls daran hält.

Die Gemeinsamkeit zwischen Koordinationskonventionen wie einer Rechts- oder Linksfahrregel und Eigentumskonventionen wie einer Wer- zuerst-kommt-mahlt-zuerst-Regel liegt also offensichtlich in deren selbst- verstärkendem Charakter begründet. Dies wiederum impliziert, nach der Logik selbstverstärkender Prozesse, daß auch Eigentumskonventionen nicht ‚effizient' sein müssen. Wir können uns vorstellen, daß eine Wer- zuerst-kommt-Regel insgesamt wünschenswerte Eigenschaften hat, da sie niemanden diskriminiert – jeder hat die Chance, ab und zu der erste zu sein – und weil sie Anreize schafft, nach wertvollen Dingen zu suchen. Bei positiven Rückkopplungseffekten könnten sich aber auch ganz andere Regeln etablieren. Wenn sich beispielsweise in der Frühphase einer sol- chen Entwicklung das Wissen verbreitet, daß Angehörige einer bestimm- ten Gruppe, Familie oder sozialen Schicht immer Falke spielen, können diese jedes Gut von Wert für sich beanspruchen, und es wäre für alle ande- ren vernünftig, nachzugeben. Auch eine solche ‚Eigentumskonvention' wäre selbstdurchsetzend. Sie wäre jedoch kaum wünschenswert, da sie diskriminierend ist und mit verheerenden Anreizwirkungen verbunden wäre.

---

[61] Sugden 1989, S. 88.

Der Unterschied zwischen Koordinations- und Eigentumskonventionen liegt darin, daß in Koordinationskonventionen nur ein relativ unbedeutender – oder, im analytischen Grenzfall des reinen Koordinationsspiels, überhaupt kein – Interessenkonflikt enthalten ist, während bei Eigentumskonventionen der Interessenkonflikt entscheidende Bedeutung hat: Es geht um knappe Güter, die alle haben wollen, aber nicht alle haben können.[62] Daher rührt auch die Bedeutung von Asymmetrien bei Eigentumskonventionen à la Sugden. Während es bei Koordinationskonventionen völlig gleichgültig ist, ob die Spieler sich unterscheiden, knüpfen Eigentumskonventionen gerade an Unterschieden zwischen den Spielern an – und müssen dies auch, da sie ja ein Kriterium liefern sollen, wer in jedem konkreten Fall das umstrittene Gut besitzen soll.

Daß eine positive Rückkopplung besteht, hängt jedoch entscheidend von der Annahme ab, daß bei der Begegnung mit einem Falken Nachgeben besser ist als Kämpfen, daß also S<0 ist. Denn für S>0 hätte das Spiel die Struktur eines Gefangenendilemmas, und es wäre in jedem Fall besser zu kämpfen; auf Asymmetrien beruhende Signale würden unter diesen Bedingungen nichts helfen. Entgegen der Botschaft des Gefangenendilemmas, die eher einen ‚Hobbes’schen Pessimismus‘ widerspiegelt, zeigt uns Sugdens Ansatz, daß die Entstehung von Eigentumsrechten auch im Sinne selbstverstärkender und selbstdurchsetzender Konventionen dargestellt werden kann, wenn wir das Chicken Game zur Modellierung des Hobbes’schen Naturzustands verwenden.[63]

Ob nun aber das Gefangenendilemma oder das Chicken Game das für die Analyse der Entstehung von Eigentumsrechten adäquate Spiel ist, läßt sich wohl nicht abschließend beantworten. Schließlich ist die Auszahlungsstruktur eines Spiels nicht in der konkreten Spielsituation selbst ‚objektiv‘ angelegt, sondern ergibt sich allein aus den subjektiven Bewertungen der Spieler: Ein und dieselbe Spielsituation kann von verschiedenen Spielern unterschiedlich wahrgenommen werden, je nachdem, was für Präferenzen und Theorien sie in ihren Köpfen haben. Auch können Spielsituationen, die aufgrund der äußeren Gegebenheiten als identisch zu beurteilen wären, in unterschiedlichen kulturellen Kontexten systematisch unterschiedlich wahrgenommen werden. So wäre etwa in einer Gesellschaft, in der es als schändlich angesehen wird, einem Kampf aus dem Weg zu gehen, die Auszahlung dafür, einem Falken nachzugeben, nicht Null, sondern negativ. Damit könnte es aber in der Tat besser sein, den Kampf mit einem Falken trotz der damit verbundenen Kosten aufzunehmen;

---

[62] Sugden 1986, S. 145 f.
[63] Vgl. Sugdens Schlußfolgerung, ebda., S. 71.

Falke wäre dann die dominante Strategie, und das Spiel hätte die Struktur eines Gefangenendilemmas.

Fassen wir zusammen: Wir haben gesehen, daß die Entstehung von Eigentumsrechten analog zur Entstehung von Konventionen erklärt werden kann, *wenn* man die zugrundeliegende Spielsituation als Chicken Game interpretiert. Der Entstehungsprozeß ist dann aber, wie bei Konventionen, ein pfadabhängiger Prozeß, der sich durch mehrere mögliche Ergebnisse auszeichnet, und bei dem es keine Garantie gibt, daß sich die ‚Eigentumskonvention‘ entwickelt, die die besten Funktionseigenschaften hat.

Sugden behandelt den Fall möglichen Evolutionsversagens explizit im Zusammenhang mit dem ‚Straßenkreuzungs-Spiel‘, dessen Auszahlungsstruktur der des Chicken Game entspricht: Zwei Autos fahren gleichzeitig auf eine Kreuzung zu, und das zu lösende Problem ist, wer Vorfahrt haben soll. Wie beim Chicken Game kann auch hier zwischen einer Falken- und einer Taubenstrategie unterschieden werden – wobei ein ‚Falke‘ in diesem Fall ein Fahrer ist, der mit unverminderter Geschwindigkeit über die Kreuzung fährt, und eine ‚Taube‘ ein Fahrer, der das Tempo verlangsamt. Zwei ‚Tauben‘ verlieren Zeit, zwei ‚Falken‘ krachen zusammen; so ist es wie beim Chicken Game das beste, das jeweils andere zu tun: Wenn der andere weiterfährt, verlangsame; wenn der andere verlangsamt, fahre weiter. Entsprechend wäre auch hier eine Asymmetrie hilfreich, die die Unterscheidung ermöglicht zwischen Fahrern, die weiterfahren und Fahrern, die verlangsamen. Ähnlich wie sich auf der Grundlage einer solchen Asymmetrie im Streit um Güter eine Konvention als de facto Eigentumsrecht etablieren kann, kann im Straßenkreuzungs-Spiel eine de facto Vorfahrtsregel entstehen. Es ist relativ einfach, sich alternative Kandidaten vorzustellen für Asymmetrien, die als Basis für eine Vorfahrtskonvention dienen könnten. Sugden nennt etwa die Asymmetrie zwischen links und rechts als Grundlage für die Rechts-vor-links-Regel oder die Asymmetrie zwischen ‚wichtigen‘ und ‚weniger wichtigen‘ Straßen, auf der eine Konvention basieren könnte, derzufolge der Wagen auf der wichtigeren Straße Vorfahrt hätte. Der entscheidende Punkt hier ist: Wenn mehrere Asymmetrien denkbar sind, kann es sein, daß mehrere Konventionen zur ‚Lösung‘ der Ambivalenz des Chicken Game oder des Straßenkreuzungs-Spiels miteinander in Konkurrenz treten.

In Abbildung 3.7 ist dieser Fall zweier konkurrierender Vorfahrtskonventionen anhand der erwähnten Beispiele ‚rechts vor links‘ und ‚wichtig vor unwichtig‘ dargestellt. Zwei Autos, die unterschiedlichen Vorfahrtsregeln folgen, werden über eine größere Anzahl von Begegnungen hinweg eine geringere Auszahlung erzielen als zwei Autos, die der gleichen Konvention folgen. Zwar wird das Verhalten der beiden in der Hälfte der Fälle kompatibel sein – wenn nämlich der Wagen auf der wichtigeren Straße von rechts kommt –, doch ist klar, daß es in der anderen Hälfte der Fälle zu Unfällen kommen wird, wenn nämlich der Wagen auf der wichtigeren Straße von links kommt, also beide glauben, sie hätten Vorfahrt. Daher ist es für jeden Fahrer das beste, sich an die Regel zu halten, die am weitesten verbreitet ist: Wenn Autofahrer aus Erfahrung lernen, können wir davon ausgehen, daß sich eine der beiden Vorfahrtsregeln als Konvention etabliert und daß nicht beide Regeln beliebig lange koexistieren. Welche der beiden Konventionen sich etabliert, ist in diesem Fall jedoch nicht gleichgültig, da die Rechts-vor-links-Regel allen eine höhere Auszahlung verspricht als die Wichtige-Straße-vor-unwichtiger-Straße-Regel. Warum ist dies so? Sugden führt an, daß es eine solche Konvention in Großbritannien schon einmal gegeben hat, diese jedoch den Nachteil hatte, daß es nicht immer einfach war zu bestimmen, welche Straße ‚wichtiger‘ war.[64] Das Straßenkreuzungs-Spiel illustriert also nochmals den wesentlichen Punkt Sugdens, daß die Entstehung von ‚Chicken-Regeln‘ letztlich in ein Koordinationsproblem einmündet, so daß positive Rückkopplungen vorliegen und es zur Etablierung ineffizienter Regeln kommen kann.

		Spieler 2	
		rechts vor links	wichtig vor unwichtig
Spieler 1	rechts vor links	B, B	S, S
	wichtig vor unwichtig	S, S	Z, Z

Abbildung 3.7: Konkurrenz von Konventionen im Straßenkreuzungs-Spiel (mit B>Z>S).

---

[64] Vgl. Sugden 1986, S. 41.

3.2.4   Koordinationsspiel, Gefangenendilemma und Pfadabhängigkeit

Im vorigen Abschnitt ist bereits angesprochen worden, daß die Entstehung von Eigentumsrechten häufig anhand des Gefangenendilemmas analysiert wird. Nun haben wir bei Sugden gesehen, daß die Entstehung von ‚Eigentumskonventionen' pfadabhängig sein kann, wenn das Chicken Game als das zugrundeliegende Spiel angesehen wird. Somit stellt sich die Frage, was über Pfadabhängigkeit in solchen Fällen ausgesagt werden kann, in denen die zugrundeliegende Spielsituation von den Spielern als Gefangenendilemma wahrgenommen wird. In Abschnitt 2.4 war das Gefangenendilemma ja als eine von Pfadabhängigkeit grundsätzlich zu unterscheidende Ursache für die Persistenz ineffizienter Institutionen präsentiert worden. Auf diese Unterscheidung soll nun vor dem Hintergrund der Logik des Koordinationsspiels nochmals eingegangen werden.

Abbildung 3.8 zeigt nochmals die Auszahlungsstruktur eines Gefangenendilemmas: Zwei Spieler, S1 und S2, verfügen – in dieser verallgemeinerten Version – über die beiden Strategien ‚kooperieren' oder ‚defektieren'; in konkreten Fällen könnte dies lauten ‚ein Versprechen halten' bzw. ‚nicht halten' oder Ähnliches. Verhält S2 sich nun kooperativ, so besteht ein Anreiz für S1, ihn auszubeuten (B>Z). Da die rationale Antwort auf ‚defektieren' ebenfalls ‚defektieren' ist (D>S), landen die beiden im rechten unteren Quadranten, obwohl sie sich beide besserstellen könnten, wenn sie sich links oben befänden (Z>D).

		Spieler 2	
		kooperieren	defektieren
Spieler 1	kooperieren	Z, Z	S, B
	defektieren	B, S	D, D

Abbildung 3.8: Das Gefangenendilemma (mit: B>Z>D>S).

Nun ist es hilfreich, sich einige wesentliche Unterschiede zwischen dem Gefangenendilemma und dem Koordinationsspiel vor Augen zu führen:[65]

- Beim Gefangenendilemma kann ‚kooperieren' als generelle Lösung des dargestellten Interessenkonflikts für eine sehr große Gruppe von Interaktionssituationen angegeben werden; beim Koordinationsspiel dagegen ist eine solche generelle Lösung nicht angebbar, da das Problem kein Interessenkonflikt, sondern die vorhandene Mehrdeutigkeit ist (rechts oder links fahren?). Diese Mehrdeutigkeit ist jedoch nicht generell, sondern nur konkret ausräumbar.
- Während es beim Koordinationsspiel, wie oben erläutert, darum geht, welche von mehreren möglichen Regeln sich für ein gegebenes Koordinationsproblem herausbilden wird, geht es beim Gefangenendilemma darum, wie kooperatives Verhalten angesichts der immer präsenten Versuchung zu defektieren erreicht (und erhalten) werden kann. Koordinationsspiel und Gefangenendilemma behandeln also (zunächst) *unterschiedliche Fragestellungen*.
- Die *Rolle von Regeln* unterscheidet sich in den beiden Fällen: Koordinationsregeln sorgen für die allseitige Besserstellung der Beteiligten, indem sie deren Verhalten kompatibel machen; Gefangenendilemma-Regeln ermöglichen die wechselseitige Besserstellung der Beteiligten, indem sie deren Handlungsspielraum einschränken und so verhindern, daß sie der Versuchung zu defektieren erliegen.
- Entsprechend unterscheidet sich die mögliche Ineffizienz, die sich aus einem dynamischen Prozeß wiederholter Spielsituationen ergeben kann: Beim Koordinationsspiel kann es aufgrund anfänglicher Zufallsschwankungen, in Verbindung mit der eingebauten positiven Rückkopplung, sein, daß sich die *‚falsche' Regel* herausbildet. Beim Gefangenendilemma besteht die mögliche Ineffizienz dagegen darin, daß *keine Regelbindung besteht* bzw. eine bestehende Regel nicht eingehalten wird.
- Somit haben wir es mit *unterschiedlichen wirtschaftspolitischen Implikationen* zu tun: Das Gefangenendilemma sagt uns, daß die Bewegung von rechts unten (defektieren, defektieren) nach links oben (kooperieren, kooperieren) durch *Schaffung und Durchsetzung* einer Regel eine Pareto-Verbesserung darstellt; das Koordinationsspiel sagt uns, daß der *Ersatz* einer Regel durch eine andere unter Umständen eine Pareto-Verbesserung darstellen kann, die nur durch kollektives Handeln zu erreichen ist.

---

[65] Zum Folgenden vgl. auch Ullmann-Margalit 1977, S. 114 ff.

- Wie oben erläutert, kann bei der Erklärung der spontanen Entstehung von Koordinationsregeln angenommen werden, daß zu Anfang eines Ausbreitungsprozesses die beiden möglichen Strategien ‚rechts fahren' und ‚links fahren' in der Bevölkerung zufallsverteilt sind.[66] Die Anreizstruktur des Gefangenendilemmas dagegen enthält eine systematische Asymmetrie zwischen den Verhaltensweisen, da der höchste Payoff (die ‚Versuchung' B in Abb. 3.8) durch Defektieren bei gleichzeitiger Kooperation des anderen zu erzielen ist. Die Überwindung dieser Asymmetrie ist gerade das Problem, das das Gefangenendilemma aufwirft; wenn es sich dabei nicht um ein Scheinproblem handelt, dann können wir nicht von einer Zufallsverteilung der Strategiewahl in der Ausgangssituation ausgehen. Vielmehr bestehen im Gefangenendilemma eben Anreize, die kooperative Strategie überhaupt nicht zu wählen.[67]

- Ferner unterscheidet sich die Qualität der Rückkopplung in den beiden Fällen. Beim Koordinationsspiel liegt, wie erläutert, eindeutig eine *positive* Rückkopplung vor: Je mehr Leute rechts fahren, desto nützlicher ist das Rechtsfahren; je nützlicher es ist, desto mehr Leute werden es tun. Gemischte Strategien – wie ‚fahre mit einer Wahrscheinlichkeit von 1/3 links, sonst rechts' – werden nicht stabil sein.[68] Bei Gefangenendilemma-Regeln dagegen kann wegen der ihm eigenen Mischung aus Konflikt und Interessenidentität nicht ohne weiteres davon ausgegangen werden, daß eine positive Rückkopplung vorliegt: Wenn eine zunehmende Anzahl von Spielern in einer Bevölkerung sich kooperativ verhält, so bedeutet das nicht notwendigerweise, daß kooperieren dadurch attraktiver wird; es kann im Gegenteil die Chancen erhöhen, sich durch Defektieren besser zu stellen.[69]

---

[66] Zwar mag dies in der Realität in der Regel nicht immer der Fall sein, etwa weil – wie bereits erwähnt – dem Argument von Thomas Schelling zufolge bestimmte Lösungen ‚hervorstechend' sein können und von Beginn an mit größerer Wahrscheinlichkeit gewählt werden als andere. Der entscheidende Punkt ist, daß nichts in der logischen Struktur des Koordinationsspiels gegen diese Annahme spricht, so daß wir Fälle, in denen bestimmte Regeln systematisch häufiger auftreten als andere, zunächst als Komplikationen beiseite lassen können. Zu Schellings *Salience*-Konzept siehe auch Abschnitt 3.1.3.

[67] Vgl. Vanberg 1994, S. 91 f. Es ist die eingebaute Asymmetrie zugunsten nichtkooperativen Verhaltens, die das Gefangenendilemma zum natürlichen Ausgangspunkt für die Frage nach der Überwindung der ‚Hobbesschen Anarchie' macht. Zu diesem ‚Hobbesschen Problem der sozialen Ordnung' und seiner Bedeutung in der Sozialtheorie siehe Vanberg 1975, S. 172 ff.

[68] Vgl. Witt 1993, S. 5.

[69] Siehe Vanberg 1994, S. 92.

Dieser Kontrast zwischen Gefangenendilemma und Kooperationsspiel ist freilich wiederum zu relativieren, wenn man im *wiederholten* Gefangenendilemma komplexere Strategien als lediglich die beiden reinen Strategien ‚kooperiere immer' und ‚defektiere immer' zuläßt. Die Anzahl der möglichen Verhaltensprogramme über eine Vielzahl von Interaktionen ist praktisch unbegrenzt, und das Gleiche gilt für die Zahl der möglichen Gleichgewichte bei der komplexen Interaktion unterschiedlicher Strategien, deren relative Häufigkeiten wechselseitig voneinander abhängen. Von Computersimulationen können wir einiges über solche Prozesse lernen; ihre Ergebnisse sollten jedoch mit Vorsicht interpretiert werden, da sie in hohem Maße von den – letztlich willkürlich bestimmten – Anfangspopulationen abhängen.[70] Die ‚Evolution der Kooperation' ist ein komplexer, *historischer* Prozeß, und diesem Sinn können wir ihn als pfadabhängigen Prozeß begreifen: Für das Ergebnis können geringfügige Ereignisse von entscheidender Bedeutung sein – etwa ob sich kooperative Cluster bilden, ob sich Reziprozität (wie in der Tit-for-tat-Strategie ‚verkörpert') zu etablieren vermag, oder welche Strategien sich die Beteiligten einfallen lassen.

Doch dürfte die im Gefangenendilemma angelegte Mischung aus Interessenidentität und Konflikt nicht dazu angetan sein, stabile Gleichgewichte zu generieren: Kooperationsgleichgewichte sind anfällig für Defektion, und zwar in unterschiedlichem Maße, je nachdem, welche Strategien dem beobachtbaren kooperativen Verhalten zugrunde liegen; Gleichgewichte nichtkooperativen Verhaltens können ebenfalls spontan verlassen werden – durch Reziprozität, bei hoher Wiederbegegnungswahrscheinlichkeit und Exit-Option; gemischte Gleichgewichte dürften

---

[70] Für Beispiele siehe etwa Axelrod 1984 oder Vanberg und Congleton 1992. Axelrod umschiffte das Problem der Festlegung der Ausgangspopulation bekanntlich, indem er sein Gefangenendilemma-Spiel als Turnier ausschrieb und Wissenschaftler einlud, Strategien einzusenden. So kann ihm eigentlich niemand vorwerfen, er habe sein Ergebnis durch die Auswahl der Strategien manipuliert. Wie Sugden (1986, S. 120) kommentiert: „If you have a pet strategy that you are convinced would do well, all you have to do is enter it in the tournament. The only limits are set by human ingenuity – and that, of course, imposes limits in real-life games too." Dieser Vorzug seines Experiments ändert aber freilich nichts daran, daß eine andere Ausgangspopulation möglicherweise ein anderes Ergebnis hervorgebracht hätte.
Außerdem wurde dieses Problem durch die Verwendung genetischer Algorithmen anzugehen versucht, durch die sich neue Strategien endogen entwickeln können. Die Ergebnisse solcher Simulationen weichen zum Teil erheblich von denen mit vorgegebener Ausgangspopulation ab. Insbesondere ergibt sich, daß die langfristige Überlebensfähigkeit von Tit for Tat in Simulationen mit vorgegebener Ausgangspopulation überschätzt worden war; interessant ist auch, daß kooperative Phasen immer wieder durch kurze nichtkooperative Einbrüche gestört wurden. (Siehe Binmore 1994, S. 202.)

ohnehin permanenter Fluktuation ausgesetzt sein; und Reziprozität (etwa die Tit-for-tat-Strategie) kann zwar vermutlich als Regel stabil sein, ist jedoch mit den verschiedensten Mischungen aus Kooperation und Defektion vereinbar. In diesem Sinn kommentiert Binmore das Problem der Evolution kooperativen Verhaltens: „The truth is that evolutionary considerations are complicated. (...) One cannot say anything definitive about precisely which of these [equilibria] evolution will select, because this will depend on accidents of history about which little information is likely to be available. (...) Neither the workings of enlightened self-interest nor the blind forces of evolution offer us any guarantees about the removal of 'nasty' strategies."[71]

Festzuhalten ist, daß bei Interaktionssituationen, in denen wie beim Gefangenendilemma eine Versuchung besteht, sich abweichend bzw. nichtkooperativ zu verhalten, *zusätzliche Anreize* erforderlich sind, damit Regeln, die alle besser stellen, stabil sind. Abgesehen von der Hobbes'schen Lösung staatlicher Durchsetzung, die für die Pfadabhängigkeitsproblematik uninteressant ist, können diese zusätzlichen Anreize sich auch spontan herausbilden, und zwar, wie wir noch sehen werden, *in unterschiedlicher Weise*: So argumentiert Putnam, daß sich im Norden und im Süden Italiens unterschiedliche Lösungen des Hobbes'schen Problems sozialer Ordnung entwickelt hätten, mit unterschiedlichen Implikationen für die ökonomische Entwicklung der beiden Regionen.[72] In diesem Sinn läßt sich argumentieren, daß sich an das ‚eigentliche' Gefangenendilemma-Problem, *stabile* Kooperationsregeln zu etablieren, die zusätzliche Frage anschließt, *welche* Kooperationsregeln sich etablieren bzw. *in welcher Weise* ihre Stabilität erzeugt wird.[73] Wenngleich es also, wie oben ausgeführt, bei den beiden Spielen um unterschiedliche Fragen geht, so kann man doch sagen, daß auch bei der spontanen Etablierung von Gefangenendilemma-Regeln positive Rückkopplungen vorliegen können. Entsprechend kann es – in ähnlicher Weise wie beim Koordinationsspiel – dazu kommen, daß sich ein historisches ‚Gleichgewicht' herausbildet, welches unerwünschte

---

[71] Binmore 1994, S. 202 f.

[72] Siehe Abschnitt 3.3.2.

[73] Croskery spricht in diesem Zusammenhang von einem „second-order coordination problem," und er weist darauf hin, daß es letztlich eine Konsequenz des berühmten ‚Folk-Theorems' ist, welches postuliert, daß es beim unendlich wiederholten Gefangenendilemma eine beliebige Vielzahl von Gleichgewichten gibt. (Croskery 1995, S. 102, siehe auch Binger und Hoffman 1989, S. 70; zum ‚Folk-Theorem' vgl. etwa Binmore 1992, S. 369 ff.)

Eigenschaften aufweist, und in diesem Sinn kann es auch beim Gefangenendilemma zu Evolutionsversagen kommen.[74]

3.2.5 Koordinationsregeln und Pfadabhängigkeit: Zusammenfassung und Diskussion

Zusammenfassend kann festgehalten werden, daß bei der spontanen Entstehung von Koordinationsregeln, oder Konventionen, positive Rückkopplungen vorliegen. Dies führt zu den bekannten Eigenschaften pfadabhängiger Prozesse. Insbesondere aber wird ja häufig darauf hingewiesen, daß Konventionen *selbstdurchsetzend* sind, und damit ist wiederum nichts anderes angesprochen als das Vorliegen positiver Rückkopplungen. Somit kann aus einer beobachtbaren Stabilität einer Konvention nicht unbedingt geschlossen werden, daß diese auch *sozial* wünschenswert ist; es ist lediglich *individuell* rational, sich nicht abweichend zu verhalten. Aufgrund der daraus resultierenden institutionellen Inflexibilität ist nicht damit zu rechnen, daß ein Wechsel zu einer wünschenswerteren Alternative spontan stattfindet, und ein Übergang zu kollektiven Entscheidungsmechanismen kann sich als angebracht erweisen. Schließlich hat die Diskussion des Sugden'schen Ansatzes gezeigt, daß nicht nur bei Koordinationsregeln im engeren Sinn positive Rückkopplungen vom Typ 1 vorliegen können, sondern daß auch bei der Entstehung von Eigentumsregeln und anderen Rechten, die in der Literatur zumeist eher als Gefangenendilemma modelliert werden, unter bestimmten Bedingungen Koordinationselemente den solchen Regeln eigenen Interessenkonflikt überwiegen können.

Nicht selten wird der heuristische Wert des Koordinationsspiels als Erklärungsansatz für Institutionen angezweifelt. Die Zweifel beziehen sich insbesondere auf den Realismus der angeführten Beispiele (Sind Straßenverkehrsregeln jemals auf diese Weise entstanden?) oder auf die Annahme gegebener Präferenzen. Was den Realismus der Beispiele angeht, so sollten sie offensichtlich nicht als historische Argumente aufgefaßt werden, mit denen etwa die tatsächliche Entstehung einer Rechtsfahrregel erklärt werden sollte. Dieses einfache Beispiel sollte wohl eher als Metapher verstanden werden, die einen *theoretischen Punkt* illustriert: Wenn koordiniertes Verhalten zum wechselseitigen Vorteil ist, können positive Rückkopplungen zu stabilen (bzw. hyperstabilen oder inflexiblen) Regeln führen. Wenngleich die tatsächliche Entstehung und Persistenz von

---

[74] In Abschnitt 3.3 wird argumentiert, daß es bei Putnam insbesondere die wechselseitige Verstärkung komplementärer Regeln ist, die den unterschiedlichen Lösungen des Hobbes-Problems ihre Stabilität (bzw. Hyperstabilität) verleiht.

Institutionen in aller Regel ein Gemisch von Faktoren beinhalten dürfte, so ist es doch hilfreich, einzelne Effekte zu isolieren. Dies ist der Zweck solcher Überlegungen, die, wenn sie auf die komplexe, ‚unordentliche' Realität angewandt werden sollen, immer *cum grano salis* zu verstehen sind. In diesem Sinn kommentiert Matsuyama das Koordinationsspiel: „This simple game captures the economics of coordination failures in its essentials. And it is a useful one, as long as we do not forget that the game is meant only for illustration."[75]

Die Kritik an der Annahme gegebener Präferenzen hat mit der Unterscheidung zwischen ‚Altem' und ‚Neuem' Institutionalismus zu tun. Der generelle Unterschied zwischen diesen beiden kann darin gesehen werden, daß sich der Alte Institutionalismus als Gegenposition zur neoklassischen Tradition begreift, während der Neue Institutionalismus aus der Neoklassik hervorgeht und sich vom ‚harten Kern' der Orthodoxie vor allem dadurch unterscheidet, daß Institutionen überhaupt wieder in den Mittelpunkt der Betrachtung gerückt werden.[76] Mit der Frage, ob Präferenzen endogen behandelt oder als exogen angenommen werden sollten, ist einer der Hauptstreitpunkte zwischen den beiden ‚Schulen' angesprochen.[77] Hier sollen einige Anmerkungen dazu genügen. Wenn in spieltheoretischen Überlegungen, wie sie in diesem Abschnitt vorgenommen wurden, zur Definition von Interaktionssituationen Präferenzen angenommen werden, so impliziert dies nicht notwendigerweise einen ‚individualistischen Atomismus', der soziale Einflüsse auf das Individuum ignoriert. Der Zweck einer solchen Abstraktion liegt vielmehr darin, einen bestimmten sozialen Mechanismus zu isolieren – den Koordinationseffekt –, von dem wir annehmen können, daß er auch dann auftreten würde, *wenn* Präferenzen sich im Zeitablauf nicht verändern würden. Wenngleich spieltheoretische Argumente bisweilen so vorgebracht werden, als *wären* Präferenzen stabil, gibt es keinen Grund, warum solche Argumente nicht durch Ansätze ergänzt werden könnten, in denen der Wandel von Präferenzen (und kognitive Prozesse im Allgemeinen) explizit berücksichtigt werden. In der hier vorgeschlagenen Kategorisierung selbstverstärkender Mechanismen geschieht dies durch die Behandlung positiver Rückkopplungen vom Typ 3 in Abschnitt 3.4. Im nächsten Abschnitt soll aber zunächst auf den Komplementaritätseffekt (positive Rückkopplungen vom Typ 2) eingegangen werden.

---

[75] Matsuyama 1997, S. 138.
[76] Siehe Vanberg 1994, S. 144 f.
[77] Für den Unterschied zwischen Altem und Neuem Institutionalismus vgl. die Referenzen in Fußnote 67 des ersten Kapitels.

3.3   Komplementarität von Institutionen als Ursache positiver Rückkopplungen

3.3.1   Komplementarität, Interdependenz und ‚System'

Wie in Abschnitt 3.1 bereits erläutert wurde, kann die Komplementarität der Teile, aus denen ein ‚System' besteht, als Ursache positiver Rückkopplungen angesehen werden. Der zugrundeliegende Gedanke ist, daß die Menge der Institutionen einer Gesellschaft –, die ‚Regelordnung' – ein System aus interdependenten Regeln darstellt. In Abschnitt 3.1 wurde ja bereits darauf hingewiesen, daß sich dieser Gedanke explizit, wenn auch nicht an vorderster Stelle, sowohl bei David als auch bei North als Begründung positiver Rückkopplungen bei Institutionen findet. Bisweilen wird in der Institutionenökonomik jedoch auch ohne expliziten Bezug zur Pfadbhängigkeitsthematik von der ‚Systemhaftigkeit' von Institutionen ausgegangen, so etwa, wenn Vanberg Institutionen als „configurations of *interconnected and mutually-stabilizing* behavioural routines"[78] definiert, oder in Marc Tools Definition eines ökonomischen Systems als „structural composition of the myriad *interrelated institutions* through which people organise and correlate behaviour (...)."[79] Es sei jedoch darauf hingewiesen, daß dieser einigermaßen offensichtliche Punkt in der Institutionenökonomik auch häufig *nicht* beachtet wird. In diesem Sinn bemerkt Elinor Ostrom: „Most of our theoretical work has proved theorems about the expected results of the use of one rule in isolation of other rules as if rules operated separably rather that configurationally."[80]

Erinnern wir uns, daß der selbstverstärkende Zusammenhang zwischen der Verbreitung einer Regel und dem individuellen Nutzen, die Regel zu befolgen, bei positiven Rückkopplungen vom Typ 1 dadurch zustandekommt, daß Konventionen in konkreten Situationen Kompatibilität des Verhaltens herstellen, Kompatibilität also *zwischen Individuen.* Dem

---

[78] Vanberg 1994, S. 7 (Hervorhebung hinzugefügt).

[79] Tool 1990, S. 168 (Hervorhebung geändert).

[80] Ostrom 1986, S. 8. Ähnlich schreibt Paul David im Zusammenhang mit Regeln geistigen Eigentums: „Unfortunately the economist's conventional approach is one of evaluating specific institutional arrangements and policies *in isolation,* and that does not naturally accommodate ... systemic concerns (...). As a consequence the literature on the economics of patents, copyrights and trade secrets rarely notices the problems that arise at the interfaces, or in the interstices between those regions of the law. Neither has it paid much concern to the interrelationships and connections between intellectual property and the larger matrix of the law of property, tort and contract." (David 1994b, S. 132, Hervorhebung im Original.)

Systemgedanken zufolge wird die Befolgung einer Regel mit zunehmender Verbreitung nun dadurch attraktiver, daß sie *mit anderen Regeln* kompatibel ist; hier geht es also um Kompatibilität *von Regeln*.

Jedoch sei darauf hingewiesen, daß Interdependenz und Verflochtenheit alleine nicht dafür ausreichen dürften, positive Rückkopplungen zu begründen. Schließlich kann Interdependenz als definitorisches Charakteristikum *aller komplexen Systeme* betrachtet werden. Von Bertalanffy etwa, der Begründer der Allgemeinen Systemtheorie, definiert ein System als „set of elements standing in interrelations,"[81] und Simon spricht von komplexen Systemen als „made up of a large number of parts that interact in a nonsimple way."[82] Der Punkt ist, daß sich durch die Interdependenz der Teile eines Systems Veränderungen an einer Stelle im System durch das System hindurch fortpflanzen können, daß damit jedoch noch nichts über die Art dieser Folgewirkungen ausgesagt ist. So schreibt Jervis: „Some arrangements of connections will make a system resistent to change and others can facilitate instability."[83] Es ist also ungenau, Pfadabhängigkeit und Anpassungsinflexibilität lediglich aus ‚Interdependenz' oder ‚Verflochtenheit' abzuleiten, da die Interdependenz von Regeln noch keine hinreichende Bedingung für positive Rückkopplungen ist. Damit Regelsysteme selbstverstärkend sein können, muß die Interdependenz eine bestimmte Qualität haben, und zwar muß die Beziehung der Regeln zueinander offensichtlich eine *komplementäre* sein – in dem Sinn, daß die Befolgung einer Regel durch deren Interdependenz mit anderen Regeln attraktiver wird.

Folgendes Beispiel mag verdeutlichen, was damit gemeint ist. Ronald Dore betont die Komplementarität der Regeln des japanischen Geschäftslebens, wenn er vom „jigsaw-puzzle 'fitting' of one institutional practice with another"[84] spricht. Er beschreibt, wie verschiedene Formen langfristi-

---

[81] Von Bertalanffy 1968, S. 55.

[82] Simon 1962, S. 468. Ähnlich schreibt Jervis (1997, S. 6): „We are dealing with a system when a set of units or elements is interconnected so that changes in some elements or their relations produce changes in other parts of the system (...)."

[83] Jervis 1997, S. 19 f. Er fährt fort: „When one element or relation cannot change unless several others do, small and slow adjustments will not be possible; each element has a veto over all the others." Als Beispiel für diesen ‚Lock-in-Fall' verhinderter Veränderung führt er das amerikanische Transportsystem an – ein ‚technologisches System' im Hughes'schen Sinn (vgl. Abschnitt 2.2.3): „(...) many experts believe that the U.S. would have a much more efficient transportation system if it relied more on rail (including streetcars in urban areas) and less on airplanes and automobiles. The difficulty is that such a change would require not only enormous investments of capital, but also coordinated changes in attitudes, municipal codes, tax laws, and subsidy policies." (Ebda., S. 20.)

[84] Dore 1997, S. 26.

ger Geschäftsbeziehungen in Japan wechselseitig voneinander abhängen. Während es bei uns selbstverständlich ist, daß Arbeitsverträge – unter Einhaltung von Kündigungsfristen – prinzipiell von beiden Seiten jederzeit gelöst werden können, werden Firmen in Japan als so etwas wie ‚Gemeinschaften‘ angesehen, deren ‚Mitglied‘ man wird. Entsprechend wird eine Anstellung daher tendenziell als *lebenslange* Anstellung aufgefaßt, und die Kündigung von Angestellten ist die letzte Maßnahme, auf die ein Manager in einer Krise zurückgreifen würde.[85] In einem angelsächsischen System wäre eine solche ‚Lifetime-employment-Norm‘ kaum durchhaltbar, weil Manager dort immer die Kurse ihrer Aktien im Auge behalten müssen, wobei es die Möglichkeit feindlicher Übernahmen ist, die dem Kontrollinstrument Aktienmarkt letztlich ‚Zähne‘ verleiht. In Japan dagegen besteht ein ausgefeiltes System gegenseitiger Aktienanteile, welches feindliche Übernahmen verhindert. So sind durchschnittlich 70 Prozent der Anteile einer Firma ‚gebunden‘ und werden nicht ohne Konsultation mit dem Emittenten ge- oder verkauft. Gegenseitiger Aktienbesitz kann somit als institutionelle Vorkehrung angesehen werden, die den traditionellen Vorstellungen von der Firma als ‚Gemeinschaft‘ Stabilität verleiht.[86] Gleichzeitig impliziert das Festhalten an Aktien einer bestimmten Firma eine langfristige Beziehung, die wiederum durch langfristige *persönliche* Beziehungen zwischen Managern gestützt werden muß. Insofern ist nicht nur wechselseitiger Aktienbesitz – durch die Verhinderung feindlicher Übernahmen – eine Voraussetzung für die Stabilität der Lifetime-employment-Norm, sondern lebenslange Beschäftigung in einer Firma war auch umgekehrt, wie Dore schreibt, „a precondition for the initial creation of cross-shareholdings and of the conventions which surround them."[87]

---

[85] Vgl. Dore 1997, S. 20 f. Unter der Notwendigkeit internationaler Wettbewerbsfähigkeit scheint sich dies langsam zu ändern, zumindest was international tätige Konzerne japanischer Herkunft angeht. So schreibt der Economist: „Japan's multinationals are also trying to find ways to square their traditional paternalism with the efficiency needed to stay competitive. (...) Above all, they are redefining what they mean by 'life-time employment', making it clear that the system only ever applied to part of the labour force, and whittling down that proportion as far as they can." Für die Stärke der 'Lifetime-employment-Norm' in Japan spricht demgegenüber, daß sich der Wandel selbst bei multinationalen Unternehmen nur sehr langsam vollzieht. Wie es im Economist-Survey weiter heißt: „But this is still a far cry from rationalisation as a western company would define the term. Companies still prefer to put a freeze on recruitment rather than weed out middle managers." (The Economist 1995, S. 17.)

[86] Siehe Dore 1997, S.23 f.: „It is partly because the floating shares on which a raider might lay hands are scarce that no one gets much of a chance to overcome any traditional inhibitions (based on the notion that firms are communities and not pieces of property) and to acquire a taste for the hostile takeover."

[87] Ebda., S. 26.

Abbildung 3.9 verdeutlicht noch einmal, wie Dores Argument als Beispiel für die Komplementarität von Institutionen – bzw. für positive Rückkopplungen vom Typ 2 – verstanden werden kann. Die beiden Institutionen, die er anspricht, ‚wechselseitiger Aktienbesitz' und ‚lebenslange Beschäftigung', stehen in einer Wechselbeziehung zueinander, die wir als komplementär bezeichnen können, weil die Attraktivität der Befolgung der einen davon abhängt, daß die andere in der Gesellschaft existiert. – Konkret: Das Top-Management einer japanischen Firma wird in einer Krise nur dann in der Lage sein, an bestimmten Mitarbeitern – insbesondere etwa an überflüssigen und ineffizient arbeitenden Managern auf mittlerer Managementebene – festzuhalten, wenn es sicher sein kann, die Krise ohne feindliche Übernahme zu überstehen; diese Voraussetzung ist durch das System wechselseitigen Aktienbesitzes institutionell abgesichert. Andererseits könnten angesichts der Versuchung, durch den Verkauf von Aktien schnelle Gewinne zu realisieren (oder Verluste zu vermeiden), langfristige persönliche Beziehungen zum Emittenten zumindest hilfreich sein, um ein System wechselseitigen Aktienbesitzes stabil zu halten. Langfristige persönliche Beziehungen sind aber nur dann möglich, wenn die personelle Fluktuation auf den relevanten Positionen möglichst gering ist – und dies ist wiederum durch die Institutionen lebenslanger Beschäftigung gewährleistet.

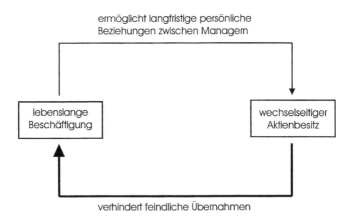

Abbildung 3.9: Ein Beispiel für die komplementäre Beziehung von Institutionen: ‚Lebenslange Beschäftigung' und ‚Wechselseitiger Aktienbesitz' in Japan. Die unterschiedliche Dicke der Pfeile soll andeuten, daß die beiden Regeln möglicherweise nicht in gleichem Maße voneinander abhängig sind.

Kritisch wäre zu diesem Beispiel anzumerken, daß die beiden Institutionen möglicherweise nicht in gleichem Maße voneinander abhängig sind. Wenn es etwa so wäre, daß zwar die Institution lebenslanger Beschäftigung nicht ohne das System wechselseitigen Aktienbesitzes Bestand haben könnte, jedoch umgekehrt die Institution des wechselseitigen Aktienbesitzes durchaus ohne lebenslange Beschäftigung denkbar wäre, dann würde dies bedeuten, daß lediglich die Inflexibilität *eines Teils* des Systems – und zwar der lebenslangen Beschäftigung – durch Komplementaritätsbeziehungen erklärt werden kann. Diese Möglichkeit, daß die Komplementaritätsbeziehungen unterschiedlich stark sein können, ist in Abbildung 3.9 durch die unterschiedliche Dicke der Pfeile angedeutet. Dieser Interpretation zufolge wäre wechselseitiger Aktienbesitz – oder irgendeine andere Absicherung gegen feindliche Übernahmen – eine starke Voraussetzung für den Bestand einer Lifetime-employment-Norm, während umgekehrt lebenslange Beschäftigung das Fortbestehen wechselseitigen Aktienbesitzes lediglich ‚erleichtert‘ oder ‚unterstützt‘. Das Beispiel zeigt also auch, daß es bei der Analyse institutioneller Komplementaritätsbeziehungen notwendig ist, genau hinzusehen, etwa um mögliche Ansatzpunkte für Reformen zu finden.[88] Dagegen ist das Argument, daß Komplementarität positive Rückkopplungen und institutionelle Inflexibilität verursachen kann, durch die Möglichkeit, daß komplementäre Beziehungen zwischen Institutionen unterschiedlich stark sein können, freilich nicht entkräftet. In den folgenden Abschnitten soll nun auf Robert Putnam und Avner Greif eingegangen werden, zwei Autoren, die der Pfadabhängigkeitstheorie nahestehen. Dabei soll exemplarisch herausgearbeitet werden, inwieweit ihre Ansätze auf dem Gedanken der Komplementarität von Institutionen als Quelle positiver Rückkopplungen basieren.

3.3.2 Von Teufelskreisen und ‚Engelskreisen‘: Robert Putnam

Als im Jahr 1970 in Italien regionale Regierungen eingeführt wurden, hielt Putnam sich gerade in Rom auf und erkannte, daß es sich dabei um ein sozialtheoretisch wertvolles Experiment handelte: In Anbetracht der Unterschiedlichkeit der betroffenen Regionen bot es eine interessante Gelegenheit, den Einfluß regionaler Besonderheiten auf institutionelle Arrangements zu untersuchen.[89] Insbesondere zeichnete sich bald ab, daß hier

---

[88] Auf den Zusammenhang zwischen dem Komplementaritätseffekt und institutionellen Reformen wird in Abschnitt 4.4.2 eingegangen.

[89] Putnam 1993, S. XIII: „Since these new institutions were to be built from scratch in each of Italy's diverse regions, the experiment offered an unusual opportunity to

möglicherweise Antworten zu finden sein würden auf die drängenden Fragen, die sich im Zusammenhang mit den Voraussetzungen für leistungsfähige demokratische Institutionen stellen.[90]

Die Untersuchung kommt zu dem Ergebnis, daß die neu gebildeten regionalen Regierungen sich in den nördlichen Provinzen als systematisch bürgernäher und leistungsfähiger erwiesen als im Süden Italiens. Der Erfolg *formal identischer* institutioneller Reformen war also in den verschiedenen Regionen sehr unterschiedlich – gewiß ein Dämpfer für rechtsposivistische Optimisten, die von der Wirksamkeit formaler Regeln ausgehen. Daß ein solcher Optimismus nicht unbedingt gerechtfertigt erscheint, ist freilich nichts Neues: „Two centuries of constitution-writing around the world warn us," so kommentiert Putnam, „that designers of new instutions are often writing on water."[91] Auch ist es im Grunde wenig überraschend, daß die Dinge im Norden Italiens funktionieren und im Süden nicht; die Frage ist vielmehr, *warum* dies so ist, *welche* Unterschiede zwischen Nord und Süd dafür verantwortlich sind.[92]

Putnam argumentiert, die entscheidende Ursache für wohlfunktionierende demokratische Institutionen sei darin zu suchen, inwieweit das soziale und politische Leben der betreffenden Region dem Ideal der ‚civic community' nahekommt.[93] Dieser Diagnose zufolge muß für das Funktionieren einer Demokratie eine solide Basis bürgerlicher Tugenden gegeben sein, die gewährleistet, daß Interesse für öffentliche Angelegenheiten besteht und daß die Menschen bereit sind, sich für öffentliche Belange zu engagieren. Ferner ist das Leben in der ‚bürgerlichen Gemeinschaft' von Werten wie Solidarität, Vertrauen und Toleranz bestimmt; der Grundsatz gleicher Rechte und Pflichten für alle prägt die soziale Interaktion: „Such a community is bound together by horizontal relations of reciprocity and cooperation, not by vertical relations of authority and dependency. Citizens interact as equals, not as patrons and clients nor as governors and petitioners."[94] Die unterschiedliche Leistungsfähigkeit der regionalen Re-

---

begin a long-term, systematic study of how institutions develop and adapt to their social environment."

[90] „How do formal institutions," so fragt Putnam, „influence the practice of politics and government? If we reform institutions, will practice follow? Does the performance of an institution depend on its social, economic, and cultural surround? If we transplant democratic institutions, will they grow in the new setting as they did in the old? Or does the quality of a democracy depend on the quality of its citizens, so that every people gets the government they deserve?" (Ebda., S. 3.)

[91] Ebda., S. 17.

[92] Ebda., S. 83.

[93] Ebda., S. 120.

[94] Ebda., S. 88.

gierungen in Italien sei nun, so Putnam, auf die relative ‚civic-ness‘ der
nördlichen Provinzen bzw. das Fehlen eines vergleichbaren ‚sozialen Kapitals‘ im Süden zurückzuführen, wo hierarchische Strukturen das Leben
beherrschen, Engagement in öffentlichen Angelegenheiten unüblich ist,
und Politik als schmutziges Geschäft betrachtet wird.[95] Die Ursprünge dieser Unterschiede verfolgt Putnam bis tief in die italienische Geschichte
zurück; sie erweisen sich als erstaunlich stabil. Damit kommt Putnam zur
eigentlichen theoretischen Frage, wo diese Macht der Vergangenheit her-
kommt: „What virtuous circles in the North have preserved these traditions of civic engagement through centuries of radical social, economic, and
political change? What vicious circles in the South have reproduced pe-
rennial exploitation and dependence?“[96]

Es sei darauf hingewiesen, daß Teufelskreise und – in Ermangelung eines etablierten deutschen Terminus – ‚Engelskreise‘ lediglich andere Begriffe für positive Rückkopplungen oder selbstverstärkende Effekte sind –
mit dem einzigen Unterschied, daß letztere nicht bewertend sind, Teufels-
und ‚Engelskreise‘ wohl: Ein Teufelskreis ist eine *unerwünschte* positive
Rückkopplung, ein ‚Engelskreis‘ eine *erwünschte*. In diesem Sinn interpretiert Putnam die Unterschiede zwischen Nord- und Süditalien als Ergebnis einer pfadabhängigen Entwicklung, und die geringere Funktionsfä-
higkeit regionaler Regierungen im Süden Italiens als Folge eines institutionellen Lock-in.[97] Wie begründet Putnam nun die Entstehung positiver
Rückkopplungen?

Er reformuliert seine Frage nach der Entstehung dessen, was er eine
‚bürgerliche Gemeinschaft‘ nennt, als die Frage nach der Überwindung
sozialer Dilemmasituationen.[98] Er weist darauf hin, daß die Hobbes’sche
Lösung der Durchsetzung kooperativen Verhaltens durch einen Dritten
Nachteile mit sich bringt – insbesondere, weil der Staat seine Macht, die
ihm zur Erfüllung dieser Aufgabe zugewiesen werden muß, auch dazu

---

[95] Vgl. ebda., S. 115: „Engagement in social and cultural associations is meager. Private piety stands in for public purpose. Corruption is widely regarded as the norm, even
by politicians themselves, and they are cynical about democratic principles. ‘Compromi-
se’ has only negative overtones. Laws (almost everyone agrees) are made to be broken
(...).“

[96] Ebda., S. 162.

[97] Vgl. ebda., S. 179. Insbesondere weist Putnam darauf hin, wie ähnlich seine Itali-
en-Diagnose mit dem Fall Nord- versus Südamerika ist, den North zur Illustration seines
Ansatzes heranzieht: „(...) North Americans benefited from their decentralized parlia-
mentary English patrimony, whereas Latin Americans were cursed with centralized
authoritarianism, familism, and clientelism that they inherited from late medieval Spain.
In our language, the North Americans inherited civic traditions, whereas the Latin Americans were bequeathed traditions of vertical dependence and exploitation.“ (Ebda.)

[98] Ebda., S. 163 f.

mißbrauchen kann, seine eigenen Interessen zu verfolgen.[99] Darüber hinaus ist es überaus teuer, wechselseitiges Vertrauen *ausschließlich* durch die Androhung von Sanktionen erzeugen zu wollen.[100] Andererseits hebt Putnam aber auch hervor, daß der Gefangenendilemma-Ansatz dazu neigt, gemessen an der Realität systematisch *zu wenig* freiwillige Kooperation vorauszusagen. Es sollten also noch Faktoren jenseits der Annahmen, anhand derer spieltheoretische Analysen das relativ hohe Maß an beobachtbarer Kooperation üblicherweise erklären,[101] eine Rolle spielen. Diese Faktoren faßt Putnam unter dem Begriff des ‚Sozialkapitals‘ zusammen; darunter versteht er „features of social organization, such as trust, norms, and networks, that can improve the efficiency of society by facilitating coordinated actions.“[102] Bei der Entstehung von Sozialkapital liegt nun aber, so Putnam, eine Vielzahl selbstverstärkender Effekte vor, die die Bildung eines ‚Sozialkapitalstocks‘ zu einem hochgradig kumulativen Prozeß machen.[103]

Wenngleich Putnams Darstellung dieser selbstverstärkenden Mechanismen relativ vage und skizzenhaft bleibt, lassen sie sich in etwa wie folgt reformulieren: Reziprozitätsnormen, wie in der Tit-for-tat-Strategie verkörpert, können Defektieren unattraktiv machen; Voraussetzung dafür ist allerdings eine relativ hohe Wiederbegegnungswahrscheinlichkeit, was durch die Einbindung von Interaktionen in soziale Netzwerke gewährleistet ist.[104] Zudem gewinnt ein guter Ruf erst in Netzwerken entscheidende Bedeutung. Reziprozitätsnormen und Netzwerke können so die Grundlage für die Entstehung von Vertrauen bilden; Vertrauen aber erleichtert Kooperation, und erfolgreiche Kooperation führt dazu, daß Erwartungen kooperativen Verhaltens bestätigt werden, was wiederum die Vertrauensbasis stärkt. Vertrauen, Normen und Netzwerke, so schreibt Putnam, „increase with use and diminish with disuse.“[105] So kann ein Umfeld entstehen, in dem kooperative Strategien überlebensfähig sind. Schließlich trägt die Beobachtbarkeit erfolgreicher kooperativer Problemlösungen dazu bei,

---

[99] Siehe dazu insbesondere auch North 1990, S. 59.

[100] Vgl. Putnam 1993, S. 165.

[101] Putnam nennt: Offenes Ende (bei wiederholtem Spielen), relativ geringe Zeitpräferenzrate, gut verfügbare Information über das Verhalten der Spieler in der Vergangenheit, hohe Wiederbegegnungswahrscheinlichkeit. (Ebda., S. 165 f.) Vgl. dazu auch Abschnitt 3.2.4.

[102] Ebda., S. 167.

[103] „As with conventional capital, those who have social capital tend to accumulate more.“ (Ebda., S. 169.)

[104] Grundlegend zur Rolle sozialer Netzwerke ist Granovetters ‚Embeddedness‘-Ansatz, siehe Granovetter 1985 sowie 1992.

[105] Putnam 1993, S. 169 f.

daß diese kopiert werden; auch bei der Sozialisation junger Menschen spielt Sozialkapital eine entscheidende Rolle.[106] Die Bildung von Sozialkapital, das ein Klima wechselseitigen Vertrauens und allgemeiner Kooperationsbereitschaft erzeugt, kann sich somit als ,Engelskreis' erweisen: „Social trust, norms of reciprocity, networks of civic engagement, and successful cooperation are mutually reinforcing."[107]

Es kann sich jedoch auch ein Ausweg aus sozialen Dilemmasituationen herausbilden, der der Hobbes'schen Lösung näher steht, und zwar indem sich *vertikale* Netzwerke der Über- und Unterordnung herausbilden, anstatt, wie oben beschrieben, *horizontaler* Netzwerke der Kooperation unter Gleichen. Vertikale Netzwerke sind aber nicht dazu angetan, Sozialkapital zu erhalten oder überhaupt erst entstehen zu lassen.[108] So kann sich ein umgekehrter Prozeß entwickeln, ein Teufelskreis der Rückständigkeit: „Defection, distrust, shirking, exploitation, isolation, disorder, and stagnation intensify one another in a suffocating miasma of vicious circles."[109]

Putnams Konzeption von Pfadabhängigkeit läßt sich dann wie folgt zusammenfassen: Gesellschaften konstituieren sich, indem sie die Hobbes'sche Anarchie überwinden. Dabei können zwei Wege eingeschlagen werden, eine horizontale Lösung, die auf Reziprozität und Vertrauen basiert, und eine vertikale Lösung, die mit Abhängigkeit und Ausbeutung verbunden ist. Beide ,Gleichgewichte' sind gegenüber dem ,Krieg aller gegen alle' vorzuziehen, jedoch ist die horizontale Lösung die bessere der beiden Alternativen, da sie ein wesentlich größeres Maß an Freiwilligkeit, Tausch und Wohlstand hervorzubringen vermag. Nach der Logik pfadabhängiger Prozesse wird die überlegene Lösung jedoch nicht notwendigerweise eintreten: Vielmehr kann historischen Kontingenzen entscheidende Bedeutung dafür zukommen, welches Gleichgewicht sich einstellt.

Insgesamt nimmt sich Putnams Darstellung der zugrundeliegenden Rückkopplungseffekte recht eklektizistisch aus, so daß es schwierig ist, ein Kernargument auszumachen; jedoch scheint Selbstverstärkung insbesondere dadurch zustandezukommen, daß sich die verschiedenen Komponenten von ,Sozialkapital' gegenseitig ergänzen und verstärken. Dies

---

[106] Tatsächlich wurde der Begriff von seinem Schöpfer, Loury, in diesem Kontext gebraucht: „In Loury's usage, social capital is the set of resources useful for the cognitive or social development of a child or young person." (Coleman 1990, S. 300.) Dieser Aspekt wird in Abschnitt 3.4 näher behandelt.

[107] Putnam 1993, S. 180.

[108] „A vertical network," so Putnam, „cannot sustain social trust and cooperation." (Ebda., S. 174.)

[109] Ebda., S. 177. Rubio, der das Beispiel Kolumbien diskutiert, spricht in diesem Zusammenhang auch von ,perversem' Sozialkapital, vgl. Rubio 1997.

ergibt sich schon aus dem *Begriff* des Sozialkapitals, denn er beschreibt ein komplexes System sozialer Phänomene. So wie Putnam den Begriff verwendet, könnte man es wohl umschreiben als die Summe der sozialen Beziehungen, informellen Regeln und psychischen Dispositionen oder Erwartungen, die Kooperation in der Gesellschaft erleichtern, inclusive der Wechselbeziehungen zwischen diesen drei Bestandteilen. Es ist aus gesellschaftlicher Interaktion in der Vergangenheit hervorgegangen und weist ein erhebliches Beharrungsvermögen in der Zeit auf.[110] Wenngleich im Zusammenhang mit dem Begriff des Sozialkapitals auch andere Mechanismen ein Rolle spielen,[111] tut man ihm keine Gewalt an, wenn man argumentiert, daß er dieses Beharrungsvermögen vor allem auf die Komplementarität der sozialen Regeln und Institutionen, aus denen Sozialkapital besteht, zurückführt. Insbesondere ist es das Erfordernis der Komplementarität formeller Regeln, wie sie in den siebziger Jahren in Italien eingeführt wurden, mit jenen informellen Regeln, die Putnam als ‚vertikale‘ oder ‚horizontale‘ soziale Struktur beschreibt, welches dazu führt, daß identische institutionelle Reformen in den verschiedenen Regionen so unterschiedliche Wirkungen hervorbringen.

3.3.3 *Kollektivismus und Individualismus: Avner Greif*

Dem Putnam'schen Ansatz nicht unähnlich ist Avner Greifs Analyse der unterschiedlichen Regelsysteme, unter denen genuesische und maghrebinische Kaufleute im späten Mittelalter Handel trieben.[112] Um die Unterschiede herauszuarbeiten, unterscheidet Greif zwischen ‚kollektivistisch‘ und ‚individualistisch‘ organisierten Gesellschaften. Kollektivistische Gesellschaften sind, wie Greif es nennt, ‚segregiert‘, das heißt sie spalten sich in religiöse, ethnische oder familiäre Gruppen auf. Interaktionen finden hauptsächlich innerhalb der Gruppen statt, nicht aber zwischen Gruppen, und Verträge werden durch informelle Sanktionen durchgesetzt. Individualistische Gesellschaften haben dagegen eine ‚integrierte‘ Struktur, das heißt die Mitglieder interagieren über Gruppen hinweg, und die Durchsetzung von Verträgen erfolgt durch spezialisierte Dritte, also etwa

---

[110] Dieser Aspekt, der hier von besonderem Interesse ist, wird auch in der Definition deutlich, die Richter und Furubotn geben. Sie beschreiben Sozialkapital als „Menge von Verpflichtungen, Erwartungen und wechselseitigen Normen und Sanktionen, die sich *aus vorausgehenden sozialen Interaktionen entwickeln.*" (Richter und Furubotn 1996, S. 295, Hervorhebung hinzugefügt).

[111] So erwähnt er im Zusammenhang mit der Rolle ‚sozialer Netzwerke‘ auch das, was hier als Koordinationseffekt bezeichnet wurde.

[112] Zum Folgenden siehe Greif 1994 und 1997.

durch Gerichte.[113] Greif argumentiert, daß die Händler aus Genua einer individualistischen Gesellschaft entstammten, die maghrebinischen Händler dagegen einer kollektivistischen, und er führt dies auf das historisch gewachsene kulturelle Erbe der beiden Gruppen zurück.[114]

Nun stellt Greif einige Überlegungen darüber an, wie gut die beiden gesellschaftlichen Organisationsformen geeignet waren, das Prinzipal-Agent-Problem in den Griff zu bekommen, das auftritt, sobald ein Händler *andere* beauftragt, seine Ware in fremden Ländern zu vertreiben; denn offensichtlich besteht dann die Gefahr der Unterschlagung der Ware. Greif nimmt an, daß in individualistischen Gesellschaften das Verhalten von Agenten in der Vergangenheit nicht bekannt ist, weil zwischen den Händlern nur wenig Kommunikation stattfindet. In kollektivistischen Gesellschaften dagegen ist das Verhalten von Agenten in der Vergangenheit allgemein bekannt, so daß ein Agent, wenn er einmal einen Händler um seine Ware betrogen hat, von keinem Händler mehr engagiert wird. Unter diesen Bedingungen wird der Lohn, den ein Händler in einer individualistischen Gesellschaft an einen Agenten zahlen muß, damit dieser seine Ware nicht unterschlägt (der Effizienzlohn), höher sein als in einer kollektivistischen Gesellschaft, in der ein unehrlicher Agent nicht nur dadurch sanktioniert wird, daß sein *gegenwärtiger* Auftraggeber ihn entläßt, sondern auch dadurch, daß er *überhaupt keinen* Auftraggeber mehr findet. Unter den damals gegebenen Bedingungen war das kollektivistische System daher effizienter als das individualistische: „...since collectivist cultural beliefs reduce the optimal wage, they can sustain cooperation in situations in which it cannot be sustained by individualist cultural beliefs."[115]

Greif berichtet, daß diese Konstellation durch so etwas wie einen ‚externen Schock' gestört wurde: Im Gefolge verschiedener militärischer und politischer Umbrüche erweiterten sich die Handelsmöglichkeiten für die

---

[113] Siehe Greif 1994, S. 913: „In collectivist societies the social structure is 'segregated' in the sense that each individual socially and economically interacts mainly with members of a specific religious, ethnic, or familial group in which contract enforcement is achieved through 'informal' economic and social institutions, and members of collectivist societies feel involved in the lives of other members of their group. At the same time, noncooperation characterizes the relations betwen members of different groups. In individualist societies the social structure is 'integrated' in the sense that economic transactions are conducted among people from different groups and individuals shift frequently from one group to another. Contract enforcement is achieved mainly through specialized organizations such as the court, and self-reliance is highly valued."

[114] So hätten die maghrebinischen Händler, obwohl keine Moslems, musliminische Werte gegenseitiger Verantwortung übernommen; die Genueser dagegen hätten unter dem Einfluß des Christentums gestanden, das zu der Zeit das Individuum ins Zentrum seiner Lehre stellte, siehe Greif 1994, S. 922 f.

[115] Greif 1994, S. 925.

beiden Händlergruppen. Beide nahmen die neuen Möglichkeiten wahr, jedoch, wie vielleicht zu erwarten, in unterschiedlicher Weise. Für die Kaufleute aus Genua änderte sich, was die Prinzipal-Agent-Beziehungen angeht, nichts Wesentliches, denn auch die neuen Handelsmöglichkeiten konnten in gleicher Weise wahrgenommen werden wie bisher; insbesondere konnten sie auf das lokale Wissen von Agenten vor Ort zurückgreifen und mußten diesen, um ihre Ehrlichkeit sicherzustellen, auch keine höheren Löhne zahlen, als sie auch innerhalb ihres bisherigen (individualistischen) Umfelds zahlten. Für Kaufleute aus dem Maghreb dagegen war es verhältnismäßig unattraktiv, Agenten zu beschäftigten, die nicht zu ihrer Gruppe gehörten, weil sie diesen höhere Löhne zahlen mußten. Es gab also eine ‚Voreingenommenheit' der maghrebinischen Händler gegen Handelsbeziehungen *außerhalb* ihrer Gruppe, und zugunsten von Handelsbeziehungen *innerhalb* ihrer Gruppe. Diese Voreingenommenheit verhinderte, daß die neuen Möglichkeiten in gleichem Umfang wahrgenommen wurden wie von den genuesischen Händlern. Wie Greif es formuliert: „As the merchants' cost of establishing intereconomy agency relations is higher than the cost of establishing intraeconomy agency relations, only the latter will be initiated, and segregation is the end result."[116] Die Maghreb-Händler reagierten also in ‚segregierter' Weise auf die neuen Möglichkeiten, die Genueser dagegen in ‚integrierter' Weise. Während *vor* dem ‚externen Schock' die kollektivistischen Regelsysteme effizienter waren, waren es *danach* die individualistischen. Jedoch war in beiden Fällen nicht zu beobachten, daß das effizientere Regelsystem übernommen worden wäre. In diesem Sinn – das heißt, sofern die relative ‚Effizienz' der beiden Regelsysteme tatsächlich festgestellt werden kann – liegt hier also ein Fall von institutioneller Inflexibilität vor. Die Frage ist nun, worauf Greif diese zurückführt.

Greif sieht die Analyse seines historischen Beispiels als Evidenz für die Vermutung an, daß institutionelle Strukturen pfadabhängig seien.[117] Die Begründung dafür ist zumindest teilweise implizit in seiner Beschreibung kollektivistischer und individualistischer Gesellschaften. Denn die Strukturen, die Greif beschreibt, lassen sich auch in institutionalisierte Verhaltensweisen übersetzen. Beispielsweise ließe sich argumentieren, daß der kollektivistische Regelrahmen, innerhalb dessen die maghrebinischen Kaufleute Handel trieben, in seinem Kern aus zwei Regeln besteht: (1) Arbeite nur mit Gruppenmitgliedern zusammen, und (2) falls Du betrogen wirst, verbreite die Information, wer Dich betrogen hat. Es ist leicht zu sehen, warum diese beiden Regeln komplementär sind: Es ist rational, nur

---

[116] Ebda., S. 933.
[117] Siehe ebda., S. 943 sowie Greif 1997, S. 89.

mit Gruppenmitgliedern zusammenzuarbeiten (Regel 1), weil unkooperatives Verhalten innerhalb der Gruppe allgemein bekannt wird (Regel 2),
wodurch der Effizienzlohn niedriger ist als bei Interaktionen *außerhalb*
der Gruppe. Umgekehrt können Informationen nur mit allen Gruppenmitgliedern geteilt werden (Regel 2), wenn die Gruppe durch die Beschränkung von Interaktionen auf Gruppenmitglieder (Regel 1) hinreichend
überschaubar gehalten wird.[118] Dem könnte noch eine dritte Regel hinzugefügt werden, die weiter zur Stabilität dieses Systems beitragen dürfte,
und zwar die Regel, abweichendes Verhalten mit zusätzlichen Sanktionen
zu belegen, auch wenn man nicht selbst betroffen ist. Diese Regel ist implizit in Greifs Bemerkung, die Grundlage der kollektivistischen Organisation der Gesellschaft seien nicht nur ökonomische, sondern auch soziale
und auch moralische Sanktionen gewesen.[119]
Auf diese Weise erscheint es möglich, das komplementäre Zusammenwirken von Institutionen als wesentliche Ursache für die Pfadabhängigkeit
‚kollektivistischer‘ Regelsysteme (im Sinne Greifs) zu rekonzeptualisie-
ren; positive Rückkopplungen vom Typ 2 können also als *eine* Ursache für
Pfadabhängigkeit bei Greif angesehen werden. In Greifs Ausführungen
kommt allerdings einem anderen Argument zentrale Bedeutung zu, das
eher als positive Rückkopplung vom Typ 3 betrachtet werden kann, und
zwar die Bedeutung *kultureller Überzeugungen*: „(...) my findings suggest
the theoretical and historical importance of culture in determining societal
organizations, in leading to path dependence of institutional frameworks,
and in forestalling successful intersociety adoption of institutions.“[120] Eine
positive Rückkopplung, die auf der Wechselbeziehung zwischen kulturellen Überzeugungen und individuellen Entscheidungen beruht, ist etwa
unterstellt, wenn Greif vor dem Hintergrund der individualistischen Orientierung der christlichen Lehre sowie ökonomischer und demographi-
scher Umbrüche im Genua des 13. Jahrhunderts bemerkt: „In the absence
of appropriate social networks for information transmission, the individualist equilibrium was likely to be selected. Once it was selected, individualist cultural beliefs discouraged investment in information. In the
absence of a coordinating mechanism, a switch to a collectivist equilibrium was not likely to occur.“[121] Mit anderen Worten: Es bestand ein

---

[118] Vgl. Greif 1994, S. 942: „The endogenous partition of society restricted economic
and social interactions to a small group and further facilitated in-group communication
(...).“
[119] „Collectivist cultural beliefs led to a societal organization based on the group's
ability to use economic, social, and, most likely, moral sanctions against deviants.“ (Ebda.)
[120] Ebda., S. 914.
[121] Ebda., S. 923.

selbstverstärkender Zusammenhang zwischen der Nichtverfügbarkeit kaufmännisch relevanter Informationen (als Folge etwa einer Regel wie ‚Behalte Informationen für Dich') und bestimmten kulturellen Überzeugungen der Genueser, die Greif als ‚individualistisch' beschreibt. Es ist dieser Zusammenhang zwischen sozialen Institutionen und, wie es inzwischen üblich geworden ist zu sagen, ‚mentalen Modellen', um die es in Abschnitt 3.4 gehen soll. Zunächst sollen jedoch die Ergebnisse dieses Abschnitts kurz zusammengefaßt werden.

3.3.4 Zusammenfassung

In diesem Abschnitt wurde zunächst darauf hingewiesen, daß die ‚Systemhaftigkeit' von Regeln und Institutionen in der Literatur selten explizit untersucht wird. Sie ist aber für die Pfadabhängigkeitsdiskussion insofern von Bedeutung, als Interdependenz dann zu positiven Rückkopplungen führen kann, wenn Institutionen in *komplementärer* Beziehung zueinander stehen. Als erstes Beispiel wurde die wechselseitige Abhängigkeit der Institutionen der ‚lebenslangen Beschäftigung' und des ‚wechselseitigen Aktienbesitzes' in Japan angeführt. Das Beispiel hat auch die Möglichkeit aufgezeigt, daß zwei ineinandergreifende Regeln nicht *in gleichem Maße* voneinander abhängen. Dies bedeutet, daß Komplementaritätsbeziehungen zwischen Regeln sehr genau analysiert werden müssen – ein Punkt, der insbesondere dann wichtig wird, wenn es darum geht, Ansatzpunkte für Reformen ausfindig zu machen.

Bei Putnam haben wir gesehen, daß er den Begriff des ‚Sozialkapitals' als Komplex von sozialen Regeln, Beziehungen und Erwartungen interpretiert, was ihn dazu führt, positive Rückkopplungen und Pfadabhängigkeit als Ursache unterschiedlicher stabiler ‚Gleichgewichte' in Nord- und Süditalien anzusehen. Wenngleich wohl alle drei Selbstverstärkungsmechanismen, die hier unterschieden werden, in seiner Konzeption eine Rolle spielen, kann doch argumentiert werden, daß dem Komplementaritätseffekt entscheidende Bedeutung zukommt. In ähnlicher Weise konnten auch die maghrebinischen und genuesischen Handelsregime im Mittelalter, so wie Greif sie darstellt, als Systeme wechselseitig aufeinander bezogener und voneinander abhängiger Regeln reformuliert werden – was wiederum impliziert, daß der Komplementaritätseffekt bei Greif zentral ist. Jedoch verweist Greif *auch* auf den kulturellen und religiösen Hintergrund als ‚Pfaddeterminante', und in diesem Sinn spielen auch positive Rückkopplungen vom Typ 3 eine Rolle in seiner Konzeption pfadabhängiger institutioneller Entwicklung. Darauf soll nun eingegangen werden.

3.4 Lernen, mentale Modelle und positive Rückkopplungen bei Institutionen

3.4.1 Institutionen, Präferenzen und mentale Modelle

Bei der Behandlung der Selbstverstärkungsmechanismen vom Typ 1 und 2 in den vorangegangenen Abschnitten war von gegebenen Präferenzen ausgegangen worden. Damit wurde von der offensichtlichen Tatsache abstrahiert, daß unsere ‚Präferenzen' mit allem, was in diesem ökonomischen Sammelbegriff enthalten sein mag – Wünsche und Bedürfnisse, Einstellungen und Theorien, etc.[122] – von den Institutionen der Gesellschaft, in der wir leben, beeinflußt werden. Eine solche Abstraktion ist hilfreich, um Mechanismen zu isolieren, die auch dann funktionieren würden, wenn Präferenzen von Institutionen unabhängig *wären*; damit soll nicht behauptet werden, daß es tatsächlich so ist. Denn offensichtlich wird das Denken und Handeln der Individuen durch die Institutionen der Gesellschaft, in der sie leben, geprägt.

So wirft beispielsweise Geoffrey Hodgson den Vertretern des ‚Neuen Institutionalismus' vor, aus einem falsch verstandenen methodologischen Individualismus heraus eine verkürzte Geschichte zu erzählen: „Of course, the existence of institutions is seen to affect individual behaviour, but only in terms of the choices and constraints presented to the agents, not by the moulding of the preferences and indeed the very individuality of those agents themselves."[123] Wenn Hodgson *jeden* theoretischen Ansatz für untauglich erklärt, der die Beeinflussung individueller Präferenzen durch Institutionen nicht berücksichtigt, dann übersieht er zwar, daß Abstraktion zur Theoriebildung notwendig und nützlich ist. Jedoch kann seine Kritik auch dahingehend (um)interpretiert werden, daß es nach Maßgabe des zu behandelnden Erklärungsproblems nützlich sein *kann*, auch solche Abstraktionen aufzuheben, die bislang als *Theoriegrenzen* – etwa zwischen Ökonomie und Soziologie, oder zwischen Altem und Neuem Institutionalismus – fungiert haben.

---

[122] Vanberg und Buchanan (1994a) unterscheiden zwischen einer Interessenkomponente und einer Theoriekomponente, die im Präferenzbegriff enthalten sind. Diese Unterscheidung wird sich später noch als nützlich erweisen, siehe Abschnitte 4.4.1.2 und 4.4.3.

[123] Hodgson 1993a, S. 8. Ähnlich schreibt Setterfield (1993, S. 759): „However, as the OIE [Old Institutional Economics, R.A.] argues, if institutions form a 'social environment' to which individuals become socialized, the preferences and goals of individuals – on which their actions are based – can no longer be treated as 'psychological givens.'" Siehe auch Hodgson 1988, S. 13 ff.

Wie wir bereits in Abschnitt 3.1 bei der Diskussion Norths gesehen haben, kann das Konzept des mentalen Modells als Kernstück der Erklärung einer „Wechselwirkung zwischen Institutionen und Individuen" dienen. Das Argument müßte dann etwa so laufen: Die Entstehung von Institutionen kann auch eine kognitive Komponente beinhalten dergestalt, daß mentale Modelle in einer Gemeinschaft durch andauernde Interaktion zu gemeinsamen mentalen Modellen werden, und zugleich lernen Menschen, sich in ihrer sozialen Umgebung zurechtzufinden, indem sie ihre mentalen Modelle an ihre institutionelle Umgebung anpassen.[124] Auf diesen Zusammenhang wird im weiteren Verlauf dieses Kapitels noch näher einzugehen sein.

3.4.2 Regelinternalisierung, institutionelle Inflexibilität und Lernen

Wenn von der Beeinflussung individueller mentaler Modelle durch Institutionen ausgegangen wird, dann ergibt sich eine gewisse analytische Nachbarschaft zum soziologischen Begriff der ‚Sozialisation' bzw. der ‚Internalisierung' von Regeln: Damit ist gemeint, daß die Menschen lernen, sich gemäß den Spielregeln, die ihre Gesellschaft konstituieren, zu verhalten und dabei bestimmte Verhaltensdispositionen, Präferenzen und mentale Modelle übernehmen.[125] Die Vorstellung der ‚Internalisierung' von Regeln impliziert, daß internalisierte Regeln ‚aus eigenem Antrieb' befolgt werden und nicht aus Furcht vor Sanktionen ‚von außen'. In diesem Sinne bemerkt Jon Elster, „norms do not need external sanctions to be effective. When norms are internalized, they are followed even when violation would be unobserved and not exposed to sanctions. Shame, or anticipation of it, is a sufficient internal sanction."[126] Internalisierung bedeutet also, daß *interne* Sanktionen – ein ‚schlechtes Gewissen', Scham, Schuld-

---

[124] Timur Kuran bedient sich eines ähnlichen Rückkopplungsmechanismus, um zu erklären – ganz im Sinne der in Abschnitt 1.4 getroffenen Unterscheidung zwischen Pfadabhängigkeit und Macht – „why the selection of social policies lies to a significant degree beyond the control of even the most influential groups." (Kuran 1991, S. 242.) Dabei führen bestimmte Präferenzen zu politischen Entscheidungen, deren wahrgenommene Folgen wiederum Auswirkungen auf politische Präferenzen haben.

[125] Für verschiedene Definitionen des Begriffs ‚Sozialisation' siehe Williams 1983, S. XIII ff. Williams selbst unterscheidet zwischen Sozialisation, als der Prozeß der Vermittlung *menschlicher* Kultur, und ‚Enkulturation', als der Prozeß der Vermittlung einer *bestimmten* Kultur. (Ebda.) Diese Unterscheidung erscheint für die hier verfolgten Zwecke nicht notwendig, so daß unter Sozialisation auch – und insbesondere – die Weitergabe *bestimmter* Regeln, Normen und Werte verstanden werden soll. Siehe auch Berger und Luckmann 1980, S. 139-157.

[126] Elster 1989a, S. 131.

gefühle etc. – an die Stelle *externer* Sanktionen treten. Zu beachten ist, daß ein Rückgriff auf interne Sanktionen im Fall von Koordinationsregeln nicht nötig ist, da bei Regelverletzung ausreichende externe Sanktionen eintreten; dies liegt in der Natur des Koordinationsspiels. Es geht hier also um Regeln, deren Verletzung im Interesse des Einzelnen liegt, wie etwa Gefangenendilemma-Regeln. Nun kann ja argumentiert werden, daß es beim *wiederholten* Gefangenendilemma unter bestimmten Bedingungen ebenfalls im Interesse des Einzelnen liegen kann, sich an eine Regel zu halten. Wenn diese Bedingungen nun aber nicht gegeben sind, bedarf es dennoch zusätzlicher Anreize, um die Stabilität von Gefangenendilemma-Regeln zu gewährleisten.[127] Die *freiwillige* Sanktionierung von Normübertretern kann dabei nicht einfach angenommen werden, da Sanktionierung dem Sanktionierer Kosten verursacht. Daher argumentiert etwa Witt, daß ein gewisses Maß an internalisierten Verhaltensstandards angenommen werden muß, um das beobachtbare Ausmaß an kooperativem Verhalten zu erklären.[128] Ähnlich schreibt Elster, „people do not usually frown upon others when they fail to sanction people who fail to sanction people who fail to sanction people who fail to sanction a norm violation. Consequently, some sanctions must be performed for other motives than the fear of being sanctioned."[129]

Das Internalisierungskonzept wird häufig als Erklärung des ‚Hobbes'schen Problems der sozialen Ordnung' angesehen, also als Lösung des generalisierten Gefangenendilemma-Problems:[130] Wenn es so wäre, daß die Beteiligten in jeder gegebenen Gefangenendilemma-Situation die

---

[127] Siehe auch die Anmerkungen zum Gefangenendilemma in Abschnitt 3.2.4.

[128] Siehe Witt 1986.

[129] Elster 1989b, S. 105. Wie wir noch sehen werden, wird jedoch eine *Erklärung* der Internalisierung von Normen nicht ohne externe Sanktionen auskommen können, und auch die *Stabilität* internalisierter Normen wird auf Dauer nicht ohne Sanktionierung gewährleistet sein. Mit anderen Worten, im Hinblick auf Elsters Zitat muß unterschieden werden einerseits zwischen der These, daß zu einem gegebenen Zeitpunkt Normen ‚aus eigenem Antrieb' befolgt werden und andererseits der Frage, wie es dazu kommt bzw. unter welchen Bedingungen dieser Zustand von Dauer sein wird.

[130] Talcott Parsons hat das ‚Hobbes'sche Problem der sozialen Ordnung' zu *dem* Erklärungsproblem der Soziologie erhoben, und es gibt eine starke Tradition in der Soziologie – mit Scott (1995, S. 239) könnte man sie die ‚Durkheim/Parsons-Tradition' nennen – die es anhand der Konzepte ‚Sozialisierung' und ‚Internalisierung' angeht. Für die Rolle dessen, was heute als ‚Internalisierung' bezeichnet wird, bei Durkheim siehe König, S. 37 f. und 60 f. Bei Parsons findet sich der argumentative Zusammenhang zwischen dem Problem der sozialen Ordnung und den Konzepten Internalisierung, Institutionalisierung und (damit eng verbunden) ‚Rollenverhalten' etwa in Parsons 1951, S. 36-45; eine konzise Zusammenfassung findet sich in Scott 1995, S. 45 f. Für eine ausführliche kritische Auseinandersetzung mit Parsons siehe etwa Vanberg 1975, Kapitel 6.

kooperative Strategie internalisiert hätten und sie daher unabhängig vom Verhalten des jeweils Anderen wählen würden, dann wäre das Problem in der Tat gelöst, vielmehr: es wäre gar kein Problem. Nun ist das Gefangenendilemma ja so konstruiert, daß es eine ‚kooperative' Strategie gibt, die sich alle *als Regel* wünschen, und eine ‚unkooperative' Strategie, die ‚ausbeuterisch' ist und zu einem für alle unerwünschten Ergebnis führt. Vor dem Hintergrund des Gefangenendilemmas erscheint die Internalisierung von Regeln daher als etwas *unbedingt* Wünschenswertes. Wie wir in Abschnitt 3.2.4 gesehen haben, müssen beim Gefangenendilemma jedoch zwei Fragestellungen unterschieden werden, und zwar einerseits die Frage, wie kooperatives Verhalten sichergestellt werden kann, und andererseits die Frage, *welcher Art* die Kooperationsregeln sind, die in einer Gesellschaft eingehalten werden. Im Sinne dieser letzten Frage kann es zu Evolutionsversagen kommen, wenn sich Kooperationsregeln mit unerwünschten Eigenschaften herausbilden; sie mögen – wie ja auch Putnam argumentiert – besser sein als unkooperatives Verhalten, lassen aber Spielraum für Regel*änderungen*, die für alle wünschenswert wären.

Nun stellt sich aber die Frage nach dem *Erklärungsgehalt* des Internalisierungskonzepts im hier interessierenden Kontext: Was kann es zur Erklärung von durch positive Rückkopplungen verursachten institutionellen Rigiditäten beitragen? Es wurde kritisch darauf hingewiesen, daß der Vorwurf Talcott Parsons', die Hobbes'sche Lösung des Problems der sozialen Ordnung – die Unterwerfung unter einen ‚Leviathan' – sei eine ‚Deus-ex-machina-Lösung', für *seine* Lösung nicht minder gilt. Denn auch er liefert für seinen Ordnungsfaktor, die Internalisierung gesellschaftlicher Normen und Werte durch die Individuen, keine Erklärung und umgeht damit das eigentliche Problem.[131] Letztlich muß erläutert werden, daß es bei Internalisierung um *Lernen* geht, im Sinne eines Prozesses, bei dem das Individuum verschiedene Dinge ausprobiert und dann den Feedback von der Umgebung kognitiv verarbeitet. Dabei muß angenommen werden,

---

[131] Vgl. Vanberg 1975, S. 177. Siehe auch Homans 1972, S. 50 f.: „Soweit die Funktionalisten überhaupt eine Antwort auf diese Frage gaben, bestand sie darin, daß die Menschen die in Normen verkörperten Werte ‚internalisiert' haben. Aber ‚Internalisierung' ist ein Wort und keine Erklärung." Vanberg argumentiert, in Anlehnung an Homans, daß mit dem Parsons'schen ‚Interaktionsparadigma' der Keim einer individualistischen Erklärung sozialer Normen angelegt war. Denn Parsons erklärt in einem Modell zweier Personen, Alter und Ego, wie die beiden durch Interaktion und die damit einhergehende Angleichung wechselseitiger Erwartungen gemeinsame Werthaltungen herausbilden. Letztlich war es seine ‚soziologistische Programmatik', also die Fixierung auf eine nichtindividualistische, ‚echt soziologische' Erklärung sozialer Phänomene, die ihn davon abhielt, „die *sozialtheoretischen* Implikationen seines Paradigmas systematisch auszuarbeiten." (Vanberg 1975, S. 190.)

daß als belohnend empfundene Handlungsfolgen kognitive Pfade verstärken und als bestrafend empfundene Handlungsfolgen kognitive Pfade abschwächen. Anders ausgedrückt: Lernen impliziert, daß Individuen auf Reaktionen ihrer Umwelt reagieren, und entsprechend müssen *externe* Sanktionen ein zentraler Bestandteil jeder Erklärung des Sozialisierungsprozesses sein. Hinsichtlich der Funktion externer Anreize ist das Internalisierungskonzept jedoch widersprüchlich : „(...)the internalization concept ... seems to suffer from a fundamental ambiguity: on the one hand, internalization is typically seen as the outcome of a process in which individuals are affected by sanctions (...). On the other hand, for the state of 'internalization' itself the typical assumption seems to be that rule-compliance is unconditional and unaffected by external incentives (...).“[132]

In ähnlicher Weise kritisiert Granovetter den undifferenziert mechanischen Charakter eines Ansatzes, der auf einem, wie er es nennt, ‚übersozialisierten' Menschenbild basiert: „(...) once we know the individual's social class or labor market sector, everything else is automatic, since they are so well socialized. Social influence here is an external force that, like the deists' God, sets things in motion and has no further effects (...).“[133] Der Punkt, auf den Granovetter hier hinweist, ist, daß Sozialisierung nicht lediglich in der Kindheit passiert und dann für den Rest des Lebens abgeschlossen ist: „More sophisticated ... analyses of cultural influences make it clear that culture is not a once-for-all influence but an ongoing process, *continuously constructed and reconstructed during interaction. It not only shapes its members but also is shaped by them, in part for their own strategic reasons.*“[134]

---

[132] Vanberg 1994, S. 14 f. Ähnlich schreibt Costello (1995, S. 24): „However, like all learned behavior, even the most thoroughly conditioned behavior will extinguish in the complete absence of sanctions (...).“ Das Argument ist auch auf jene internen Sanktionen anwendbar, die wir ‚schlechtes Gewissen' nennen: „As a learned response, these emotional reactions remain, however, ultimately dependent on the – direct or indirect – experience of external enforcement. A persons' conscience will typically not remain unaffected if changes in relevant environmental characteristics occur.“ (Vanberg 1994, S. 58.)

[133] Granovetter 1985, S. 486. Die Folge dieser mechanistischen Konzeption ist, daß das Individuum in ähnlicher Weise aus seinem sozialen Kontext herausgedacht werden kann wie in der *unter*sozialisierten neoklassischen Konzeption: „Social influences are all contained inside an individual's head, so, in actual decision situations, he or she can be atomized as any *Homo economicus*, though perhaps with different rules for decisions.“ (Ebda.)

[134] Ebda. (Hervorhebung hinzugefügt.) In diesem Sinn unterscheiden Berger und Luckmann zwischen ‚primärer' und ‚sekundärer' Sozialisation. „Die primäre Sozialisation ist die erste Phase, durch die der Mensch in seiner Kindheit zum Mitglied der Gesellschaft wird. Sekundäre Sozialisation ist jeder spätere Vorgang, der eine bereits so-

Festzuhalten ist zunächst, daß die Vorstellung nicht haltbar ist, Regeln würden, wenn sie einmal internalisiert sind, völlig unabhängig von externen Anreizen befolgt. Wenn es aber so ist, daß externe Sanktionen immer eine Rolle spielen, dann müssen beobachtbare institutionelle Rigiditäten, von denen angenommen wird, daß sie aus einer Wechselwirkung von Institutionen und Individuen resultieren, auch als Folge dieser Wechselwirkung *erklärt* werden. Das Internalisierungskonzept dagegen *postuliert* sie einfach, wenn es davon ausgeht, daß einmal erlernte Regeln ‚automatisch' befolgt werden; es beinhaltet die Möglichkeit vollständigen institutionellen Lock-ins, ohne sie zu erklären. Eine Erklärung aber müßte deutlich machen, daß das, was gemeinhin als ‚Sozialisation' bezeichnet wird, ein fortschreitender Lernprozeß ist, und daß mit ‚Internalisierung' nur gemeint sein kann, daß bestimmte Vorstellungen und Theorien übernommen werden, die vor dem Hintergrund weiterer Lernerfahrung modifiziert und auch verworfen werden können. Institutionelle Inflexibilität kann dann aber nicht einfach behauptet werden, sondern ihre Ursache muß in den zugrundeliegenden Lernprozessen gesucht werden; die Leitfrage bei der Diagnose institutioneller Lock-ins lautet dann: Wie kann es sein, daß institutioneller Wandel verhindert wird und dysfunktional gewordene Institutionen fortbestehen, weil in der betreffenden Regelgemeinschaft trotz gegenteiliger Evidenz an bestimmten Überzeugungen festgehalten wird? Warum bleibt Lernen aus? Es muß also darum gehen, *Lerndefekte* ausfindig zu machen, die systematisch in sozialen Kontexten auftreten können. Hierfür ist es hilfreich, auf Beiträge aus der Kognitionswissenschaft einzugehen. Die Frage, die sich dabei zunächst stellt, ist die, inwieweit *individuelles Lernen selbst* als pfadabhängig bezeichnet werden kann, und ob dies bereits ausreicht, die Pfadabhängigkeit sozialer Institutionen zu begründen.

3.4.3 *Die Pfadabhängigkeit individuellen Lernens*

Die Pfadabhängigkeit individueller Lernprozesse wird bisweilen als Ursache für institutionelle Pfadabhängigkeit genannt. So kommt Arthur in Computersimulationen, die menschliches Lernen nachbilden sollen, zu dem Ergebnis, daß Lernen in Fällen, in denen die optimale Lösung schwer zu erkennen ist, häufig zum Lock-in suboptimaler Lösungen führt.[135] Da ökonomische (Makro-)Phänomene, Institutionen eingeschlossen, letzlich das Ergebnis individueller Handlungen sind, liegt der Schluß nahe, daß die

---

zialisierte Person in neue Ausschnitte der objektiven Welt ihrer Gesellschaft einweist.“ (Berger und Luckmann 1980, S. 141.)

[135] Vgl. Arthur 1993, S. 15.

Pfadabhängigkeit individuellen Lernens eine Ursache institutioneller Pfadabhängigkeit ist. So scheinen Denzau und North die Pfadabhängigkeit
und die Möglichkeit eines Evolutionsversagens *sozialer Institutionen* aus
individuellem Lernen abzuleiten, wenn sie schreiben: „That society's development has been sub-optimal is certainly not open to question. The
path-dependence of the institutional development process can be derived
from the way cognition and institutions in societies evolve. (...) institutions clearly are a reflection of the evolving mental models. Therefore, the
form of learning that takes place is crucial."[136] Hier wird ein Zusammenhang hergestellt zwischen individuellem Lernen und institutionellem
Evolutionsversagen. Die Behauptung eines solchen Zusammenhanges
wirft jedoch zwei Fragen auf. *Erstens*: In welchem Sinn kann man Lernprozesse als pfadabhängig bezeichnen und von Lock-in sprechen – beziehungsweise, in diesem Fall, von ‚Lernversagen'? Und *zweitens*: In welchem Verhältnis stehen die Charakteristika *individuellen* Lernens zum
Entwicklungspfad *sozialer* Regeln? In diesem Abschnitt soll es um die
erste Frage gehen, in Abschnitt 3.4.4 soll dann der zweiten Frage nachgegangen werden.

3.4.3.1 *Handlungsindividualismus und Regelindividualismus*

Zur Einordnung der Frage, wie Individuen lernen, ist es nützlich, kurz auf
eine Unterscheidung zweier Spielarten des methodologischen Individualismus einzugehen, und zwar die zwischen *Handlungs*individualismus und
*Regel*individualismus.[137] Der Handlungsindividualismus geht davon aus,
daß Individuen aus den zur Verfügung stehenden Handlungsalternativen,
gegeben ihre Präferenzen und die situationalen Bedingungen, die jeweils
beste auswählen. Es wird angenommen, daß das Maximierungskalkül *in
jedem einzelnen Entscheidungsproblem*, das sich stellt, angewandt wird;
man kann daher von ‚fallweisem Maximieren' sprechen.[138] Eine ‚objekti-
vistische' Version des Handlungsindividualismus nimmt an, daß die Akteure über vollkommenes Wissen verfügen, daß also alle die Welt so
wahrnehmen, wie sie ist. Es ist vor allem diese Version, gegen die sich
Herbert Simons Kritik richtet, weil sie auf absurden Annahmen über die
kognitiven Fähigkeiten der Entscheider basiert.[139] Die subjektivistische

---

[136] Denzau und North 1994, S. 22.
[137] Zum folgenden vgl. Vanberg 1994, S. 26 ff. Siehe auch Rowe 1989.
[138] Siehe dazu auch Vanberg 1993, S. 175.
[139] Zur Begrenztheit unserer kognitiven Ressourcen relativ zu unserem Problemumfeld
bemerkt Simon: „(...) we need simply observe that every human organism lives in an
environment that generates millions of bits of new information each second and that the

Version dagegen wird zirkulär, wenn sie *ausschließlich* – das heißt, ohne zusätzliche Hypothesen über kognitive Vorgänge – von beobachteten Handlungen ausgeht. Denn dann ist jedes denkbare Verhalten durch ad hoc eingeführte Annahmen über subjektive Kategorien erklärbar. Gary Becker führt daher stabile ‚Metapräferenzen' ein, um dann die gesamte Erklärungslast den – objektiv beobachtbaren – Handlungsbeschränkungen aufzubürden. Auch er entkommt dem Subjektivismus-Problem jedoch nicht, da die ‚Konsumptionstechnologien' der Individuen – also deren Fähigkeit, durch Wahlhandlungen Meta-Präferenzen zu befriedigen – zum Teil nicht minder subjektiv sind wie gewöhnliche Präferenzen. „What Becker's assumption of stable (fundamental) preferences in effect does," so kommentiert Vanberg, „is to shift the principal explanatory burden from one 'subjective' variable, persons' ordinary preferences, to another (largely) 'subjective' variable, persons' abilities in producing ultimate goods, including their knowledge and their beliefs about the world."[140]

Mit seiner Interpretation von Rationalität als *fallweises* Maximieren hat der Handlungsindividualismus ferner das Problem, daß aus seiner Sicht *Verhaltensregelmäßigkeiten* nur auftreten können, wenn aufgrund der Anreizsituation immer wieder die gleiche Handlung die nutzenmaximierende ist.[141] Es kann daher argumentiert werden, daß *Institutionen* auf der Grundlage fallweisen Maximierens letztlich nicht konsistent erklärt werden können. Denn Institutionen müssen schließlich eine gewisse Stabilität über die Zeit aufweisen, und es erscheint fragwürdig, ob diese Eigenschaft als das Ergebnis fallweisen Maximierens erklärt werden kann.[142]

Die Perspektive des Regelindividualismus geht dagegen davon aus, daß Individuen gar nicht in der Lage sind, die Vorteilhaftigkeit alternativer Handlungen in jeder einzelnen Situation zuverlässig zu beurteilen. Individuen werden vielmehr als Regelbefolger gesehen in dem Sinn, daß sie Si-

---

bottleneck of the perceptual apparatus certainly does not admit more that 1000 bits per second and probably less.

Equally significant omissions characterize the processing that takes place when information reaches the brain. (...) hosts of inferences *might* be drawn from the information stored in the brain but they are not. The consequences implied by information in the memory become known only through active information processing, and hence through active selection of particular problem-solving paths from the myriad that might have been followed." (Simon 1982, S. 740). Siehe auch Simon 1979 und 1987.

[140] Vanberg 1994, S. 28. Siehe auch ebda., S. 46-49.

[141] Vanberg 1993, S. 175.

[142] Vanberg 1994, S. 6f.: „Yet it seems to me that, as the 'economic perspective' is systematically applied to the study of rules and institutions, its behavioural theory, its model of man, cannot remain unaffected. Or, to put it in Hans Albert's terms, it is ultimately not possible to remedy the *institutional deficiency* of the neo-classical tradition without also rectifying its *behavioural deficiency*." (Hervorhebung im Original.)

tuationen, die sie (in irgendeiner für sie relevanten Weise) als hinreichend ähnlich erkennen, zu Klassen oder Kategorien zusammenfassen, und daß sie dann in *jeder* Situation, die sie als einer bestimmten Kategorie zugehörig identifizieren, ein bestimmtes Verhalten an den Tag legen. Hier geht es also gar nicht um die einzelne Handlung, sondern um das zugrundeliegende ‚Programm‘, und Lernen ist in dieser Perspektive nicht lediglich das (passive) Sammeln von Informationen, sondern die Anpassung des Verhaltensrepertoirs an die Umgebung, im Lichte der Ergebnisse, die die praktizierten Handlungsregeln über die Zeit generieren: „Rule-individualism sees the principal locus of adaptiveness at the level of rules of action, of generalized behavioural dispositions or ‘programmes’.“[143] Die Vorstellung der Internalisierung von Regeln kann in ein solches Forschungsprogramm problemlos integriert werden, während sie im Rahmen eines Ansatzes, der fallweises Maximieren unterstellt, wohl keinen Platz hätte. Insbesondere steht eine regelorientierte Perspektive der Kognitionswissenschaft nahe und kann von dieser fruchtbare Anregungen erhalten, denn auch hier spielen, wie wir sehen werden, Konzepte wie ‚Regeln‘ eine zentrale Rolle.

3.4.3.2 Die kognitionswissenschaftliche Perspektive

Als ‚Kognitionswissenschaft‘ bezeichnet man den interdisziplinären Versuch, Fragen zu beantworten, „welche sich mit der Natur des Wissens, dessen Komponenten, dessen Ursprüngen, dessen Entfaltung und dessen Anwendung befassen,“ und insbesondere, „menschliches Wissen zu erklären.“[144] Sie kann zum Teil als Antwort auf die Forderung des Behaviorismus verstanden werden, bei der Analyse psychologischer Aktivität ausschließlich von beobachtbarem Verhalten auszugehen.[145] Demgegenüber gehen Kognitionswissenschaftler von der Annahme aus,

> „daß es zulässig – ja notwendig – ist, ein eigenes Niveau für die Analyse zu postulieren, das ‚Repräsentationsebene‘ genannt werden kann. Bei seiner Arbeit auf dieser Ebene hat es ein

---

[143] Ebda., S. 29.
[144] Gardner 1989, S. 18. Den Hinweis auf *menschliches* Wissen hält Gardner für notwendig, da bisweilen auch nichtmenschliche oder ‚unbelebte‘ Wissensformen (was immer damit gemeint sein mag) in den Untersuchungsgegenstand der Kognitionswissenschaft mit eingeschlossen werden (ebda.). Als beteiligte Disziplinen nennt er Psychologie, Künstliche Intelligenz, Neurowissenschaft, Anthropologie, Linguistik und Philosophie. (Siehe ebda., S. 49.)
[145] Ebda., S. 23.

> Wissenschaftler beispielsweise mit Symbolen, Regeln und Vor-
> stellungen zu tun – jener Art von Repräsentation eben, die
> zwischen Input und Output liegt –, und er untersucht zudem Ver-
> bindungen, Transformationen und Unterschiede zwischen diesen
> Entitäten. Nur mit Hilfe dieser Ebene kann die Vielfalt mensch-
> lichen Verhaltens, Handelns und Denkens erklärt werden."[146]

Auf die vielen verwandten und überlappenden Begriffe, mit denen auf dieser ‚Repräsentationsebene' gearbeitet wird, kann hier nicht eingegangen
werden.[147] Für die hier verfolgten Zwecke erscheint die Idee des ‚mentalen
Modells' geeignet, ein Begriff, der von Johnson-Laird eingeführt wurde.[148]
Er zeichnet sich durch die Allgemeinheit aus, die notwendig ist, um
fruchtbar von Sozialwissenschaftlern übernommen zu werden. In diesem
Sinn schreibt Johnson-Laird: „It is now plausible to suppose that mental
models play a central and unifying role in representing objects, states of
affairs, sequences of events, the way the world is, and the social and psychological actions of daily life."[149] Wenn diese Behauptung sich als richtig
erweist, dann hat diese Forschungsrichtung in der Tat einiges zu bieten,
was für Sozialwissenschaftler interessant sein könnte, und so erscheint es
folgerichtig, daß mentale Modelle auch bereits Eingang in die ökonomische Wissenschaft gefunden haben.[150] Exemplarisch soll im nächsten Abschnitt der Ansatz von Holland et al. dargestellt werden. Anschließend soll
auf den Beitrag des Ökonomen Young Back Choi eingegangen werden,
der zwar nicht explizit auf kognitionswissenschaftlichen Ansätzen basiert,
diesen jedoch in der Struktur der Argumente sehr nahe steht.

---

[146] Ebda., S. 50.

[147] Beispiele wären etwa das enge Zusammenspiel von Kategorien und kognitiven
Modellen (Lakoff 1987), ‚patterns' (Margolis 1987), ‚framing' à la Tversky und
Kahnemann (1987), oder auch ‚Schemata' und ‚Scripts' (vgl. Zimbardo 1995, S. 364
ff.).

[148] Vgl. Johnson-Laird 1983, S. 2: „The psychological core of understanding, I shall
assume, consists in your having a ‘working model' of the phenomenon in your mind. If
you understand inflation, a mathematical proof, the way a computer works, DNA or a
divorce, then you have a mental representation that serves as a model of an entity in
much the same way as, say, a clock functions as a model of the earth's rotation." Siehe
auch Gardner 1989, S. 381-387. Er beurteilt Johnson-Lairds Arbeit als „ein überzeugen-
des Plädoyer für eine bestimmte Weise, sich der Kognitionswissenschaft zu nähern.
Mental Models könnte sehr wohl das mentale Modell der nächsten Generation von Kognitionswissenschaftlern werden." (Ebda., S. 384.)

[149] Johnson-Laird 1983, S. 397.

[150] Für eine Grundlagendiskussion siehe Witt 1987 (Abschnitt III). Für weitere Beispiele siehe etwa Witt 1996, Denzau und North 1994, North 1994 und 1996, Arthur
1993, 1994 und 1997, Dosi et al. 1996 sowie Egidi und Narduzzo 1997.

3.4.3.3 Der Ansatz von Holland et al.

Holland et al. gehen davon aus, daß die Menschen Erwartungen über ihre Umwelt bilden, indem sie die Modelle, die sie in ihren Köpfen haben, ‚mental ablaufen lassen'.[151] Sie verstehen diese mentalen Modelle explizit als Regelsysteme, als bestehend aus verschiedenen Arten von aufeinander bezogenen und auf unterschiedlichen Abstraktionsebenen operierenden Wenn-dann-Regeln.[152] Unterschieden werden Regeln, die Kategorien definieren und ihnen Objekte zuordnen („Wenn ein Objekt ein Hund ist, dann ist es ein Tier," „Wenn ein Objekt ein Hund ist, dann kann es bellen" etc.); Regeln, die Assoziationen herstellen („Wenn das Objekt ein Hund ist, dann aktiviere den Begriff ‚Knochen'"); ferner Regeln, die Voraussagen über Veränderungen der Umwelt beinhalten („Wenn ein Hund geärgert wird, dann wird er knurren"); und schließlich Handlungsregeln („Wenn ein Hund mit dem Schwanz wedelt, dann streichle ihn"). Neben diesen ‚empirischen Regeln', deren Funktion es ist, die Welt zu modellieren, sorgen abstraktere ‚Regeln des Schließens' (*inferential rules*) für die Verbesserung der empirischen Regeln; dies sind beispielsweise Regeln über das Schließen von Stichproben auf Grundgesamtheiten, oder Regeln über die Schaffung speziellerer Regeln, wenn allgemeine Regeln zu falschen Voraussagen führen.[153]

Zentral für Holland et al. ist die Vorstellung, daß das Lernen solcher regelbasierten kognitiven Systeme auf die Lösung der Probleme, die ihnen die Umwelt stellt, ausgerichtet ist; dabei erfolgt die ‚Verbesserung' mentaler Modelle – im Sinne ihrer Fähigkeit, erfolgreiche Problemlösungen zu erzeugen – auf der Grundlage der Bestätigung oder Widerlegung der Erwartungen, die sie hervorbringen.[154] Problemorientiertes Lernen regelbasierter Systeme erfolgt also im Licht der Erfahrung, indem entweder bestehende Regeln verfeinert oder neue Regeln erzeugt werden.[155] Dabei wird die Verwendung abstrakter Regeln selbst als zweckmäßig angesehen: „In the absence of rules, a system would have to rely on storage, retrieval, and processing of a host of episodes and examples. For efficient operation in a changing environment, a system is much better off if it has the capacity to use rules for quick generation of examples."[156]

---

[151] Holland et al. 1986, S. 12.

[152] Zum Folgenden siehe ebda., S. 41 ff.

[153] Schließlich gibt es noch übergeordnete, angeborene ‚Funktionsprinzipien' (*operating principles*), mit deren Hilfe empirische Regeln aktiviert, konkurrierende Regeln bewertet, Handlungen eingeleitet werden, usf. (Ebda., S. 45 f.)

[154] Ebda., S. 9.

[155] Ebda., S. 68.

[156] Ebda., S. 15. Für ein ähnliches Argument siehe Heiner 1983.

Einerseits tragen die Problemorientiertheit und der Ad-hoc-Charakter mentaler Modelle zur Flexibilität kognitiver Systeme bei sowie zu deren Fähigkeit, neue Ideen hervorzubringen.[157] Andererseits vermag der Lernprozeß in einer komplexen und sich wandelnden Umwelt, in der sich überwiegend diffuse, schlecht definierte Probleme stellen, so etwas wie ,Optimalität' nicht hervorzubringen. Er entspricht vielmehr einer Bastelei, in der unter Verwendung des verfügbaren Materials zufriedenstellende Lösungen angestrebt werden; die Zielsetzung entspricht also eher dem Simon'schen ,Satisficing'.[158]

Daraus ergibt sich das Bild eines permanenten Anpassungsprozesses, bei dem durch die Kombination konkurrierender Regeln Modelle generiert werden, die dann mehr oder weniger gut funktionieren, woraufhin Regeln entweder unverändert beibehalten oder verfeinert werden, oder indem durch Rekombination neue Regeln geschaffen werden. Solche Systeme werden keinem objektiv angebbaren ,Optimum' zustreben, sondern einem historischen Lernpfad folgen, weil neues Wissen immer nur vor dem Hintergrund bestehenden Wissens interpretiert werden kann, Lernen also immer auf der Grundlage des bereits Gelernten erfolgt: „People are not blank slates on which just any kinds of rules can be written. Some rules will be quickly absorbed and clearly exhibited; others will have only faint consequences and will fail to be retained."[159]

Der Flexibilität kognitiver Systeme sind also Grenzen gesetzt, die sich aus ihrem *Lernpfad* ergeben. Solange das bestehende System von Regeln zufriedenstellende Ergebnisse hervorbringt, wird daran festgehalten, und auftretende Probleme werden gelöst, indem es verfeinert und fortentwikkelt wird. „It is vastly easier," kommentieren Holland et al., „to extend a familiar system than to introduce a structurally novel one."[160] In diesen

---

[157] Siehe Holland et al. 1986, S. 14: „Although mental models are based in part on static prior knowledge, they are themselves transient, dynamic representations of particular unique situations. They exist only implicitly, corresponding to the organized, multifaceted description of the current situation and the expectations that flow from it. (...) Because mental models are built by integrating knowledge in novel ways in order to achieve the system's goals, model construction provides the opportunity for new ideas to arise by recombination and as a consequence of disconfirmation of model-based predictions."

[158] Ebda., S. 78: „The search is not for optimal rules but rather for rules that often produce satisfactory results, as in the *satisficing* of Simon." (Hervorhebung im Original.)

[159] Ebda., S. 345. Dem entspricht auch die Vorstellung, daß neue Regeln aus der Kombination alter Regeln entstehen – „as when beginning physics students are found to have blended an old intuitive rule with one they have been taught, producing a hybrid that is different from either." (Ebda., S. 345.)

[160] Ebda., S. 346.

Phasen werden zwar bei Bedarf neue Regeln generiert, jedoch eben nur im Rahmen der Möglichkeiten, die bestehende Regeln bieten. Erst wenn sich die Probleme in verheerender Weise häufen, werden umfassendere Veränderungen erfolgen; kognitive Systeme entwickeln sich also nicht unähnlich einer Art ‚punctuated equilibrium': „Overall, the system of competing rules undergoing continual revision is much like an ecology. (...) At the same time such systems can undergo vast revisions when sufficiently unusual and disruptive stimuli occur."[161]

Schließlich argumentieren Holland et al., daß auch kognitive Systeme, ungeachtet ihrer Fähigkeit, erfinderisch und flexibel auf sich ändernde Umweltgegebenheiten zu reagieren, so etwas wie ‚potentielle Ineffizienz' aufweisen können: „(...) people's beliefs about the laws underlying both physical and social events are often drastically wrong in an empirical sense. The rules that people induce for events are always local ones to some degree. (...) These local contexts may be quite parochial with respects to the broader context that a scientist might examine."[162] Mit anderen Worten, die problemorientiert auf kleine Ausschnitte der Welt bezogene Modellierung der Wirklichkeit kann dazu führen, daß die Modelle, obwohl sie für das Handeln ihres ‚Trägers' in dessen begrenztem Kontext funktionieren, einer rigoroseren Prüfung nicht standhalten würden, so daß wir sagen können, daß sie in einem objektiven Sinn ‚falsch' sind. Es ist sogar möglich, daß an falschen Modellen trotz gegenteiliger Evidenz festgehalten wird, indem ständig neue Ausnahmeregeln geschaffen werden, die das bestehende Modell retten.[163] Dies hat offensichtlich auch mit der Qualität des Feedbacks zu tun, den die Umgebung bietet. Gerade in sozialen Kontexten sind Handlungsfolgen häufig sehr schwierig zu interpretieren.[164] Je diffuser die Umweltsignale jedoch sind, desto unwahrscheinlicher ist es, daß bestehende Modelle aufgrund dieser Signale revidiert werden.[165]

---

[161] Ebda., S. 79. Zum Begriff des ‚punctuated equilibrium' siehe auch die Ausführungen in Abschnitt 1.2.2.

[162] Ebda., S. 38.

[163] Ebda., S. 206. Ein ähnlicher Punkt ist, daß die Leute ihre Ansichten nicht in einen Zusammenhang stellen, so daß zwischen verschiedenen Abstraktionsebenen Inkonsistenzen bestehen können. Auch dies ist eine Folge der Problemorientiertheit und Selektivität menschlichen Lernens: „People are not trying to develop coherent views of the world (...). They are merely attempting to generate accurate predictions for whatever portion of the world they are focusing on at the moment." (Ebda., S. 38.)

[164] So mag etwa ein freundliches Lächeln ehrlich gemeint sein, oder bloße Schmeichelei, oder lediglich auf die Umgangsformen des Gegenübers zurückzuführen. (Ebda., S. 212.)

[165] Ebda., S. 214.

3.4.3.4 Die Pfadabhängigkeit individuellen Lernens bei Young Back Choi

Wenngleich er sich nicht explizit darauf bezieht, steht der Ansatz, den Young Back Choi in seinem Buch ‚Paradigms and Conventions' präsentiert, dem von Holland et al. sehr nahe. Auch Choi geht davon aus, daß die Menschen in ihren Köpfen ‚Modelle' ihrer Umwelt konstruieren, verwendet allerdings den Kuhn'schen Begriff des ‚Paradigmas' dafür.[166] Ähnlich wie Wissenschaftler in Kuhns Theorie des Wissenschaftsprozesses, so greifen alle Menschen auf ‚Beispiele' oder ‚Muster' zurück, um die Probleme, die sich ihnen stellen, begrifflich zu erfassen und zu verstehen, und um *Handlungsregeln* zu generieren.[167] Mithin betont Choi mit dem Begriff ‚Paradigma' einerseits die *Handlungsbezogenheit* des Ansatzes – in ihrem Alltag sehen sich die Menschen in aller Regel in der Situation, *handeln zu müssen* –; andererseits betont er die Rolle der *Erfahrung* für Entscheidungsprozesse: „Recognized examples of good (or bad) form, paradigms thus provide guides for action, acquired through experience and embodying (implicit) lessons regarding permissible or viable actions and their contraries."[168]

---

[166] Es sei darauf hingewiesen, daß Choi sich von vielen auf die Repräsentationsebene bezogenen Begriffen – er nennt „schema, inference sets, hypotheses, theories, scripts, themes, frames, categories, prototypes, and attitudes" – abgrenzt, indem er auf deren überwiegend *statische* Orientierung verweist: „Especially when I focus on the dynamic aspects of decision making, paradigm suits my purpose better than the terms used by cognitive and social psychologists to capture features of static cognitive structure." (Choi 1993, S. 33.) Es fragt sich freilich, inwieweit er den Kognitionswissenschaftlern damit gerecht wird. Schließlich geht, wie wir gesehen haben, der Ansatz von Holland et al. durchaus auf dynamische Aspekte ein.

[167] Siehe etwa Ebda., S. 31. Auch bei Choi besteht – ähnlich wie bei Holland et al. – ein enger Zusammenhang zwischen Paradigmen und Regeln. Während jedoch bei Holland et al. Regeln die Grundbausteine sind, aus denen mentale Modelle bei Bedarf konstruiert werden, sind Paradigmen für Choi „prior to explicit rules." Dies ergibt sich zum Teil daraus, daß Choi den Regelbegriff enger definiert – und zwar im Sinne von ‚Handlungsregel', wie aus der folgenden Feststellung hervorgeht: „...people deal with the uncertainty inherent in any given situation by identifying an associated paradigm, *the implicit rules of which suggest an appropriate course of action.*" (Ebda., S. 34 f., Hervorhebungen geändert.) Ähnlich wie Choi argumentiert Margolis (1987, S. 4): „Rule-following processes, including logic, must be reduced to pattern-recognition, not the reverse." Letztlich geht es hier aber lediglich um eine begriffliche Differenz: Holland et al. verwenden eben den Regelbegriff – insbesondere aufgrund seiner Anschaulichkeit – auch für tieferliegende Ebenen kognitiver Aktivität.

[168] Choi 1993, S. 32. Auch Johnson-Laird betont, daß die Modelle, die unser tägliches Handeln leiten, sich an den Erfordernissen des Handelns, und nicht an ‚objektiver Wahrheit', orientieren: „...models of reality need neither be wholly accurate nor correspond completely with what they model in order to be useful. Your model of a television set may contain only the idea of a box that displays moving pictures with accom-

Auch bei Choi ist *Unsicherheit* ein zentraler Begriff. Für ihn ist eine Entscheidungssituation durch Unsicherheit charakterisiert, wenn der Entscheider nicht in der Lage ist, sie mit hinreichender Überzeugung mit einem Paradigma zu verknüpfen. Dies ist nicht nur der Fall, wenn die Situation neu ist, sondern kann auch passieren, wenn alte Paradigmen unbefriedigende Handlungsergebnisse zeitigen. Ohne Paradigma fehlt dem Entscheider ein *Verständnis* für die Situation; ohne Verständnis weiß der Mensch, der handeln muß, jedoch nicht, *wie* er handeln soll.[169] Individuen werden daher versuchen, Unsicherheit zu beseitigen, indem sie ein Paradigma suchen. Die Zuweisung eines Paradigmas zu einer Handlungssituation nennt Choi *Entscheidung*; indem Individuen sich für ein Paradigma entscheiden, beseitigen sie Unsicherheit. Handeln ist nur auf der Grundlage eines Paradigmas möglich, mehr noch: Die Entscheidung für ein Paradigma *impliziert*, was zu tun ist; denn aus einem Paradigma ergibt sich nicht nur ein Verständnis für die Situation im deskriptiven Sinn, sondern auch das ‚angemessene' Handeln. Wie Choi es ausdrückt: „Paradigms tend to have normative as well as predictive implications for the individuals who adopt them. For people who must act, the line between 'is' and 'ought' is not clearly demarcated."[170]

Lernen ist in Chois Terminologie Entscheiden, also der Vorgang, bei dem ein Paradigma identifiziert wird, um subjektive Unsicherheit zu beseitigen und handeln zu können.[171] Dabei betont auch Choi, daß der Lernprozeß einem historischen Pfad folgt, etwa wenn er schreibt, „learning does not take place in a vacuum. It is both enabled and restricted by prior

---

panying sound. (...) A person who repairs television sets is likely to have a more comprehensive model of them (...). A circuit designer is likely to have a still richer model. Yet even the designer may not need to understand the full ramifications of quantum electro-dynamics – which is just as well, because nobody completely understands them." (Johnson-Laird 1983, S. 3 f.)

[169] Während Unsicherheit häufig als etwas gesehen wird, das objektiv und unaufhebbar gegeben ist – etwa (wie bei Simon) aufgrund der Diskrepanz zwischen der Komplexität der Welt und der Verarbeitungskapazität des Menschen –, betont Choi die *Subjektivität* und die subjektive *Behebbarkeit* von Unsicherheit: „What may be obvious to one person may confound someone else. Uncertainty is subjective. Uncertainty is also transitory. We refuse to tolerate it. Our lives require actions, and our actions require paradigms. We will do whatever is necessary to establish and believe in them." (Choi 1993, S. 45.)

[170] Ebda., S. 40.

[171] Siehe ebda., S. 47: „Learning is the process by which we acquire understanding of, or the ability to deal with, a situation that we could not make sense of, or deal with, before. (...) Once the process is completed and an appropriate paradigm is identified, the decision is made. The situation is no longer regarded as uncertain, since we know how to act. Note that we can now deal with a situation we could not handle before. A decision-making process is, therefore, a learning process."

learnings – by the paradigms already in our possession."[172] Er begründet dies damit, daß Paradigmen über die Richtung unserer selektiven Wahrnehmung entscheiden.[173] Entsprechend behauptet auch Choi eine *Beharrungstendenz* von Paradigmen – im Sinne einer Neigung, vorhandene Paradigmen zu verfeinern und weiterzuentwickeln, die zu Lasten neuer Möglichkeiten geht: „Even later searches for better practices are likely to lead less to new paradigms than to marginal improvements of those that already exist in the decision maker's mind."[174] Dies hat auch damit zu tun, daß wir mit der Zeit immer besser darin werden, die Welt in einer bestimmten Weise zu sehen, so daß etablierte Paradigmen gegenüber neuen Paradigmen einen Vorteil haben.[175]

Somit argumentiert auch Choi, daß Lernprozesse in aller Regel nicht zu ‚Optimalität' führen. Der Grund dafür ist in der relativen Inflexibilität kognitiver Prozesse zu sehen, in unserem Festhalten an wohlerprobten Ansichten, die gewohnheitsmäßig geworden sind. Dies bedeutet – und es entspricht ganz der Diagnose von Holland et al. – daß wir uns systematisch irren können, weil wir hartnäckig selbst an groben Fehleinschätzungen festhalten.[176] Wird dann doch, aufgrund massiv unbefriedigender Ergebnisse, ein Paradigma durch ein anderes ersetzt, so geschieht dies nicht langsam und kontinuierlich, sondern plötzlich und abrupt – ganz wie ein Kuhn'scher Paradigmenwechsel, oder, um ein anderes Bild wiederzugeben, das Choi in diesem Zusammenhang verwendet, wie ein ‚Gestalt-Switch'.[177]

3.4.3.5 Zusammenfassung und Diskussion

Es ergibt sich also sowohl bei Holland et al. als auch bei Choi, daß Lernen als pfadabhängig verstanden werden kann, weil kognitive Systeme bei der Verarbeitung des Feedbacks, den ihre Umgebung bietet, positive Rück-

---

[172] Ebda., S. 48.

[173] „We are spellbound by visions of our own choosing because paradigms dictate which facts are relevant and worthy of attention." (Ebda., S. 52.)

[174] Ebda.

[175] Ebda., S. 46: „The longer we hold a paradigm, the more skillful we are likely to be in using it and, therefore, the less likely we are to search for another. In other words, the more comfortable we are with a certain way of viewing and therefore coping with the world, the more likely we are to stick with that paradigm, whether or not it is truly effective."

[176] Vgl. ebda., S. 43: „The paradigmatic approach implies the possibility of systematic error."

[177] Vgl. ebda., S. 44.

kopplungen aufweisen.[178] Für positive Rückkopplungen gibt es vor allem zwei Gründe: *Erstens* bilden die Regeln, mentalen Modelle oder Paradigmen, die unser Denken und Handeln bestimmen, ein zusammenhängendes System und stellen in ihrer Gesamtheit die Grundlage für weiteres Lernen dar. In der hier vorgeschlagenen Terminologie könnte man also sagen, daß auch auf der Ebene individuellen Lernens ein Komplementaritätseffekt, oder eine positive Rückkopplung vom Typ 2, vorliegt. Komplementarität der Bausteine kognitiver Systeme ist der Grund dafür, daß es – worauf sowohl Holland et al. als auch Choi hinweisen – wesentlich einfacher ist, ein bestehendes Modell weiterzuentwickeln als zu einem gänzlich neuen überzugehen. Daher rührt auch unsere Tendenz zu gewohnheitsmäßigem Denken, unsere Neigung, Neues auszublenden oder im Licht bestehender Denkweisen umzuinterpretieren.[179] In ähnlicher Weise spekulieren auch Dosi et al. über den Zusammenhang zwischen Komplementarität und der Pfadabhängigkeit kognitiver Systeme, wenn sie schreiben: „Suppose that, say, cognitive and behavioral repertoires come as rather folded packages – either due to some proximate internal coherence, or simply to the fact that originally they randomly happened to come together –. (...) One can intuitively see here how some system interrelatedness can easily produce inertia and lock-in."[180]

Wie wir gesehen haben, ergibt sich eine *zweite*, damit zusammenhängende Quelle positiver Rückkopplungen daraus, daß mentale Modelle mitbeeinflussen, welche Signale unserer Umwelt wir für relevant erachten und welche nicht. Auch die *selektive Wahrnehmung* der Umwelt trägt also dazu bei, daß die Entwicklung kognitiver Systeme nicht beliebig flexibel, sondern durch die bereits vorhandenen mentalen Modelle begrenzt ist.

Die Pfadabhängigkeit kognitiver Systeme impliziert, daß Lernen ein offener Prozeß ist, dessen Ergebnis nicht vorhersagbar ist. Diesen Gedanken der Offenheit und Kontingenz kognitiver Prozesse drückt Churchland aus, wenn er schreibt: „Any conceptual framework, no matter how robust or natural its categories may seem to us, is but a single point in a practically infinite space of alternative possible frameworks, each with a comparable a priori claim on our commitment."[181] Außerdem führt die relative Inflexi-

---

[178] Auch Andy Clark kommt – mit einem etwas anderen kognititonswissenschaftlichen Ansatz als Holland et al. – zu diesem Ergebnis, siehe Clark 1997, S. 277 und 282.

[179] Wie Holland et al. schreiben: „People reliably distort the new rules in the direction of the old ones, or ignore them altogether except in the highly specific domains in which they were taught." (Holland et al. 1986, S. 206.) Siehe auch S. 345 f.: „...it is very difficult to teach rules that are not intrinsically similar to those the learner already possesses."

[180] Dosi et al. 1996, S. 49.

[181] Churchland 1989, S. 231.

bilität pfadabhängigen Lernens dazu, daß die Korrektur anfänglicher Fehleinschätzungen bzw. die Anpassung an Veränderungen der Umwelt nur innerhalb gewisser Grenzen möglich ist. Somit kann man nicht sagen, daß Lernen so etwas wie einem ‚Optimum' oder der ‚wahren' Abbildung der Welt zustrebt.[182]

Um dieses Ergebnis einzuordnen, sei noch einmal an das Argument aus Kapitel 1 erinnert, daß Pfadabhängigkeit zwei eng miteinander verbundene, aber doch unterscheidbare Implikationen hat: Einerseits den methodologischen Punkt, daß Geschichte relevant und wichtig ist, und andererseits die normative Behauptung, daß sich Evolutionsversagen und Lock-in ereignen kann. Da die zentrale Idee die durch positive Rückkopplungen bedingte Inflexibilität bestimmter Prozesse ist, ist der Übergang zwischen den beiden fließend, und es bedarf eines Werturteils, wo man vom ‚unvermeidlichen Einfluß der Geschichte' spricht und wo von ‚Evolutionsversagen'. Diese Überlegungen lassen sich auch auf die Pfadabhängigkeit von Lernprozessen anwenden. Wenn Choi etwa schreibt, „inflexibility .. implies that paradigms in use at any particular time are likely to yield results that are *locally optimal at best, and seriously defective at worst,*"[183] dann meint er mit der Wendung „locally optimal at best" letztlich, daß *globale* Optimalität schlichtweg eine Kategorie ist, mit der wir die Tätigkeit des menschlichen Verstandes nicht erfassen können, und an der wir den menschlichen Verstand nicht messen dürfen. Worum es uns als Sozialwissenschaftlern gehen muß, das sind kognitive Prozesse, so wie sie in der Realität ablaufen – sie beinhalten Versuch und Irrtum, mehr oder weniger befriedigende Ergebnisse und Kompromisse; und sie folgen einem historischen Pfad, sind ‚Geschichte'.[184] Diese Sichtweise läßt wiederum an Herbert Simons Forderung denken, nicht von ‚substantieller Rationalität' auszugehen, weil die perzeptiven und kognitiven Fähigkeiten der Individuen relativ zu ihrem Problemumfeld sehr begrenzt sind.[185] Wenn wir die-

---

[182] Die Problematik der Vorstellung ‚optimalen' oder ‚maximierenden' Verhaltens ergibt sich auch aus der in Abschnitt 3.4.3.1 dargelegten Idee, daß Menschen eher Regelbefolger sind als Einzelfallmaximierer. Wie Vanberg es ausdrückt: „The very nature of rules implies that their ‘goodness' can only be judged by their performance over a longer sequence of applications, and that success and failure in particular instances cannot provide conclusive evidence about their relative merits. The notion of maximizing, of choosing ‘the best', does not seem to be very meaningful in such a context." (Vanberg 1994, S. 29.)

[183] Choi 1993, S. 53. (Hervorhebung hinzugefügt.)

[184] In diesem Sinn ist es zu verstehen, wenn Denzau und North schreiben, „people act in part upon the basis of myths, dogmas, ideologies and ‘half-baked' theories." (Denzau und North 1994, S. 3.)

[185] Für die Unterscheidung zwischen ‚prozeduraler' und ‚substantieller' Rationalität siehe Simon 1979. Vgl auch Fußnote 139 in diesem Kapitel.

se Tatsache akzeptieren, dann kommen wir nicht mehr umhin, über die kognitiven Prozesse nachzudenken, derer sich die Menschen bedienen, um mit ihrer komplexen Umgebung zurechtzukommen. So gesehen impliziert Simons Forderung, Sozialwissenschaftler müßten sich mit ‚prozeduraler Rationalität‘ – also mit tatsächlichen Lernprozessen – auseinandersetzen, ein History-matters-Argument.[186]

Wenn Choi dagegen davon spricht, Lernpfade könnten auch Ergebnisse hervorbringen, die „seriously defective" sind, dann geht diese Behauptung über das Argument hinaus, daß ‚globale Optimalität‘ keine Eigenschaft realer Lernprozesse sei. Zwar kann man wohl plausiblerweise annehmen, daß es in der Tat so etwas wie ‚kognitiven Lock-in‘ geben kann. Wenn trotz massiver nachteiliger Evidenz an irrigen mentalen Modellen festgehalten wird, kann jedoch nicht mehr von ‚Lernen‘ gesprochen werden. Lock-in-Hypothesen sollten daher nicht mit der Tatsache verwechselt werden, daß Lernprozesse in einer komplexen Umwelt notwendigerweise unvollkommen sind und ‚Optimalität‘ der falsche Maßstab ist. Trotz der offensichtlichen ‚Suboptimalität‘ kann wohl angenommen werden, daß kognitive Prozesse in aller Regel zu einer Steigerung der Problemlösungsfähigkeit führen. Wie Paul Churchland bemerkt, „there remains every reason to think that the normal learning process ... involves a reliable and dramatic increase in the amount and the quality of the information we have about the world."[187]

Als Fazit können wir festhalten: Lernprozesse sind notwendigerweise offene Suchprozesse, die einem historischen Pfad folgen und keinem ‚Optimum‘ zustreben. Aufgrund der Beschaffenheit kognitiver Prozesse können Irrtümer auch persistent sein, d.h. es kann sich so etwas wie ‚kognitiver Lock-in‘ ereignen; dies sollte jedoch eher die Ausnahme als die Regel sein. Im hier interessierenden Zusammenhang ist jedoch von besonderem Interesse, *daß* es kognitiven Lock-in geben kann und eine Korrektur unter Umständen *nicht* erfolgt. Im nächsten Abschnitt soll nun der Zusammenhang zwischen diesem Befund und der Möglichkeit institutioneller Inflexibilität erörtert werden.

---

[186] Vgl. Simon 1987, S. 27: „If ... we accept the proposition that both the knowledge and the computational power of the decision maker are severely limited, then we must distinguish between the real world and the actor's perception of it and reasoning about it. That is to say, we must construct a theory ... of the processes of decision."

[187] Churchland 1989, S. 301.

3.4.4 Individuelles Lernen und institutionelle Pfadabhängigkeit

In welchem Verhältnis steht nun der Befund, daß es ‚kognitiven Lock-in‘ oder ‚Lernversagen‘ geben kann, zu der Hypothese, daß eine Wechselwirkung zwischen Institutionen und Individuen zu *institutionellem* Lock-in führen kann?[188] In Abschnitt 1.1.2 war in einem ähnlichen Zusammenhang argumentiert worden, daß aus individueller (‚substantieller‘) Rationalität nicht ‚per Addition‘ die Effizienz von Institutionen abgeleitet werden kann. Ebensowenig ist es nun möglich, aus der Diagnose, daß sich ‚Lernversagen‘ ereignen kann, auf ‚Evolutionsversagen‘ bei Institutionen zu schließen.[189] Bevor aus der Analyse individuellen Lernverhaltens Schlüsse auf die Evolution von Institutionen gezogen werden können, wird es vielmehr erforderlich sein, den sozialen Kontext in einem weiteren Analyseschritt mit einzubeziehen. Tut man dies nicht, und betrachtet man isolierte Individuen, dann würde die Diagnose pfadabhängigen Lernens implizieren, daß die Menschen *divergierende* mentale Modelle in ihren Köpfen haben, weil die Erfahrungen, die verschiedene Individuen machen, niemals identisch sind.[190] Wenn nun aber alle Menschen völlig unterschiedliche mentale Modelle hätten, wäre es ungeheuer schwierig, stabile Erwartungen bezüglich des Verhaltens des jeweils anderen zu bilden. In sozialen Kontexten – etwa innerhalb von Kulturen – ist dies offensichtlich nicht der Fall, weil ständige Interaktion und Kommunikation stattfinden, wodurch mentale Modelle eher konvergieren werden; wie Denzau und North bemerken: „Their mental models would tend to diverge ... if there were not ongoing communication with other individuals with a similar back-

---

[188] Es sei darauf hingewiesen, daß dabei etwas unterschiedliche Regelbegriffe angesprochen sind. Wenn hier von ‚sozialen Regeln‘ oder ‚Institutionen‘ oder von ‚institutionellem Lock-in‘ die Rede ist, dann sind damit vor allem solche Regeln gemeint, die Interaktionen von Menschen strukturieren, weil solche Regeln für den arbeitsteiligen Wirtschaftsprozeß von besonderer Bedeutung sind. Der Regelbegriff, von dem etwa Holland et al. ausgehen, bezieht sich auf das Denken und Handeln von Individuen in *allen* Situationen, also sowohl auf überwiegend oder ausschließlich private Entscheidungsprobleme als auch auf Entscheidungsprobleme, die sich bei Interaktionen mit anderen stellen.

[189] Kuran (1988, S. 154 f.) weist darauf hin, daß Ronald Heiner ein solcher Fehlschluß zu unterlaufen scheint. Denn Heiner erweitert den Erklärungsbereich seiner Theorie, die *individuelle* Anpassungsinflexibilität als das Ergebnis regelbefolgenden Verhaltens erklärt, auf soziale und kollektive Phänomene wie „administrative procedures, customs, norms, and so forth." (Heiner 1983, S. 567.) Kuran macht ein ähnliches Argument wie das hier vorgetragene über den Zusammenhang zwischen, wie er es nennt, ‚individuellem Konservatismus‘ und ‚kollektivem Konservatismus‘.

[190] Vgl. Denzau und North 1994, S. 14 f.: „In fact, no two individuals have exactly the same experiences and accordingly each individual has to some degree unique perceptions of the world."

ground."[191] Denzau und North sprechen in diesem Zusammenhang auch von *indirektem Lernen.*

Besonders deutlich wird der Zusammenhang zwischen individuellem Lernen und institutioneller Pfadabhängigkeit bei Choi. Deshalb sei hier nochmals auf seinen Ansatz zurückgekommen.[192] Auch Choi weist darauf hin, daß in einem sozialen Kontext die Möglichkeit des indirekten Lernens durch Beobachtung und Imitation besteht. Ein *isoliertes* Individuum ist bei seiner Suche nach hilfreichen Paradigmen darauf angewiesen, Alternativen selbst auszuprobieren. In einer Gesellschaft besteht dagegen die Möglichkeit, andere zu beobachten und aus den Folgen ihrer Handlungen zu schließen, welches Verhalten in einem bestimmten Zusammenhang vielversprechend ist und welches nicht.[193] Die Möglichkeit solcher ‚ersatzweisen Experimente‘[194] ist gegeben, wenn Individuen beobachtbar sind, die dem Beobachter hinreichend ähnlich sind, und deren Handeln sich auf Situationen bezieht, die für den Beobachter relevant sind. Diese Bedingungen sind offensichtlich in homogenen Gruppen am ehesten gegeben, aber auch in heterogenen Gruppen gibt es Möglichkeiten, Beobachtungen nutzbar zu machen; insbesondere werden Individuen sich mit anderen *vergleichen*, um festzustellen, wie relevant die Beobachtung ihres Handelns für die eigenen Probleme ist.[195]

Menschen, die mit Unsicherheit konfrontiert sind – die also, in Chois Terminologie, auf der Suche nach einem Paradigma sind – werden daher bei ihrer Suche dazu neigen, die erfolgreichen Handlungen anderer zu imitieren. Sie lernen von anderen, indem sie deren Handlungen für sich

---

[191] Ebda.

[192] Eine begriffliche Anmerkung erscheint hier angebracht: Choi verwendet häufig den Begriff ‚Konvention‘ in einem sehr allgemeinen Sinn. Dieser Begriff wird aber hier in einem wesentlich engeren Sinn gebraucht, und zwar als Synomym für Koordinationsregeln; er ist also für den Zusammenhang positiver Rückkopplungen vom Typ 1 reserviert. Daher sollen dort, wo Choi von ‚Konventionen‘ spricht, die allgemeinen Begriffe ‚soziale Regel‘ oder ‚Institution‘ gebraucht werden.

[193] Siehe Choi 1993, S. 54 ff.

[194] Auf die grundlegende Bedeutung ‚ersatzweiser Experimente‘ durch Beobachtung und Imitation weist Campbell hin, wenn er mit Bezug auf soziale Lebensformen in der Tierwelt schreibt, „ ... the trial-and-error exploration of one member of a group substitutes for, renders unnecessary, trial-and-error exploration on the part of other members." (Campbell 1974, S. 431.) Den gleichen Punkt macht Bandura, wenn er schreibt: „Lernen wäre ein außerordentlich mühsames Geschäft ... wenn die Menschen als einzige Richtlinie für künftiges Tun nur die Auswirkungen ihres eigenen Handelns hätten. Zum Glück werden die meisten menschlichen Verhaltensweisen durch die Beobachtung von Modellen erlernt." (Bandura 1979, S. 31.)

[195] Im Zusammenhang mit heterogenen Gruppen spricht Choi daher von „vicarious experiments *controlled by interpersonal comparison.*" (Vgl. ebda., S. 59, Hervorhebung hinzugefügt.)

zur Grundlage eines neuen Paradigmas machen.[196] Imitation impliziert, daß die zu erwartende Bandbreite beobachtbarer Verhaltensrepertoires in einem sozialen Kontext beträchtlich geringer sein dürfte als für eine gleich große Menge isoliert handelnder Individuen. Dies gilt umso mehr, als auffallender Erfolg *von allen* imitiert werden kann, so daß die ersten erfolgreichen Lösungen auftretender Probleme das Verhalten der gesamten Gruppe entscheidend beeinflussen können. Ein möglicher *Bias* im Problemlösungsverhalten Einzelner kann sich daher auf die gesamte Gruppe übertragen.[197]

Ein weiterer Grund dafür, daß weit verbreitete, ‚soziale' Paradigmen von Individuen übernommen werden, ist für Choi darin zu sehen, daß Paradigmen normative Implikationen haben; sie beinhalten immer auch Aussagen darüber, was ‚gut' und ‚gerecht' ist. Da Individuen dazu neigen, die Zustimmung anderer zu suchen,[198] werden sie sich daher an vorherrschenden Paradigmen orientieren. Dabei kann es aber auch sein, daß die Leute sich konformistisch verhalten, obwohl sie sich lieber anders verhalten würden. Choi spricht hier von ‚Nützlichkeitserwägung' (*utilitarian calculation*): Individuen verhalten sich gegen ihre eigentlichen Überzeugungen, weil sie im Fall abweichenden Verhaltens mit Sanktionen ihrer Mitmenschen zu rechnen haben; der damit verbundene Schaden – der von fehlender Anerkennung über Verweigerung der Kooperation bis hin zu offener Mißbilligung und physischer Bedrohung reichen kann – erscheint ihnen größer als die ‚psychischen Kosten', die ihnen eventuell entstehen, wenn sie ihre eigenen Präferenzen unterdrücken. Choi argumentiert jedoch, daß es eine instabile Situation darstellt, der eigenen Überzeugung zuwiderzuhandeln.[199] Es gibt dann zwei Möglichkeiten: Individuen werden entweder ihre individuellen Paradigmen den sozialen Paradigmen anpassen, also – in diesem Sinn – die sozialen Paradigmen ‚internalisieren'. Dies führt zu einer stabilen Situation, denn in dem Maße, in dem soziale Paradigmen mit den Paradigmen der Individuen übereinstimmen, halten

---

[196] Der Vergleich mit der neoklassischen Tradition ist auch hier wiederum instruktiv. Wie Choi bemerkt: „While the tendency to imitate others fully accords with our daily experience, it is quite at odds with the behavioral implications of neoclassical economics. When the choice is obvious, there is little room for imitation." (Ebda., S. 56.)

[197] Siehe ebda., S. 58: „A group's behavior may be just as biased as the precedents its members imitate."

[198] Vgl. ebda., S. 63. Ähnlich argumentiert Sugden: „So other people's expectations of us do matter. They matter because we care what other people think of us. Our desire to keep the good will of others – not merely of our friends, but even of strangers – is more than a means to some other end. It seems to be a basic human desire." (Sugden 1986, S. 152.)

[199] Timur Kuran spricht in diesem Zusammenhang von ‚Präferenzfalsifikation', vgl. Kuran 1989 und 1995.

sie das sozial angezeigte Verhalten für richtig und angemessen, sie sind ‚mit ihrem Gewissen im reinen‘ und ziehen abweichendes Verhalten gar nicht in Erwägung.[200] Die andere Möglichkeit wäre, daß die Individuen dazu übergehen, den eigenen Überzeugungen entsprechend zu handeln. In solchen Fällen kann es sein, daß sich die Entscheidungssituation, ob man den eigenen Überzeugungen entsprechend handeln soll oder den sozial vorherrschenden, wiederum für andere Individuen kritisch verändert. Wenn diese ebenfalls dazu übergehen, sich entsprechend ihren Präferenzen zu verhalten, kann dies weitere Verhaltensänderungen nach sich ziehen, und so fort. Eine solche Kettenreaktion kann zu einem plötzlichen, revolutionären Umschwung führen.[201]

In diesem Zusammenhang spielt eine wichtige Rolle, daß die normativen Implikationen von Paradigmen zu externen Sanktionen führen können: Weil die Leute ‚konventionelles‘, regelkonformes Verhalten für angemessen und gerecht halten, werden sie dazu neigen, abweichendes Verhalten zu sanktionieren. Wie Choi bemerkt: „When we act conventionally, we often act with the belief that this action is appropriate and just (...), and we tend to judge the actions of those who do not conform ... as inappropriate and unfair.“[202] Entsprechend sehen die Menschen es tendenziell für ihr *Recht* an, daß ihre Erwartungen, sofern sie sich an etablierten sozialen Konventionen orientieren, nicht enttäuscht werden. Daraus kann sich eine starke normative Kraft des institutionellen Status quo ergeben, weil er sich in den Köpfen derer, die ihn erleben und durch ihre Handlungen konstituieren, als ‚gerecht‘ festsetzt, was sich wiederum in den Handlungen der Individuen widerspiegelt; der institutionelle Status quo kann somit perpetuiert werden.[203]

---

[200] Choi spricht im Zusammenhang mit dem Begriff ‚Gewissen‘ nicht unzutreffend von ‚gedachten Zuschauern‘ (*imagined spectators*), vor denen wir unsere Handlungen rechtfertigen. (Choi 1993, S. 65 f.) In Anlehnung an Adam Smith, der seine Ethik in „The Theory of Moral Sentiments“ auf der Vorstellung eines ‚*impartial spectator*‘ aufbaut, argumentiert Choi, daß die Menschen auf der Suche nach dem ‚richtigen‘ Paradigma versuchen werden, sich möglichst ‚unparteiische‘ Zuschauer zu denken. Letztendlich, so bemerkt Choi, wird unser ‚Gewissen‘ jedoch eine subjektive Angelegenheit bleiben: „Nonetheless, in the end, our inner assemblees remain subjective. As a reflection of an individual's lifetime experiences in all their eccentricities, pain, and glory, they remain unique to the individual, perhaps as widely variant as the difference in individual backgrounds.“ (Ebda., S. 66.)

[201] Für brillante Analysen dieser Dynamik siehe wiederum Kuran 1989 und 1995.

[202] Choi 1993, S. 89 f.

[203] Vgl. ebda., S. 91 f. Choi bemerkt dazu: „The *status quo*, after all, results from dominant practice, and to judge it unfair is to judge the majority unfair. Such a condemnation cannot be made, because, in a regime of convention, each individual in the majority thinks that conforming is proper.“ (Ebda., S. 92.)

In Kapitel 4 soll nun – im Lichte der drei Arten von Selbstverstärkungsmechanismen, die in diesem Kapitel untersucht wurden – der Frage nach
den Möglichkeiten und Grenzen institutioneller Reformen nachgegangen
werden. Zunächst sollen aber die wichtigsten Punkte des Abschnitts 3.4
noch einmal kurz zusammengefaßt werden.

3.4.5 Zusammenfassung

Es wurde argumentiert, daß ein wesentlicher Unterschied zwischen positiven Rückkopplungen vom Typ 3 zu den beiden anderen Selbstverstärkungsmechanismen, die hier diskutiert wurden, darin zu sehen ist, daß es
beim Koordinations- bzw. beim Komplementaritätseffekt es die *Verbreitung* von Regeln ist, die *direkt* – und in einem ‚objektiven‘ Sinn – nutzen-
steigernd für den Einzelnen ist, *ohne* daß die Kognitionsdynamik in die
Analyse mit einbezogen werden müßte. Ein solcher unmittelbarer und –
zumindest per Annahme – ‚objektiver‘ Zusammenhang zwischen der Verbreitung einer Regel und ihrem ‚Nutzen‘ für den Einzelnen besteht bei
positiven Rückkopplungen vom Typ 3 nicht. Hier ist es vielmehr so, daß
mögliche selbstverstärkende Effekte aus der Dynamik von Lernprozessen
in sozialen Kontexten resultieren können. Um dies herauszuarbeiten, wurden kognitionswissenschaftliche Ansätze erörtert. Aus den Ansätzen von
Holland et al. und Choi hat sich zunächst ergeben, daß individuelles Lernen als pfadabhängiger Prozeß angesehen werden kann. Dieser Befund
wurde vor dem Hintergrund der Unterscheidung zwischen Pfadabhängigkeit ‚als Geschichte‘ und Pfadabhängigkeit als – in diesem Fall – ‚Lernversagen‘ interpretiert.

Anschließend wurde gefragt, welcher Zusammenhang zwischen der
Pfadabhängigkeit individuellen Lernens und der Pfadabhängigkeit von
Institutionen besteht. Mit Denzau und North wurde argumentiert, daß einerseits die Pfadabhängigkeit individuellen Lernens *Divergenz* mentaler
Modelle impliziert, daß aber andererseits fortdauernde soziale Kommunikation in einer Gesellschaft dazu führt, daß die mentalen Modelle der Gesellschaftsmitglieder eher *konvergieren*. In ähnlicher Weise spielt, wie
sich gezeigt hat, auch bei Choi *Imitation* eine wichtige Rolle, in dem Sinn,
daß die Menschen die mentalen Modelle bzw. Paradigmen anderer übernehmen. Sie tun dies einerseits deshalb, weil sie so die Lernerfahrungen
der Anderen für sich nutzbar machen können, so daß sie nicht alles selbst
ausprobieren müssen. Andererseits tun sie es aber auch deshalb, weil Paradigmen immer auch Aussagen darüber beinhalten, was gut und richtig
ist, weswegen es dazu kommen kann, daß abweichendes Verhaltens negativ sanktioniert wird. Auch aus diesem Grund kann es eine Tendenz zur

Übernahme ‚gemeinsamer mentaler Modelle' bzw. ‚sozialer Paradigmen' durch den Einzelnen geben. Aus diesen Zusammenhängen ergibt sich die Möglichkeit einer selbstverstärkenden Wechselwirkung zwischen sozialen Institutionen und den mentalen Modellen, auf deren Grundlage individuelles Handeln und Entscheiden erfolgt.

Zu beachten ist, daß im Fall der positiven Rückkopplungen vom Typ 1 und 2 das Lock-in-Problem so umschrieben werden kann, daß Regelbefolgungsinteresse und Regelgeltungsinteresse divergieren: Dann wird eine Regel *individuell* befolgt, weil sie (oder eine komplementäre Regel) in zunehmendem Maße auch von anderen befolgt wird; wenn die Menschen aber *auf Regelebene* zwischen sozialen Regeln zu wählen hätten, würden sie eine andere Regel präferieren. Bei positiven Rückkopplungen vom Typ 3 dagegen kann nicht ohne weiteres von einer Divergenz von Regelgeltungs- und Regelbefolgungsinteresse gesprochen werden. Denn hier beruht Selbstverstärkung ja gerade auf dem engen Zusammenhang zwischen individuellen mentalen Modellen, die sich selbst pfadabhängig entwickeln können, und sozialen Institutionen – ein Zusammenhang, der aufgrund von Imitation, Kommunikation und den normativen Implikationen von Paradigmen selbstverstärkend sein kann. In dem Maße aber, in dem ein solcher enger Zusmmenhang besteht, und wenn die mentalen Modelle der Individuen die Bewertungsgrundlage zur Beurteilung der ‚Effizienz' sozialer Institutionen darstellen, können Institutionen nicht mehr auf der Grundlage individueller Bewertungen als ‚ineffizient' diagnostiziert werden. Denn in diesem Fall würde ja gerade eine *Konvergenz* von Regelgeltungs- und Regelbefolgungsinteresse vorliegen. Wie in Abschnitt 4.4.3 noch darzulegen sein wird, muß eine Lock-in-Diagnose in diesem Fall auf die Unterscheidung zwischen *reflektierten und nicht reflektierten Präferenzen* rekurrieren.

Teil III

Regelreform

4. Kapitel:

Pfadabhängigkeit und institutionelle Reformen

4.1   Die Frage nach der ‚guten Ordnung': Pfadabhängigkeit und ‚internes Kriterium'

In diesem Kapitel soll es nun darum gehen, die gewonnenen Erkenntnisse in den Kontext der Frage nach der ‚guten Ordnung' zu stellen, denn darum geht es letztlich: Was können wir tun, damit unsere institutionelle Ordnung ‚gute', wünschenswerte Ergebnisse zeitigt? Dann stellt sich zunächst die Frage, was unter einer ‚guten Ordnung' verstanden werden soll, das heißt, welches normative Kriterium zugrundegelegt wird. Dabei ist es hilfreich, zwischen externen und internen normativen Kriterien zu unterscheiden.[1] Ein *internes Kriterium* ist eines, das ausschließlich auf die Bewertungen der betroffenen Individuen zurückgreift, und das daher konsistent ist mit der Position eines ‚normativen Individualismus'. Einer solchen Position zufolge ist es nicht möglich, das ‚Gute' objektiv und unabhängig von subjektiven Bewertungen der Menschen zu erkennen. Was ‚gut' ist, kann in dieser Perspektive keine Frage von ‚wahr' oder ‚falsch' sein; ein internes Kriterium ist daher immer mit einer nonkognitiven ethischen Haltung verbunden.[2] Handlungsimperative, die mit einem internen Kriterium begründet werden, können daher immer nur *hypothetische* Imperative sein, also „Sollensaussagen, deren Geltung letzlich von den Interessen der Person oder Personen abhängt, an die sie gerichtet sind. (...) Es sind Aussagen der Form: ‚*Wenn* Du X willst, dann solltest Du Y tun (...)'."[3] Der ökonomische Effizienzbegriff, in seinen unterschiedlichen Ausprägungen, impliziert immer ein internes Kriterium.[4]

---

[1] Zum folgenden vgl. Vanberg 1981, S. 28 f. Siehe auch Buchanan 1977, S. 142 f.

[2] Für die Unterscheidung zwischen kognitiven und nonkognitiven ethischen Theorien siehe Ricken 1989, S. 30.

[3] Vanberg 1996a, S. 4. (Hervorhebung hinzugefügt.) Siehe auch Kliemt 1986, S. 221: „... the central tenet of non-cognitivism may be rephrased ... as stipulating that there are only '*hypothetical imperatives*'. Justifications of these imperatives are stating a relationship between norms as means and individual aims (interests etc.) as ends." (Hervorhebung im Original.) Vgl. auch Vanberg 1994, S. 209.

[4] Manche Ausprägungen der Wohlfahrtsökonomik sind jedoch kritisiert worden, sie hätten die *Subjektivität* individueller Bewertungen nicht hinreichend zur Kenntnis genommen und sich daher von der normativ-individualistischen Ausgangsposition entfernt. Siehe etwa Buchanan 1960, S. 106 ff. Ähnlich kritisiert auch Rawls den klassi-

Ein *externes Kriterium* geht dagegen davon aus, daß das Gute unabhängig von den Bewertungen der Betroffenen bestimmt werden kann und impliziert daher einen kognitiven ethischen Ansatz. Entsprechend ist es auf der Grundlage eines solchen Kriteriums möglich, *kategorische Imperative* zu formulieren, also Imperative, deren Geltung als von den Zielen und Interessen der Betroffenen unabhängig betrachtet wird.[5] Relativ offensichtliche Beispiele für externe Kriterien wären etwa religiöse Normen oder auch die Handlungsimperative des Sozialismus, die aus der wissenschaftlichen Einsicht in das Geschichtsgesetz gewonnen wurden. Externe Normen sind jedoch vielgestaltig und spielen auch in der politischen Diskussion in Deutschland eine große Rolle, wie etwa in der ökologischen Debatte, was manchen Vertretern einer ‚ökologischen Wende‘ in der Politik bekanntlich den Ruf eines ‚Öko-Fundamentalismus‘ eingetragen hat.[6]

Bei der Diagnose von Evolutionsversagen besteht nun ein subtiler Zusammenhang zwischen dem Gebrauch eines internen oder externen Kriteriums und der Analyse der Inflexibilität des Status quo. Geht man von einem externen Beurteilungskriterium aus, wird man den Status quo völlig unabhängig von individuellen Wahlhandlungen beurteilen. Gelangt man zu einer negativen Beurteilung des Status quo gegenüber dem alternativen Zustand, so ist ein ‚Pfadwechsel‘ *unbedingt* zu fordern, als *kategorischer* Imperativ, der hinsichtlich der Bewertungen und Wünsche der Betroffenen voraussetzungslos ist. Die Frage, warum der alternative Zustand, wenn er doch ‚besser‘ ist, nicht bereits von den Betroffenen gewählt wurde, stellt sich nicht. Anders formuliert: Die Frage nach der Inflexibilität des Status quo ist für dessen Beurteilung irrelevant, wenn ein externes Beurteilungskriterium zugrundeliegt.

Geht man dagegen von einem internen Beurteilungskriterium aus, dann kann die Aufforderung, den alternativen Zustand zu wählen, eben nur ein *hypothetischer* Imperativ sein, dessen Geltung letztlich von den Bewertungen der Betroffenen abhängt. Die Bewertungen der Betroffenen sind nun aber notwendigerweise subjektiv, können also einem externen Beobachter nicht bekannt sein; es kann allenfalls *indirekt*, aus den Handlungen

---

schen Utilitarismus, weil aus dessen Perspektive die Tätigkeit des Gesetzgebers nicht zu unterscheiden sei von der des Unternehmers: „This view of social cooperation is the consequence of extending to society the principle of choice for one man, and then, to make this extension work, conflating all persons into one through the imaginative acts of the impartial sympathetic spectator. Utilitarianism does not take seriously the dinstinction between persons." (Rawls 1971, S. 27.)

[5] Vanberg 1996a, S. 5.

[6] Bisweilen sind externe Normen eng verwoben mit, und kaum unterscheidbar von, ‚paternalistischen‘ Argumenten, also solchen, die implizit davon ausgehen, daß der ‚Normgeber‘ besser als die Betroffenen selbst weiß, was ‚gut‘ für sie ist.

der Individuen, auf ihre Präferenzen geschlossen werden. Offensichtlich sind dabei jedoch nicht alle Handlungen gleich informativ; so können wir beispielsweise die gleiche Handlung als verläßlichere Präferenzäußerung betrachten, wenn sie als Entscheidung zwischen mehreren Alternativen zustandekommt, als wenn der Handelnde keine Alternativen hat. Dies illustriert: Sobald die Subjektivität individueller Werte betont wird und diese nur noch aus der Beobachtung tatsächlicher Handlungen gefolgert werden können, rückt der *Prozeß*, in dem Präferenzen geäußert werden, in den Mittelpunkt normativer Betrachtung; es ist dann nicht mehr möglich, die *Ergebnisse*, die aus sozialen Prozessen hervorgehen, *direkt* zu beurteilen.[7]

Damit wird aber die Inflexibilität pfadabhängiger Prozesse normativ relevant. Warum ist dies so? Eine Evolutionsversagensvermutung impliziert ja, daß ein sozialer Zustand ‚unerwünscht' ist. Bezieht sich ‚unerwünscht' nun auf ein internes Kriterium, dann kann nur gemeint sein, daß der soziale Status quo nicht die Präferenzen der Individuen widerspiegelt. Wenn wir nun aber davon ausgehen, daß Menschen im Allgemeinen nicht gegen ihre eigenen Interessen handeln, daß sie also – in diesem Sinn – *rational* handeln, dann wird erklärungsbedürftig, *warum* sich ein Status quo eingestellt hat, den die Menschen gar nicht wünschen. Mit anderen Worten, man muß einen ‚Defekt' im Wahlprozeß identifizieren können, also Umstände, die die betroffenen Individuen *daran hindern*, für sie vorzugswürdige Optionen wahrzunehmen. Wie in Abschnitt 1.4 dargelegt, können darüber verschiedene Hypothesen geäußert werden. Um sie nochmals kurz zu resümieren: Beim Gefangenendilemma können sozial unerwünschte Zustände resultieren, weil für den Einzelnen die ständige Versuchung besteht, sich auf Kosten der anderen besser zu stellen. In anderen Erklärungen könnte Macht eine zentrale Rolle spielen, etwa wenn ein repressives Regime den unerwünschten Zustand gegen den Widerstand der betroffenen Bürger mit Gewalt zementiert. Es könnte aber auch private Macht sein, die für den unerwünschten Zustand verantwortlich ist, womit beispielsweise das Problem der Anhäufung von Privilegien durch mächtige, wohlorganisierte Interessen angesprochen ist, auf das Olson (1991) hingewiesen hat. Die Möglichkeit des Evolutionsversagens im Zusammenhang mit pfadabhängigen Prozessen bietet nun eine *zusätzliche* Erklärungsmöglichkeit an, denn hier kann sich *auch in Abwesenheit von Macht*

---

[7] Vgl. Vanberg 1994, S. 210: „Where actual choices are considered the principal standard against which social transactions/arrangements are to be judged, the normative focus shifts from *endstates* or *outcomes*, as such, to the *process* through which these outcomes or endstates emerge. (...) That is, the focus of normative judgement has to be on the ways in which, and the conditions under which, the respective individuals make the choices that generate outcomes." Siehe auch Buchanan 1975, S. 6.

oder ausbeuterischem Verhalten ein Status quo einstellen, der aus der Sicht der Beteiligten unerwünscht ist, der aber durch *individuelles* Handeln nicht verlassen werden kann. Bei Vorliegen positiver Rückkopplungen sind institutionelle Pfadwechsel für den Einzelnen nicht wählbar.

Sofern man von einem internen Kriterium ausgeht, kann die Bewertungsproblematik präziser gefaßt werden, wenn man unterschiedliche *Arten von Interessen* unterscheidet.[8] Schließlich ist mit der Feststellung, ein institutioneller Status quo entspreche nicht den Interessen der Betroffenen, nicht gesagt, diese hätten irrational gehandelt. Der Punkt ist ja gerade, daß soziale Institutionen unerwünscht sein können, *obwohl* die Handlungen, aus denen sie hervorgehen, im rationalen Interesse der Handelnden sind.[9] Dies wird verständlicher, wenn man sich klar macht, daß es sich dabei um verschiedene Ebenen, und um verschiedene Arten von Interessen, handelt, und zwar – in der Terminologie Vanbergs – um *konstitutionelle* oder *Regelinteressen* einerseits und *subkonstitutionelle* oder *Handlungsinteressen* andererseits. Das Regelinteresse einer Person bezieht sich auf die Frage, in welcher institutionellen Ordnung sie leben möchte; beim Handlungsinteresse geht es um die Frage, welche Handlungen oder Strategien in einer *gegebenen* institutionellen Ordnung für das Erreichen der eigenen Ziele am ehesten geeignet erscheinen. Wie Vanberg anhand der Analogie zu einem Spiel – einem Gesellschaftsspiel oder einem sportlichen Wettkampf – veranschaulicht, geht es bei „der Wahl von Spielregeln ... um etwas grundsätzlich anderes als bei der Wahl von Spielzügen. Kurz gesagt, bei der Wahl von Spielzügen geht es um die Frage, wie man beim Spielen eines gegebenen Spiels erfolgreicher sein kann. Bei der Wahl der Spielregeln geht es demgegenüber um die Frage, wie man das Spiel selbst verbessern kann.“[10] Die Unterscheidung macht deutlich, daß die Menschen keine Präferenz für oder gegen bestimmte Regeln äußern, wenn sie diesen Regeln gemäß handeln oder gegen sie verstoßen; sie zeigen damit lediglich, daß es ihrem *Handlungs*interesse entspricht, sich unter den gegebenen Umständen an diese Regel zu halten oder sie zu verletzen. Ein ‚Versagen‘ der Regelevolution bedeutet in dieser Perspektive, daß die Beteiligten, indem sie ihre Handlungsinteressen wahrnehmen, Regeln zementieren, an deren Weiterbestehen sie gar kein Interesse haben. Evolutionsversagen im institutionellen Bereich manifestiert sich also dadurch, daß Handlungs- und Regelinteressen auseinanderdriften und aufgrund der Inflexibilität bzw. Hyperstabilität der Regeln nicht spontan wieder zusammenfinden. Dann kann es sein, daß *kollektive* Entscheidungsmechanismen größeren

---

[8] Zum Folgenden siehe etwa Vanberg 1994, S. 61 ff. oder Vanberg 1996a, S. 9-13.
[9] Vgl dazu Abschnitt 1.3.3.
[10] Vanberg 1996a, S. 12.

Aufschluß über die Regelinteressen der Betroffenen geben als die ‚unsichtbare Hand' der Regelevolution.

Für den Vergleich der Regelevolution mit kollektiven Entscheidungsmechanismen ist offensichtlich von entscheidender Bedeutung, *wie inflexibel* Regeln in Fällen von Evolutionsversagen geworden sind. Inflexibilität ist, wie wir gesehen haben, eine unvermeidbare Eigenschaft aller historischen Prozesse, und gerade soziale Institutionen sind Träger historischer Kontinuität, weil sie, um ihre Funktion zu erfüllen, über die Zeit stabil sein *müssen.* Andererseits haben wir auch gesehen, daß es eine Mischung aus Kontinuität *und Wandel* ist, die historische Prozesse auszeichnet, und die Geschichte lehrt uns, daß *jeder* Status quo, erwünscht oder nicht, eines Tages dem Wandel weichen wird. ‚Inflexibilität' von Institutionen ist also offenbar eine Frage des Grades: Sowohl völlige Inflexibilität als auch vollkommene Flexibilität kann es nur in Modellen geben. In der Realität stellt sich die Frage, wann Institutionen *zu inflexibel* sind – *so* inflexibel, daß wir, sollten sie sich als unerwünscht erweisen, von Evolutionsversagen oder Lock-in sprechen können.

Festzuhalten ist hier zunächst, daß, wenn ein prozeßorientiertes internes Beurteilungskriterium zugrundegelegt wird, ein enger Zusammenhang zwischen Inflexibilität und Ineffizienz von Institutionen besteht. *Theoretisches Wissen* über die Ursachen institutioneller Inflexibilität wird daher indirekt relevant für die *Bewertung* von Institutionen und damit für die zentrale wirtschaftspolitische Frage institutioneller Reformen.

4.2   Pfadabhängigkeit und der ‚ordnungsökonomische Imperativ'

Die Begriffe ‚Lock-in' oder ‚Evolutionsversagen' implizieren, daß die Entwicklung von Institutionen über die Zeit nicht notwendigerweise ‚gute' Regeln hervorbringt, weil institutionelle Inflexibilität Ex-post-Korrekturen verhindern kann. In solchen Fällen kann es sein, daß Institutionen durch kollektives oder politisches Handeln reformiert werden müssen, um zu ‚besseren' Ergebnissen (im Sinne der Betroffenen) zu gelangen, und um gesellschaftliche Probleme – sei es Armut, Arbeitslosigkeit, Jugendkriminalität, oder was auch immer – zu lösen. Diese Perspektive steht in Kontrast zu der Ansicht, daß diejenigen Institutionen, die sich über die Zeit entwickelt haben, ‚effizient' seien oder zumindest nicht durch gezielte Gestaltung verbessert werden könnten. In der Einleitung wurde bereits darauf hingewiesen, daß eine solche Ansicht häufig, wenn auch nur teilweise zu Recht, mit dem Werk Hayeks in Verbindung gebracht wird.[11] Entgegen einem ‚Evolutionsoptimismus' liefert uns Pfadabhängigkeit ein (weiteres) Argument dafür, daß es unklug und sogar unverantwortlich sein kann, den Dingen ihren Lauf zu lassen. Brennan und Buchanan folgen ebendieser Intuition, wenn sie die in Abschnitt 3.2 diskutierte Möglichkeit, daß sich eine ineffiziente Koordinationsregel etabliert, kommentieren: „This prospect alerts us to the need, periodically, to review alternative sets of rules and to regard rules themselves as objects of choice, to be changed and redesigned according to the patterns or social states they generate. The prospect also alerts us to a possible role for 'government' in the collectivity, that of facilitating a shift from old to new rules."[12]

Eine ähnliche Perspektive liegt auch dem Forschungsprogramm der Freiburger Schule zugrunde, die ja bekanntlich ‚Ordnungspolitik', also eine bewußte Gestaltung des Regelrahmens, innerhalb dessen sich das Wirtschaftsleben vollzieht, in den Mittelpunkt ihrer Betrachtung rückte.[13] So schreibt etwa Böhm, eine „rational ablaufende Marktwirtschaft" komme „nicht etwa dadurch zustande, daß man durch Gesetz die Gewerbefreiheit einführt und sodann die Dinge laufen läßt, wie sie laufen. Vielmehr fordert dieses ... System das Vorhandensein und die dauernde Pflege und Verbesserung einer ganzen Reihe von politischen, rechtlichen, sozialen, zivilisatorischen Vorbedingungen, das Vorhandensein einer ziemlich hochgezüchteten sozialen Parklandschaft."[14] Ähnlich wie in der Bemerkung von Brennan und Buchanan bringt der Hinweis auf die Notwendigkeit „dauernder Pflege" sowie die Metapher von der „Parklandschaft" zum Ausdruck, daß institutionelle Fehlentwicklungen möglich sind, und daß mit einer Selbstkorrektur nicht unbedingt zu rechnen ist. In Abschnitt 1.4

---

[11] Um nur ein Beispiel für eine entsprechende Passage bei Hayek zu nennen: „Es ist sehr unwahrscheinlich, daß es jemandem gelingen würde, verstandesgemäß Regeln zu konstruieren, die ihrem Zweck besser dienen als jene, die sich allmählich herausgebildet haben (...). Wir haben daher keine andere Wahl, als uns Regeln zu fügen, deren Daseinsberechtigung wir oft nicht verstehen (...)." Hayek 1971, S. 84. Für eine kritische Auseinandersetzung mit diesem Aspekt im Werk Hayeks siehe etwa Vanberg 1981, 1994a (insbesondere Kapitel 5 und 6), 1994b und 1994c sowie Sugden 1993.

[12] Brennan und Buchanan 1985, S. 10. Siehe auch Buchanan 1977, S. 31: „The forces of social evolution alone contain within their workings no guarantee that socially efficient results will emerge over time. The historically determined institutions of legal order need not be those which are 'best.' Such institutions can be 'reformed,' can be made more 'efficient.'" Für eine Auseinandersetzung mit Hayek vgl. zudem Buchanan 1985.

[13] Für die Gemeinsamkeiten und Unterschiede sowie die letztliche Vereinbarkeit der Forschungsprogramme der Freiburger Schule und der Constitutional Economics Buchanan'scher Prägung siehe Vanberg 1988.

[14] Böhm 1980, S. 200.

wurde dargelegt, daß die Freiburger insbesondere das Rent-seeking-Problem im Auge hatten, wenn sie davor warnten, den Dingen ihren Lauf zu lassen. Dennoch erscheint es offensichtlich, daß auch das Problem des Evolutionsversagens im Sinne eines Freiburger „ordnungsökonomischen Imperativs' gedeutet werden kann, demzufolge der Regelrahmen von Wirtschaft und Gesellschaft ständiger Überwachung und Pflege bedarf.

So ist es nicht überraschend, daß sich eine ähnliche Perspektive auch bei Vertretern der Pfadabhängigkeitstheorie findet, wie etwa bei Paul David, wenn er darauf hinweist, daß nachträgliche Korrekturen in einer historischen Welt unerläßlich sind: „Seen in truly historical perspective, a great deal of human ingenuity ... is devoted to trying to cope with 'mistakes' that are threatening to become 'serious' in their economic consequences (...). This is done *ex post* (...), by sustained efforts at 'reforming' (not reinventing) long-standing institutions (...)."[15] Vor diesem Hintergrund soll es in der Folge um die Möglichkeiten und Grenzen institutioneller Reformen gehen, ausgehend von den unterschiedlichen Arten positiver Rückkopplungen, die als Ursache von Pfadabhängigkeit und Evolutionsversagen identifiziert wurden.

Neben diesem *theoretischen* Hintergrund, der in den vorangegangenen Abschnitten erarbeitet wurde, ist für die Frage institutioneller Reformen natürlich insbesondere die Frage nach der *Bewertung* von Institutionen von Bedeutung. Wenn wir davon ausgehen, daß bewußte Reformen von Institutionen in bestimmten Fällen zu „besseren' Ergebnissen führen können, dann müssen wir wissen, was wir mit „besser' meinen; das heißt, daß die Frage nach dem normativen Kriterium erörtert werden muß. In Abschnitt 4.1 war ja bereits dargelegt worden, welches normative Verständnis in dieser Arbeit zugrundeliegt, wenn von „Evolutionsversagen' oder von „Lock-in' die Rede ist. Um es nochmals kurz zusammenzufassen: Es wird *erstens* davon ausgegangen, daß als Grundlage der Beurteilung gesellschaftlicher Zustände nur die Bewertungen der Bürger der betrachteten Gesellschaft in Frage kommen; in diesem Sinn wird also von einem „internen' Bewertungskriterium ausgegangen, im Gegensatz zu einem „externen', von den Bewertungen der Betroffenen unabhängigen, Kriterium. *Zweitens* wird davon ausgegangen, daß diese Bewertungen *subjektiv* sind, und daß letztlich nur aus den Entscheidungen der Betroffenen *gefolgert* werden kann, welche Präferenzen sie haben; das Hauptaugenmerk richtet sich somit auf den *Prozeß*, in dem die Menschen ihre Präferenzen offenbaren.

---

[15] David 1997, S. 37.

Die prozeßorientierte Betrachtungsweise ergibt sich notwendig, sobald man die Subjektivität der Präferenzen ernst nimmt und nicht implizit davon ausgeht, sie könnten einem externen Betrachter zugänglich sein.[16] Diese Perspektive bedeutet nicht, daß Sozialwissenschaftler keine Verbesserungsvorschläge machen könnten, sie bedeutet aber, daß alle Reformvorschläge immer nur *Hypothesen* sein können, die dann die Zustimmung der Betroffenen finden oder eben nicht. Wie Buchanan schreibt, „there does exist a positive role for the economist in the formation of policy. His task is that of diagnosing social situations and presenting to the choosing individuals a set of possible changes. He does not recommend policy A over policy B. He presents policy A as a hypothesis subject to testing. (...) The conceptual test is *consensus* among members of the choosing group, not objective improvement in some measurable social aggregate.“[17] Die Hypothese, daß eine vorgeschlagene institutionelle Alternative dem Status quo vorzuziehen ist, wird widerlegt oder bestätigt durch die Entscheidungen der Betroffenen, sei es im politischen Prozeß, sei es, indem zwischen Gemeinschaften mit unterschiedlichen Regelarrangements gewandert wird. Natürlich müssen die Regeln, unter denen diese Entscheidungen stattfinden, selbst wiederum als potentiell verbesserungsfähig betrachtet werden; auch die Regeln, unter denen ‚exit‘ und ‚voice‘ stattfinden, unterliegen kritischer Analyse, und auch für diese Regeln ‚höherer Ordnung‘ können Sozialwissenschaftler Verbesserungsvorschläge unterbreiten, die ebenfalls der Zustimmung durch die Betroffenen bedürfen.

Damit ist ein weiterer wichtiger Punkt angesprochen, der im Zusammenhang mit institutionellen Reformen zu beachten ist, und zwar, daß verschiedene *Ebenen* von Regeln und Institutionen unterschieden werden können, wobei Regeln höherer Ordnung die Evolution der Regeln tieferliegender Ebenen beschränken und kanalisieren. Die Unterscheidung zwischen der Regelebene und der Handlungsebene, auf der das ordnungsökonomische Forschungsprogramm beruht, ist daher „not an absolute but only a relative distinction, applicable to any two adjacent levels in a hierarchy

---

[16] Diese Annahme kritisiert Buchanan an der traditionellen Wohlfahrtsökonomik: „The observing economist is considered able to 'read' individual preference functions. Thus, even though an 'increase in welfare' for an individual is defined as 'that which he chooses,' the economist can unambiguously distinguish an increase in welfare independent of individual behavior because he can accurately predict what the individual would, in fact, 'choose' if confronted with the alternatives under consideration.

This omniscience assumption seems wholly unacceptable. Utility is measurable ... only to the individual decision-maker. It is a *subjectively* quantifiable magnitude.“ (Buchanan 1960, S. 107 f., Hervorhebung im Original.)

[17] Ebda., S. 109 f. (Hervorhebung im Original.)

of rules."[18] Somit geht es bei institutionellen Reformen nicht nur darum, die Regeln auf der betrachteten Ebene direkt zu ändern, sondern auch um Reform der Regeln höherer Ordnung, die den Rahmen für die Regelevolution auf tieferer Ebene bilden.

4.3   Reform einzelner Regeln versus Reform von Regelsystemen

Wenn man sich über die Möglichkeiten und Grenzen von Reformbemühungen bei Evolutionsversagen Gedanken macht, ist es ferner nützlich, zwischen der Reform *einzelner* Regeln und der Reform von Regel*systemen* zu unterscheiden. Anders formuliert: Das Explanandum von Pfadabhängigkeit, oder der Gegenstand einer Lock-in-Diagnose, kann sowohl eine einzelne Regel sein als auch ein Regelsystem. Unter einem ‚Regelsystem' wird dabei eine Menge von Regeln verstanden, die in ihrer Gesamtheit das Zusammenleben einer Gemeinschaft strukturieren und so ein zusammenhängendes Ganzes bilden. In Anlehnung an den Sprachgebrauch der Ordnungsökonomik soll auch der Begriff der ‚Regelordnung' verwendet werden.

Zu beachten ist, daß die Unterscheidung zwischen einer einzelnen Regel oder Institution und einem System von Regeln und Institutionen natürlich nicht so klar konturiert ist, wie es zunächst klingen mag. Was wir als ‚Institution' bezeichnen, ist häufig selbst ein komplexes Bündel von aufeinander bezogenen Regeln, wie beispielsweise die Institutionen des Privateigentums oder der Ehe. In gewissem Maße ist es daher eine Frage der Perspektive, wann wir von einer Einzelregel sprechen und wann von einem Regelsystem. Man kann sich diese Unterscheidung daher als Kontinuum vorstellen, an dessen einem Ende einfache Regeln oder Verhaltensroutinen stehen, die nicht weiter zerlegt werden können; am anderen Ende des Kontinuums hätten wir dann so umfassende Regelsysteme, wie sie etwa mit dem Begriff ‚Kultur' angesprochen sind.

Was nun die Möglichkeiten und Grenzen institutioneller Reformen angeht, so ist es offensichtlich nicht das Gleiche, ob es sich um eine einzelne Regel handelt oder um ein Regelsystem. Intuitiv dürften Reformen umso schwieriger werden, je weiter man sich dem ‚Systemende' des Kontinuums nähert. Der Punkt ist in Abbildung 4.1 illustriert. Nehmen wir an, die betrachtete Gesellschaft befände sich in einem institutionellen Status quo, der als unerwünscht empfunden wird, und der reformiert werden soll. Zu beachten ist, daß es bei vollkommener institutioneller Flexibilität kein

---

[18] Vanberg 1996c, S. 693.

Problem geben könnte: Der erwünschte institutionelle Zustand würde von alleine erreicht werden, ganz einfach aufgrund seiner Attraktivität. Wirken nun aber selbstverstärkende Effekte, die das spontane Verlassen des eingeschlagenen institutionellen Pfades verhindern, dann kann Evolutionsversagen vorliegen: Ein erwünschter institutioneller Zustand kann dann nur erreicht werden, wenn auf kollektiver oder politischer Ebene bewußte Reformanstrengungen unternommen werden.

Dabei spielt es letztlich keine Rolle, *wie* wir den erwünschten Zustand, das Ziel der Reformbemühungen, identifizieren. Abbildung 4.1 impliziert, daß wir durch Geschichtsinterpretation eine ‚Bifurkation‘ in der Vergangenheit ausmachen, einen Punkt auf der Zeitachse, an dem ein anderer Pfad hätte eingeschlagen werden können – ein Pfad, von dem wir rückblickend sagen können, daß er sich hätte ereignen *sollen*. Wir können den Versuch unternehmen, den alternativen Pfad zu rekonstruieren, und das Ergebnis dieser ‚conjectural history‘ ist dann der erwünschte Zustand, auf den die Reformbemühungen gerichtet sind. Aber natürlich können wir auch auf anderem Wege hypothetische ‚erwünschte Zustände‘ definieren, etwa indem wir Vergleiche mit anderen Gesellschaften vornehmen, oder indem wir unsere Theorien oder Ideologien zu Rate ziehen, oder was auch immer. Der Punkt ist, daß es für eine Lock-in-Diagnose nicht erforderlich ist, daß die angestrebten Alternativen sich in irgendeinem Sinn ‚hätten ereignen können‘, wie es die Darstellung in Abbildung 4.1 (anhand der gestrichelten Linie zum ‚erwünschten Zustand‘) suggeriert. Die Rekonstruktion dessen, was ‚hätte sein können‘, ist lediglich *ein* Mittel, um zu Reformvorschlägen zu gelangen.[19]

---

[19] Schließlich ist für die Frage möglicher Reformen ihre Realisierbarkeit *jetzt* relevant, und nicht die Frage, ob ein alternativer Pfad zu der empfohlenen Alternative hätte führen können. Es lohnt, auf diesen Punkt hinzuweisen, weil den alternativen Pfaden, die in der Vergangenheit ‚verschmäht‘ wurden, in der Pfadabhängigkeitsliteratur häufig großes argumentatives Gewicht zukommt. Dies mag daran liegen, daß damit gegen theoretische Ansätze argumentiert wird, die implizit oder explizit von der Konvergenz auf ein ‚effizientes Gleichgewicht‘ ausgehen. Vor *diesem* Hintergrund ist es wichtig, auf die Offenheit und Nichtdeterminiertheit der Geschichte hinzuweisen, weil man überhaupt nur dann sinnvoll über Reformen nachsinnen kann, wenn alternative Pfade möglich sind. Betrachtet man dagegen ohnehin jeden Status quo als potentiell verbesserungsfähig, dann tritt das Argument, daß ‚die Dinge auch anders sein könnten‘, wiederum etwas in den Hintergrund.

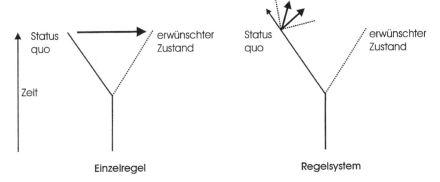

Abbildung 4.1: Politikoptionen bei der Reform einzelner Regeln und bei der Reform von Regelsystemen.

Abbildung 4.1 zeigt nun die unterschiedlichen Möglichkeiten, die bei der Reform einzelner Regeln und bei der Reform von Regelsystemen bestehen. Wie der fettgedruckte Pfeil andeutet, ist es bei einzelnen Regeln möglich, alternative Regeln durch kollektive Einigung oder per Dekret einzuführen. Wenn die Vergangenheit so interpretiert wird, daß die erwünschte Regel an einem Bifurkationspunkt ‚kleinen historischen Ereignissen' zum Opfer gefallen ist, dann kann man sagen: Hinsichtlich dieser einen Regel, und nur in diesem sehr begrenzten Sinn, ist es möglich, „das Rad der Zeit zurückzudrehen." Bisweilen wird, wie wir noch sehen werden, natürlich auch die Reform einzelner Regeln bei weitem nicht so einfach sein, wie es klingt; dies kann aber nicht bedeuten, daß es *grundsätzlich* nicht möglich wäre.

In dem Maße, in dem wir es mit umfassenden, komplexen Systemen von Regeln und Institutionen zu tun haben, kann man jedoch argumentieren, daß es *grundsätzlich* unmöglich wird, den Status quo einfach durch einen alternativen Zustand zu ersetzen, ganz gleich wie erwünscht dieser sein mag. Dies ist im rechten Teil der Abbildung 4.1 dargestellt. Ausgehend vom Status quo können in diesem Fall lediglich *Teile* des Regelsystems reformiert und umgestaltet werden, so daß die weitere Evolution des Systems in die erwünschte Richtung umgelenkt wird. Dies ist durch die gestrichelten Linien angedeutet, die einen ‚Korridor' erwünschter zukünftiger Entwicklungen bilden. Offensichtlich schwingen in der These, Regelsysteme könnten im Gegensatz zu einzelnen Regeln nicht einfach ersetzt werden, Hayek'sche Warnungen vor einem ‚konstruktivistischen Rationalismus' mit. Hayek wird zwar bisweilen so interpretiert, als habe er von *jeglichen* gestaltenden Eingriffen abgeraten; dies kann er jedoch schwerlich gemeint haben. So argumentiert Vanberg, Hayeks Warnungen richteten sich „keineswegs auf die Ablehnung jeglichen bewußten Eingriffs (...). Diese Kritik richtet sich wohl vielmehr gegen die Idee einer *völligen Neugestaltung des gesamten Regelsystems* (...).“[20]

Eine Illustration des Systemfalls liefert Putnams Italien-Analyse, auf die in Abschnitt 3.3.2 eingegangen wurde.[21] Dort haben wir bereits gesehen, daß Putnam die Situation im Süden Italiens – ganz im Sinne der Abbildung 4.1 – als eine Art Evolutionsversagen interpretiert: Vor langer Zeit ereignete sich in der italienischen Geschichte so etwas wie eine ‚Bifurkation‘, die den Entwicklungspfad der süditalienischen Gesellschaftsordnung bestimmte und zu einer Ordnung führte, die – kurz gesagt – durch vertikale Strukturen, Machtbeziehungen, starke Familienbezogenheit und die Abwesenheit bürgerlicher Tugenden gekennzeichnet ist. Putnams Interpretation suggeriert, daß ein alternativer Pfad möglich gewesen wäre (in Abildung 4.1 die gestrichelte Linie zum ‚erwünschten Zustand‘), der sich anhand eines Vergleichs mit dem italienischen Norden rekonstruieren läßt; der alternative Pfad hätte auch im Süden zu einer Gesellschaftsordnung geführt, in der horizontale Beziehungen, Kooperation und Bürgersinn vorherrschen. Nun erscheint die Vermutung nicht allzuweit hergeholt, daß die Menschen im Süden ihren institutionellen Status quo gerne gegen einen Zustand eintauschen würden, der eher der Situation im Norden ähnelt.[22] Das Ergebnis der Putnam'schen Untersuchung – die in den siebziger Jahren eingeführten regionalen Regierungen erwiesen sich im Norden als bürgernäher und leistungsfähiger als im Süden – erinnert uns jedoch daran, daß die Implementierung des erwünschten Zustands schlichtweg keine machbare Option ist, und daß jede Reform umfassender Regelordnungen immer nur ein schrittweiser und langwieriger Prozeß sein kann, eine *Richtungsänderung*, ausgehend vom historisch entstandenen Status quo. Auch können wir nicht wissen, welche Wirkungen Reformen genau haben werden; wir können lediglich hoffen, daß die weitere Evolution des Systems sich innerhalb eines Korridors des Erwünschten abspielt. Somit

---

[20] Vanberg 1981, S. 16 f. (Hervorhebung im Original.)

[21] Für ein weiteres Beispiel, die ‚Transformation‘ sozialistischer Systeme, siehe auch das nächste Kapitel; insbesondere in Abschnitt 5.1 wird auf die hier diskutierten Argumente nochmals zurückzukommen sein.

[22] Für das Argument, um das es hier geht, ist es zwar unerheblich; doch es kann nicht genügend betont werden, daß es sich – will man nicht unter der Hand so tun, als würde man subjektive Präferenzen kennen oder gar besser wissen als die Betroffenen, was gut für sie ist – bei einer solchen Vermutung nur um eine *Hypothese über die Präferenzen der betroffenen Menschen* handeln kann. Gestützt bzw. widerlegt werden kann eine solche Hypothese letztlich nur durch tatsächliche Wahlhandlungen der Betroffenen, wie z.B. – in diesem Fall – Wanderungsbewegungen vom Süden in den Norden Italiens.

kann man sagen, daß Erfolg oder Mißerfolg der Reform von Regelsystemen selbst wieder ‚Geschichte' ist.

Vor dem Hintergrund der unterschiedlichen Möglichkeiten der Politik im Fall einzelner Regeln und im Fall von Regelsystemen kann man sagen, daß den beiden Fällen unterschiedliche Verständnisse von ‚Evolutionsversagen' und ‚Lock-in' zugrundeliegen. Je weiter wir entlang des Kontinuums von einzelnen Regeln in Richtung umfassender Regelsysteme wandern, desto stärker erfährt der Begriff ‚Lock-in' eine Bedeutungsverschiebung. Solange wir es mit *einzelnen* Regeln zu tun haben, können wir klare Aussagen darüber machen, *was* wir als ‚ineffizient' und reformbedürftig erachten. ‚Lock-in' impliziert ja, daß Veränderung, die eigentlich erwünscht wäre, ausbleibt; das heißt, wir beobachten etwas, das sich über die Zeit nicht verändert. Es mag schwierig genug sein, einzelne soziale Regeln und Institutionen zu beobachten; in dem Maße aber, in dem wir es mit umfassenden Regelsystemen zu tun haben, wird es immer schwieriger, überhaupt festzumachen, um was es geht. Dies hängt damit zusammen, daß wir bereits Schwierigkeiten haben, komplexe Systeme adäquat zu beschreiben. Dabei müssen wir immer Abstraktionen vornehmen, die theoriegeladen sind. Außerdem sind komplexe institutionelle Systeme wie etwa ‚Kulturen' immer historischem Wandel unterworfen, so daß zwangsläufig in einem anderen Sinn von ‚Lock-in' gesprochen werden muß als im Fall einfacher Regeln. Während einzelne Regeln faktisch über die Zeit unverändert bleiben können – und zwar, *obwohl* sich das Regelsystem, in das sie eingebettet sind, möglicherweise substantiell verändert – kann dies für komplexe Regelsysteme so nicht behauptet werden. In jeder noch so statisch wirkenden Gesellschaft wird es marginalen Wandel geben, und dies wird umso mehr der Fall sein, je umfassender das Gesellschaftssystem ist, das wir betrachten. Weil Regelsysteme sich ständig wandeln und innerhalb von Systempfaden immer Variation möglich ist, kann lediglich behauptet werden, daß *bestimmte Aspekte des Systems* über die Zeit stabil bleiben.

Es ist daher irreführend, davon zu sprechen, eine ‚Gesellschaft' oder eine ‚Kultur' befinde sich in einem institutionellen Lock-in. Denn was wir damit meinen, was wir damit *nur meinen können*, ist ja, daß *bestimmte Bestandteile* einer institutionellen Ordnung über die Zeit konstant bleiben, und zwar diejenigen Bestandteile, die wir aufgrund unserer Theorien heranziehen, um den Pfad zu beschreiben, den die zeitliche Entwicklung dieser Ordnung eingeschlagen hat. Dies ist der theoretische Grund, aus dem es problematisch ist, von ‚System-Lock-in' zu sprechen. Es gibt noch einen praktischen Grund, der mit dem theoretischen eng verwoben ist: Wie erläutert, sind wir gar nicht in der Lage, *gesamte* Institutionensysteme durch ‚bessere' zu ersetzen. Alles, was wir tun können, ist, *Teile* des Systems zu reformieren und umzugestalten – und zwar diejenigen Teile, von denen wir vermuten, daß sie für die negativen Funktionseigenschaften des Systems verantwortlich sind, und von deren Reform wir uns erhoffen, daß die Probleme gelöst werden. Auch aus praktischen Gründen erscheint es daher nicht sinnvoll, Evolutionsversagen und Lock-in undifferenziert auf umfassende Systeme zu beziehen. Vielmehr erfordert eine Diagnose, die praktische Relevanz haben soll, daß diejenigen Teile des Systems identifiziert werden, die für die Probleme kritisch verantwortlich sind. Folglich soll hier argumentiert werden, daß Lock-in-Diagnosen systematisch nützlicher sind, wenn – oder in dem Maße, in dem – sie sich auf einzelne Regeln und Institutionen beziehen.

In dieser Perspektive ist die Darstellungsweise der Entwicklung eines Regelsystems, die in Abbildung 4.1 gewählt wurde, eine irreführende Vereinfachung. Im Fall einzelner Regeln kann es tatsächlich so sein, wie es die Abbildung suggeriert: daß *eine* Bifurkation in der Vergangenheit über die Adoption einer Regel entschieden hat, wobei eine bestimmte Anzahl von Alternativen ausgeschlossen wurde, und daß diese Regel in der Folge über die Zeit unverändert blieb. Ein umfassendes Regelsystem dagegen erfährt im Verlauf seiner historischen Entwicklung natürlich nicht *eine* Bifurkation, sondern beliebig viele; praktisch zu jedem Zeitpunkt finden marginale Veränderungen statt, die auch anders sein könnten, und der *eine* Pfad, den das System durch den Raum der Möglichkeiten nimmt, würde sich, könnte man die Geschichte nochmals ablaufen lassen, vermutlich kein zweites Mal ereignen.[23] An dieser Stelle schließt sich der Kreis zu der in Kapitel 1 getroffenen Unterscheidung zwischen einem Verständnis von Pfadabhängigkeit als ‚Geschichte' und als ‚Evolutionsversagen': Komplexe Systeme von Regeln entwickeln sich historisch, und sie sind ‚pfadabhängig' in *diesem* Sinn. Wollen wir dagegen Evolutionsversagen oder Lock-in diagnostizieren – in dem Sinn, daß institutionelle Inflexibilität vorliegt und mit der Implikation der Notwendigkeit kollektiven Handelns –, dann ist es sinnvoll, daß wir uns, nach Möglichkeit, nur auf *einzelne* Regeln und Institutionen beziehen.

Um in diesem Zusammenhang nochmals auf Putnams Italien-Analyse zurückzukommen: Zwar bezieht er sich eindeutig auf ein umfassendes Regel*system*, wenn er die These aufstellt, ‚die Gesellschaft' im Süden Italiens befinde sich in einer Lock-in-Situation. Jedoch kann Putnam mit

---

[23] Gould formuliert den Gedanken der Kontingenz, bezogen auf die biologische Evolution, in ähnlicher Weise, wenn er davon spricht, das ‚Band des Lebens' wieder und wieder ablaufen zu lassen. – Möglicherweise würde es kein zweites Mal Menschen geben! (Siehe Gould 1994.)

Lock-in natürlich nicht meinen, daß sich die süditalienische Gesellschaftsordnung seit etwa tausend Jahren nicht verändert hätte; die Behauptung kann nur sein, daß *bestimmte Institutionen,* die er als für die süditalienische Gesellschaft charakteristisch ansieht und die er für bestimmte Probleme verantwortlich macht, in ihrem Kern noch immer Bestand haben. Auch wenn es sich dabei um mehrere miteinander verbundene Institutionen handelt, so bezieht sich eine präzisere Diagnose eben doch auf *einzelne* Institutionen, und nicht auf die gesamte Gesellschaftsordnung Süditaliens. Entsprechend muß bei der Frage nach den Möglichkeiten institutioneller Reformen davon ausgegangen werden, ob und wie *einzelne* Institutionen reformiert werden können. Um diese Frage soll es im nächsten Abschnitt gehen.

4.4 Positive Rückkopplungen und Regelreformen

Wenn wir nun also davon ausgehen, daß die Entwicklung gesellschaftlicher Institutionen zu Ergebnissen führen kann, die als unerwünscht charakterisiert werden können und die verbessert werden können, und wenn wir akzeptieren, daß Pfadabhängigkeit und positive Rückkopplungen eine Ursache für institutionelle Inflexibilität darstellen, dann stellt sich die Frage, wie Reformen zu bewerkstelligen sind und welche Aussichten auf Erfolg sie haben. In diesem Abschnitt soll nun herausgearbeitet werden, daß die Diagnose der Ursache institutioneller Pfadabhängigkeit wichtige Implikationen für Reformbemühungen hat. Es ist für Reformen bedeutsam, ob – in der Terminologie von Abschnitt 3 – institutionelle Inflexibilität auf positive Rückkopplungen vom Typ 1, 2 oder 3 zurückzuführen ist. Warum dies so ist und welche Schlüsse aus unterschiedlichen Diagnosen zu ziehen sind, dazu sollen in der Folge einige Überlegungen angestellt werden.

Dabei ist zu beachten, daß unterschiedliche Mechanismen positiver Rückkopplung in der Realität häufig gemeinsam wirken dürften. Tatsächlich ist wohl anzunehmen, daß in der Realität die (Hyper-)Stabilität praktisch *jeder* Institution aus einer Kombination *mehrerer* der drei Arten positiver Rückkopplungen resultiert. Zum Teil wird dies in den in Kapitel 3 diskutierten Ansätzen natürlich durchaus gesehen, jedoch wurde bei der Darstellung derjenige Aspekt hervorgehoben, zu dessen Illustration der jeweilige Ansatz besonders geeignet schien. Beispielsweise kann bei Putnam zwar der Komplementaritätseffekt als der zentrale Aspekt angesehen werden, jedoch spielen, wie wir ja gesehen haben, auch positive Rückkopplungen vom Typ 1 und 3 durchaus eine Rolle. Auch Greif scheint eine Typ-3-Rückkopplung im Auge zu haben, wenn er auf die Rolle kultureller und religiöser Überzeugungen bei der ‚Selektion' institutioneller Pfade verweist. Und auch Sugden verweist letztlich auf die Rolle mentaler Modelle, wenn er argumentiert, daß Konventionen häufig auch ‚Normen' seien.[24] Dennoch dürfte es nützlich sein, die drei analytisch auseinanderzuhalten, weil zu erwarten ist, daß dies zu einem besseren Verständnis institutioneller Inflexibilität und zu präziseren Lock-in-Diagnosen führt; präzise Diagnosen sind aber wiederum die Voraussetzung für erfolgversprechende Reformvorschläge. In der Folge soll es nun also um den Zusammenhang zwischen den drei Arten positiver Rückkopplungen und den Möglichkeiten und Grenzen von Reformbemühungen gehen.

4.4.1   Koordinationseffekt und Regelreform

4.4.1.1   Koordinationsspiel und System-Lock-in

Vor dem Hintergrund der in Abschnitt 4.3 diskutierten Unterscheidung zwischen der Reform einzelner Regeln und der Reform von Regelsystemen erscheint es zunächst angebracht, auf einige Unklarheiten einzugehen, die im Zusammenhang mit der Interpretation des Koordinationsspiels auftreten. Bisweilen wird das Koordinationsspiel dafür verwandt, die Möglichkeit des Evolutionsversagens für umfassende Regelsysteme aufzuzeigen. Boyer und Orléan scheinen einen solchen Schluß vorzunehmen, wenn sie bemerken, das Koordinationsspiel impliziere eine „rather pessimistic vision of the capacity of *societies* for self-transformation," oder wenn sie schreiben, der Koordinationseffekt verursache „powerful pressures to conform, so powerful that they bring about an overall *rigidity of the system*."[25] Eine solche Schlußfolgerung erscheint jedoch problematisch, weil anhand des Koordinationsspiels lediglich gezeigt werden kann, daß bei der Entstehung *einzelner* Regeln Evolutionsversagen möglich ist. Aus der Persistenz einzelner ineffizienter Koordinationsregeln kann jedoch nicht ohne Weiteres gefolgert werden, daß das gesamte Regel*system* inflexibel ist. Dafür wären zusätzliche Annahmen erforderlich, wie etwa, daß Koordinationseffekte für eine hinreichend große Anzahl von Regeln von entscheidender Bedeutung sind, so daß dadurch das gesamte System von Regeln und Institutionen nicht in der Lage ist, sich spontan zu wandeln.

---

[24] Siehe etwa Sugden 1986, S. 150.
[25] Boyer und Orléan 1993, S. 21. (Hervorhebungen hinzugefügt.)

Dies kann jedoch nicht ohne weiteres behauptet werden, auch wenn die Menge der Koordinationsregeln in jeder Gesellschaft sicherlich groß ist.

Ein ähnliches Problem zeigt sich, wenn ‚Unterentwicklung' als Koordinationsproblem dargestellt wird. Wie Matsuyama die Perspektive solcher Ansätze charakterisiert: „(...) some societies, 'the underdeveloped,' play the dominated equilibrium, while other societies, 'the developed,' play a better equilibrium."[26] Matsuyama bemängelt, diese Sichtweise würde das Koordinationsproblem ‚trivialisieren', geht aber von einem Koordinationsbegriff aus, der sich von dem des Koordinationsspiels grundlegend unterscheidet. ‚Koordination' kann zweierlei bedeuten:[27] Einerseits kann das gemeint sein, was das Koordinationsspiel illustriert, und zwar die Kompatibilität von Verhaltensweisen als Voraussetzung erfolgreicher Interaktion. Klein nennt dies ‚Schelling-Koordination'. Andererseits bezeichnet ‚Koordination' aber auch das Ergebnis einer ‚spontanen Ordnung' – das aufeinander Abgestimmtsein einer Vielzahl von Handlungen, ohne daß die Handelnden voneinander wissen müssen oder überhaupt verstehen müssen, was für ein Spiel sie da spielen. Koordination in diesem Sinn nennt Klein ‚Hayek-Koordination' oder auch ‚Metakoordination'. Koordination in diesem letzteren Sinn bezieht sich auf den gesamten Wirtschaftsablauf, und es ist vor allem *dieses* Koordinationsproblem, welches sich im Zusammenhang mit wirtschaftlicher Entwicklung stellt.[28] ‚Schelling-Koordination' ist lediglich *ein Teil* dieses umfassenderen Koordinationsproblems. Richtig interpretiert, eignet sich das Koordinationsspiel nicht als *Modell* der Entwicklungsproblematik, sondern allenfalls als *Metapher* für das Problem, von einem unerwünschten Zustand (‚Unterentwicklung') zu einem erwünschten Zustand zu gelangen.[29]

---

[26] Matsuyama 1997, S. 138.

[27] Zum Folgenden siehe Klein 1997.

[28] Daß Matsuyama ökonomische Entwicklung als ein Problem von ‚Hayek-Koordination' betrachtet, wird deutlich, wenn er schreibt: „The development of a sophisticated economic system requires a high degree of *coordination* among .. diverse activities, performed by a diverse set of agents, each of whom may possess the unique knowledge and technical expertise concerning these activities." (Matsuyama 1997, S. 142, Hervorhebung hinzugefügt.)

[29] Da ‚Unterentwicklung' mit Sondervorteilen für bestimmte Gruppen verbunden sein kann, werden dabei häufig auch Interessenkonflikte eine Rolle spielen, wie sie – im Zusammenhang mit dem Koordinationsspiel – in Abschnitt 4.4.1.3 noch zu diskutieren sein werden.

4.4.1.2   Koordinationsspiel, Regelreform und ‚Präferenzen‘

Wie in Abschnitt 4.2 bereits deutlich wurde, wird das Koordinationsspiel
hier nur auf den Sachverhalt angewandt, den es auch zu modellieren geeignet ist, und zwar diejenige Klasse von Interaktionssituationen, in der
koordiniertes Verhalten von beiderseitigem Nutzen ist. Wie ebenfalls in
Abschnitt 4.2 dargelegt wurde, führt dies dazu, daß Regeln, die koordiniertes Verhalten sicherstellen, umso attraktiver werden, je verbreiteter sie
sind. In diesem Sinn liegen also positive Rückkopplungen (Typ 1) vor; die
– nochmals – *erstens* bewirken können, daß sich nicht die ‚beste‘ zur Verfügung stehende Konvention spontan herausbildet (potentielle Inferiorität), und *zweitens*, daß ein Übergang von der etablierten Konvention zu
einer ‚besseren‘ spontan nicht stattfindet (Inflexibilität).

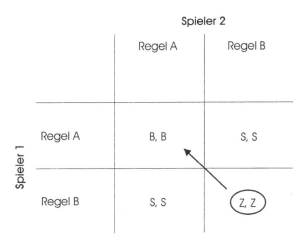

Abbildung 4.2: Reform der inferioren Koordinationsregel B bei identischen Präferenzen. Der kollektive Übergang zu Regel A sollte unter diesen Bedingungen unproblematisch sein (B>Z>S).

Zur Illustration ist in Abbildung 4.2 nochmals das Koordinationsspiel –
mit unterschiedlich bewerteten Regeln und identischen Präferenzen – wiedergegeben. Sollte sich die inferiore Regel B etabliert haben, ist es für
jeden *Einzelnen* vernünftig, sie auch zu befolgen, da er sonst mit der
schlechtestmöglichen Auszahlung S rechnen müßte. *Kollektiv* aber können
alle einer Reform zustimmen, und der Übergang zu Regel A – angedeutet
durch den fetten Pfeil vom rechten unteren zum linken oberen Quadranten
– dürfte problemlos zu bewerkstelligen sein, sofern funktionierende kol-

lektive Entscheidungsstrukturen vorhanden sind bzw. das Problem kollektiven Handelns gelöst werden kann.[30]

Dabei ist natürlich zu beachten, daß – wie in den ersten beiden Abschnitten dieses Kapitels ausgeführt – hier nicht angenommen wird, daß die in die Payoff-Struktur dieser Matrix eingeschriebenen Präferenzen irgendeinem externen Beobachter bekannt sein könnten. Dabei kann es sich wiederum nur um Hypothesen handeln, die durch die Entscheidungen der beteiligten Spieler bestätigt oder widerlegt werden. Durch diese Sichtweise verliert die Matrix ihre scheinbare Trivialität: Wenn die Payoff-Struktur als objektives Wissen interpretiert wird, dann erscheint es in der Tat kaum vorstellbar, daß ein so trivialer Sachverhalt den Betroffenen auch nur für die geringste Zeit entgehen könnte. Als *Hypothese* über die Möglichkeit kollektiver Besserstellung kann sich die Matrix 4.2 jedoch in zweierlei Hinsicht als falsch erweisen: *Erstens* kann es sein, daß die dem Reformvorschlag zugrundeliegenden *theoretischen* Aussagen über die Funktionseigenschaften der beiden Regelalternativen falsch sind, und *zweitens* kann sich die Vermutung als falsch erweisen, daß die Reform im *Interesse* aller Beteiligten ist. Das heißt, es kann sinnvoll sein, bei Fragen der Regelwahl zwischen einer *Interessenkomponente* und einer *Theoriekomponente* zu unterscheiden, die beide im Begriff der ‚Präferenz‘ enthalten sind.[31] Nehmen wir nochmals das Beispiel alternativer Vorfahrtsregeln im Straßenverkehr. Wie bereits angesprochen, könnte eine Alternative zu der gängigen Rechts-vor-links-Regel eine Regel sein, die Fahrzeugen auf der ‚wichtigeren Straße‘ die Vorfahrt gibt.[32] Bei der Frage, welche der beiden Regeln als allgemeine Regel die bessere ist, werden einerseits theoretische Überlegungen eine Rolle spielen: Auf wieviele Kreuzungen ist die Regel anwendbar? Wie leicht ist sie zu interpretieren, und wie häufig wird es zu Fehlinterpretationen kommen? Und so fort. Andererseits mag es – unter der Annahme eines bestimmten Verkehrsflusses – aber auch unterschiedliche Interessen geben, etwa wenn die Beteiligten jeden Morgen auf dem Weg zur Arbeit aus der gleichen Richtung auf eine bestimmte Kreuzung zufahren und sich wünschen, jeden Morgen Vorfahrt zu haben.

Wie Vanberg und Buchanan argumentieren, kann das Problem unterschiedlicher Ansichten über die Funktionseigenschaften alternativer Regeln durch kritischen Dialog angegangen werden, während divergierende Interessen durch die Unsicherheit darüber abgemildert werden, wie sich

---

[30] Wie in Abschnitt 1.4 argumentiert wurde, ist dies jedoch ein *anderes Problem*.
[31] Siehe Vanberg und Buchanan 1994a.
[32] Vgl. dazu Abschnitt 3.2.3.

eine Regel auf den Einzelnen auswirkt.[33] Auf die beiden Punkte wird im weiteren Verlauf dieses Kapitels noch zurückzukommen sein. Der nächste Abschnitt ist zunächst der Frage gewidmet, wie sich das Problem unterschiedlicher Interessen in den Kontext der Pfadabhängigkeitsdiskussion einordnen läßt.

4.4.1.3   *Koordinationsspiel und Interessenkonflikt*

Das reine Koordinationsspiel ist offensichtlich ein analytischer Sonderfall, denn in der Realität wird eine perfekte Koinzidenz der Interessen höchst selten anzutreffen sein. Wie wir gesehen haben, gilt dies selbst bei Vorfahrtsregeln im Straßenverkehr, wenngleich das oben angeführte Beispiel etwas angestrengt scheinen mag. Doch auch in dem simplen Beispiel der hypothetischen Entstehung einer Rechts- oder Linksfahrregel, das eigentlich gut geeignet ist, völlige Interessenidentität zu illustrieren, könnten unterschiedliche Präferenzen beispielsweise damit zusammenhängen, daß die Fahrer bereits in Autos investiert haben, die – etwa durch Rechts- oder Linkssteuerung – auf unterschiedliche Straßenseiten ausgerichtet sind. In der Regel werden also auch Koordinationsregeln nicht frei von Interessenkonflikten sein.

Abbildung 4.3 zeigt nun den Fall eines Koordinationsspiels, in dem ein Interessenkonflikt zwischen den Spielern besteht.[34] Während nach wie vor beide Spieler ein Interesse daran haben, *daß* es eine Konvention gibt, bevorzugt Spieler 1 Regel A, Spieler 2 dagegen würde Regel B präferieren. Diese Auszahlungsstruktur ist geeignet, nochmals kurz auf die Unterscheidung zwischen Pfadabhängigkeit und Interesse (bzw. Macht) als *unterschiedliche* Erklärungen institutioneller Inflexibilität einzugehen.

---

[33] Damit ist der Gedanke eines ‚Schleiers der Unwissenheit' (Rawls 1971) bzw. der ‚Unsicherheit' (Buchanan und Tullock 1965) angesprochen. In diesem Zusammenhang argumentiert Müller 1998, daß ein Schleier die Chancen auf Überwindung von Interessenkonflikten dann nicht abmildern kann, wenn – wie häufig angenommen wird – die zu beseitigende Konfliktsituation als Gefangenendilemma wahrgenommen wird. Wie bereits angesprochen (vgl. insbesondere Abschnitte 3.2.4 und 3.4.2), geht es hier jedoch nicht, wie beim Gefangenendilemma, um die Frage der Einführung und Durchsetzung einer Regel, sondern um die Wahl zwischen Regelalternativen. Ob das Müller'sche Argument auch in diesem Fall hält, erscheint fraglich.

[34] Das Spiel dieser Struktur ist auch als ‚battle of sexes' oder als ‚dating game' bekannt. Die mit dieser Bezeichnung verbundene Geschichte betrifft jedoch nicht den für die Entstehung sozialer Institutionen relevanten Fall anonymer Wiederholungen, sondern den Fall wiederholten Spielens der gleichen Spieler. Daher soll hier nicht näher darauf eingegangen werden.

Spieler 2

	Regel A	Regel B
Regel A	B, Z	S, S
Regel B	S, S	Z, B

(Spieler 1 on vertical axis)

Abbildung 4.3: Das Koordinationsspiel mit Interessenkonflikt (mit: B>Z>S).

Auch hier ist die Situation, in der alle Spieler in einer Gemeinschaft entweder Regel A befolgen oder Regel B, evolutionär stabil: Es ist nicht rational, individuell davon abzuweichen. Im Unterschied zum Lock-in beim reinen Koordinationsspiel, wo sich alle Beteiligten darüber einig sind, daß sie sich durch einen kollektiven Wechsel zur superioren Regel besser stellen, besteht jedoch hier solche Einigkeit offensichtlich nicht. Spieler 1 würde gegen einen Wechsel von Regel A nach B, Spieler 2 gegen einen Wechsel von B nach A opponieren.

Nehmen wir nun an, Regel B sei die etablierte Regel; den in Abbildung 4.3 angenommenen Präferenzen zufolge wäre also ein Übergang zu Regel A im Interesse von Spieler 1, nicht aber von Spieler 2. Ohne einen interpersonellen Nutzenvergleich vorzunehmen, könnte Regel B dann als ‚inferior‘ bezeichnet werden, wenn Spieler 1 bereit wäre, Spieler 2 in solchem Umfang zu kompensieren, daß dieser einer Reform zustimmen und *beide* sich besser stellen würden. Dies ist in Abbildung 4.4 dargestellt: Hier ist eine Reform, die Regel B durch Regel A ersetzt – in Verbindung mit einer Kompensationszahlung von Spieler 1 an Spieler 2 in Höhe von K $ – im Sinne aller Beteiligten. Nimmt man die Subjektivität der Präferenzen ernst, dann sind Kompensationszahlungen in der Tat die einzige Möglichkeit, Hypothesen über kollektive Besserstellung zu prüfen – wie Buchanan schreibt, „if the political economist is presumed to be ignorant of individual preference fields, his predictions (as embodied in suggested policy changes) can only be supported or refuted if full compensation is, in fact, paid."[35]

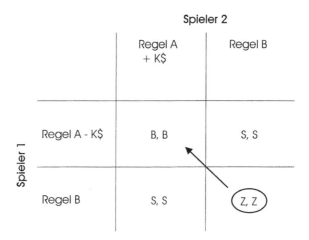

Abbildung 4.4: Die Möglichkeit eines Lock-in beim Koordinationsspiel mit Interessenkonflikt. Regel B ist in dem Sinne inferior, als beide Spieler Regel A vorziehen, nachdem Spieler 1 an Spieler 2 eine Kompensation in Höhe von K gezahlt hat.

Kommt eine solche Einigung jedoch nicht zustande, bleibt der Status quo erhalten. Eine Erklärung dieses Falles von institutioneller Inflexibilität müßte nun offensichtlich das Interesse berücksichtigen, das am Erhalt des Status quo besteht, und von dort aus das Scheitern der Verhandlungen untersuchen.[36] Der Punkt ist, daß mit dem Übergang zur Frage asymmetrischer Interessen ein neuer Aspekt hinzutritt, der von der Frage der Pfadabhängigkeit von Institutionen unterschieden werden kann. Die Frage nach der Stabilität (potentiell inferiorer) institutioneller Gleichgewichte kann unabhängig von der Frage des Interesses, das einzelne oder Gruppen an bestimmten institutionellen Arrangements haben könnten, behandelt werden. Interessenasymmetrien erscheinen in dieser Perspektive als ‚Rau-

---

[35] Buchanan 1960, S. 111.

[36] Ein mögliches Scheitern von Seitenzahlungen muß nicht notwendigerweise auf die damit verbundenen Transaktionskosten zurückzuführen sein. Die Akzeptanz solcher Zahlungen ist auch davon abhängig, ob dem Status quo moralische Legitimation beigemessen wird: „Those persons and groups who have established what they consider to be entitlements in the positive gains ... will not agree to change, and those persons and groups who suffer losses will not willingly pay off what they consider to be immoral gainers. This moral barrier to agreement does not depend on the existence of positive transactions costs (...). Even if transactions costs are zero, the difficulty remains." (Buchanan 1980, S. 365.)

schen', welches von der Problematik positiver Rückkopplungen ablenkt. Sie sollen daher auch in der weiteren Diskussion beiseite gelassen werden.

4.4.2 Komplementaritätseffekt und Regelreform

Daß es sinnvoll ist, Komplementaritätseffekt und Koordinationseffekt zu unterscheiden, wird insbesondere deutlich, wenn es um die Frage institutioneller Reformen geht. Der Punkt, um den es beim Komplementaritätseffekt geht, ist ja, daß die Befolgung bestimmter Regeln für den Einzelnen dadurch attraktiver wird, daß mehrere Regeln einander wechselseitig ergänzen. Analog zu der Unterscheidung zwischen direkten und indirekten technologischen Netzexternalitäten kann man sagen, daß beim Koordinationseffekt die positive Rückkopplung *direkt* erfolgt; das heißt, daß der Nutzen, eine Koordinationsregel zu befolgen, steigt, je verbreiteter *diese Regel selbst* befolgt wird. Dagegen haben wir beim Komplementaritätseffekt eine *indirekte* positive Rückkopplung, die über den komplementären Zusammenhang mit *anderen Regeln* erfolgt, nach dem Muster: Je verbreiteter Regel A, desto attraktiver wird Regel B; je verbreiteter Regel B, desto attraktiver wird Regel A. Daß eine solche wechselseitige Selbstverstärkung zu institutioneller Inflexibilität und Evolutionsversagen führen kann – in dem Sinn, daß Bündel komplementärer Institutionen lange fortbestehen, obwohl sie zu unerwünschten Ergebnissen führen – ist leicht vorstellbar. In solchen Fällen könnte es dann erforderlich sein, daß kollektives oder politisches Handeln an die Stelle der spontanen Regelevolution tritt.

Die besondere Problematik von Regelreformen bei Typ-2-Inflexibilität liegt nun offensichtlich darin, daß es unter Umständen nicht ausreicht, Institutionen zu reformieren, ohne die komplementären Beziehungen mit anderen Institutionen zu berücksichtigen.[37] Dies läßt sich am besten anhand eines Beispiels erläutern. Nehmen wir nochmals die unterschiedlichen Regelsysteme, die Avner Greif in seiner Analyse spätmittelalterlicher Händlergruppen als Lösungen für das Prinzipal-Agent-Problem identifiziert.[38] Wie Greif ja argumentiert, war die ‚kollektivistische‘, ‚segregierte‘ Struktur der maghrebinischen Händler den neuen Handelsmöglichkeiten nicht mehr angemessen, und doch blieb institutioneller Wandel aus. Wie

---

[37] Vgl. auch Croskery 1995, S. 109 f.: „(...) the institutional designer must consider .. the way that the norms she wishes to create and maintain fit in with the existing community norms."

[38] Siehe dazu Abschnitt 3.3.3. In Abschnitt 5.4.2 soll im Zusammenhang mit der Transformationsproblematik nochmals auf Greifs Argument eingegangen werden.

wir in Abschnitt 3.3 gesehen haben, kann dies – zumindest zu einem erheblichen Teil – als Folge der Komplementarität der zugrundeliegenden
Regeln angesehen werden: Wo nur die Mitglieder einer relativ überschau-
baren Gruppe Geschäftsbeziehungen pflegen, kann die Information über
die Zuverlässigkeit potentieller Geschäftspartner leicht allen verfügbar
gemacht werden; und wo diese Information verfügbar ist, lohnt es sich
nicht, Geschäftsbeziehungen außerhalb der Gruppe einzugehen. Die relativ
geringe Gruppengröße und die Verfügbarkeit geschäftsrelevanter Informationen bedingen einander wechselseitig, so daß es für den *einzelnen*
maghrebinischen Händler nicht rational war, sich abweichend zu verhalten. Auf der Grundlage dieser Diagnose läßt sich argumentieren, daß unter
den veränderten Handelsbedingungen Reformanstrengungen *auf kollektiver Ebene* sinnvoll gewesen wären. Die Komplementarität der Bestandteile des kollektivistischen Regelsystems wäre dabei jedoch zu beachten
gewesen: Denn jede institutionelle Veränderung, die, ausgehend von der
beschriebenen kollektivistischen Struktur, auf eine Ausweitung der Handelsbeziehungen mit Nicht-Gruppenmitgliedern gerichtet ist, kann durch
die Tatsache konterkariert werden, daß die Beschränkung auf Gruppenmitglieder wegen der besser verfügbaren Informationen individuell rational ist. Umgekehrt kann jeder Versuch, Informationen über die Zuverlässigkeit potentieller Geschäftspartner besser verfügbar zu machen, daran
scheitern, daß aufgrund der bestehenden Beschränkung der Geschäftsbeziehungen auf Gruppenmitglieder gar kein Interesse an solcher Information besteht.[39]

Grundsätzlich wären nun zwei Wege denkbar, der Komplementarität
von Regeln bei der Ausarbeitung von Reformvorschlägen Rechnung zu
tragen:

1. Der Ordnungsökonom kann die Reform *einzelner* Regeln vorschlagen und zusätzlich Hypothesen darüber formulieren, wie sich die refor-
mierten Regeln in ihr institutionelles Umfeld einfügen werden bzw. ob mit
einer erwünschten spontanen Anpassung komplementärer Regeln zu rechnen ist, oder ob außerdem noch andere Hemmnisse beseitigt werden müßten, damit dies der Fall sein kann.[40] Im Fall einer ‚kollektivistischen‘ Ge-

---

[39] Natürlich ist es durchaus denkbar, daß sich das kollektivistische System wandelt,
weil Einzelne auf gruppenexterne Handelspartner zurückgreifen und diesen – wie im
‚individualistischen‘ System – Effizienzlöhne zahlen. Deswegen kann aber die Möglichkeit nicht ausgeschlossen werden, daß ein solcher Wandel aufgrund der geschilder-
ten Komplementaritäten im kollektivistischen Institutionengefüge ausbleibt oder sich
nur sehr langsam (*zu* langsam?) vollzieht.

[40] Natürlich wäre auch zu prüfen, ob spontane Anpassungen informeller Institutionen
stattfinden könnten, die *unerwünschte* Auswirkungen haben. In diesem Sinn analysiert

sellschaftsstruktur im Sinne Greifs wäre etwa das Informationssystem dahingehend zu reformieren, daß nicht nur Informationen über Gruppenmitglieder, sondern auch über das Geschäftsgebaren gruppenexterner potentieller Geschäftspartner verfügbar werden. Die Frage wäre dann, ob als Folge einer solchen Veränderung auch auf externe Geschäftspartner zurückgegriffen würde, so daß erweiterte Handelsmöglichkeiten und die damit
verbundenen Vorteile wahrgenommen werden könnten. Damit wäre
grundsätzlich zu rechnen – es sei denn, es bestünden, wie Greif ja auch
argumentiert, zusätzliche Hindernisse für eine Erweiterung der Handelstä-
tigkeit über den Kreis der Gruppenmitglieder hinaus. Wie in Abschnitt
3.3.3 angesprochen wurde, existierten Greifs Auffassung zufolge auch
informelle Sanktionen gegen abweichendes Verhalten, welche aus gewachsenen religiösen Überzeugungen heraus vorgenommen wurden. Dies
bedeutet (in der hier vorgeschlagenen Terminologie), daß Reformbemühungen zusätzlich auch das Problem einer Typ-3-Inflexibilität zu berücksichtigen hätten, damit die Erweiterung des Informationssystems für Handel treibende auch zu einer verbesserten Ausnutzung neuer Handelsmöglichkeiten führen könnte. Denn wenn aufgrund von religiös verwurzelten
mentalen Modellen geschäftliche Interaktionen mit gruppenexternen Ge-
schäftspartnern mit negativen Sanktionen belegt werden, dann kann die
Reform eines Teils des Systems wirkungslos bleiben.

2. Der Ordnungsökonom kann versuchen, diejenigen Regeln ausfindig
zu machen, die *als Bündel* reformiert werden müssen, damit die Reformen
zu einer gemeinsamen Besserstellung führen.[41] Im Unterschied zur ersten
Möglichkeit wird also nicht darauf vertraut, daß die Reform einzelner Regeln zu wünschenswerten spontanen Veränderungen der komplementären
Teile des Regelsystems führt. Vielmehr wird versucht, diejenigen Regeln,
deren Fortbestand den Reformerfolg gefährden könnten, ausfindig zu machen und gleich mit zu reformieren. In Greifs Beispiel würde dies etwa
bedeuten, das kollektivistische System an beiden Enden gleichzeitig zu
reformieren, also sowohl an der unterschiedlich verfügbaren Information
über Geschäftspartner innerhalb und außerhalb der Gruppe anzusetzen als
auch an der Beschränkung auf Gruppenmitglieder.

---

beispielsweise Lindbeck (1995) die Tendenz wohlfahrtsstaatlicher Politiken zur Selbst-
aushöhlung im Sinne eines pfadabhängigen Prozesses. (Vgl. insbesondere Lindbeck
1995, S. 486 f.)

[41] In diesem Sinn spricht Ensminger von der Notwendigkeit, Veränderungen zu ‚syn-
chronisieren‘. (Ensminger 1997, S. 192.) In Anlehnung an die Diskussion der Reform
von Regelsystemen ist jedoch zu beachten, daß die Aussichten, bei der Reform zum
intendierten Ergebnis zu kommen, sinken, je umfassender die Regelbündel sind, die
dabei geschnürt werden. (Vgl. Abschnitt 4.3.)

In jedem Fall kommt der Theorie-Komponente große Bedeutung zu, weil ‚Komplementarität' nur auf der Grundlage einer Theorie über die Funktionseigenschaften der betreffenden Regeln und Institutionen beurteilt werden kann. Daher ist es besonders bedauerlich, daß das Zusammenspiel von Institutionen bislang so wenig explizit untersucht wird; – Elinor Ostroms Diktum, Institutionenökonomen würden Regeln zumeist so behandeln, als wirkten sie separat und einzeln, wurde ja bereits wiedergegeben. Ausnahmen, die insbesondere für die Frage der Reform komplementärer Institutionen interessant sind, gehen häufig von dem Problem aus, ob Regeln und Institutionen von einer Regelumgebung in eine andere übertragen werden können; die Schwierigkeit oder das Scheitern solcher ‚Institutionentransplantationen'[42] wird dabei auf die fehlende Komplementarität des neuen institutionellen Umfeldes zurückgeführt. Dabei spielt häufig auch die Kompatibilität neuer formaler Gesetze mit bereits existierenden informellen Institutionen eine Rolle.[43]

So diskutiert Boyer die Möglichkeit, die französische Variante des ‚Kapitalismus' in Richtung des – für erfolgreicher erachteten – deutschen Systems zu reformieren und warnt vor einer kritiklosen Übernahme von Elementen, die sich in einem *anderen Umfeld* bewährt haben: „But to recognize the superiority of one organizational mode of capitalism is not to say that it is an easy task to import, copy or assimilate its rationale and its institutions, by the very fact of their being specific to a society (...)."[44] Er schlägt vor, Institutionen so umzugestalten, daß dabei die Schwächen des vorhandenen Systems in Stärken umgewandelt werden: „The whole art would seem to lie in turning the limits of the previous form of organization into so many assets with a view to recomposing them in an arrangement appropriate to the new context."[45] Natürlich ist auch hier wiederum zu fragen, auf welcher Grundlage die Beurteilung von ‚Stärken' und ‚Schwächen' erfolgen soll. Wie bereits erwähnt, werden *Theorien* über die Funktionsweise des zu reformierenden Systems dabei eine wichtige Rolle spielen; ferner wird profunde Kenntnis der faktisch operierenden (infor-

---

[42] Um den treffenden Begriff ‚institutional transplant', den Guinnane (1994) verwendet, ins Deutsche zu übertragen.

[43] Vgl. etwa Boyer 1997. Für ein historisches Beispiel siehe Guinnane 1994; eine formale Analyse mit Anwendungsbeispielen bietet Aoki 1994. Ensminger (1997) erklärt Probleme bei Eigentumsrechtsreformen in Afrika anhand ihrer fehlenden Komplementarität mit bestehenden informellen Institutionen.

[44] Boyer 1997, S. 93. Siehe auch S. 94: „(...) the very interdependence of economic institutions which provides the strength and stability of the Rhine model itself explains the structural difficulty of its adoption by other countries. This is a very general property of models which function in a highly path-dependent way."

[45] Ebda., S. 95.

mellen) Institutionen unerläßlich sein, um mögliche erfolgversprechende Ansatzpunkte für Reformen ausfindig zu machen. Wie Ensminger schreibt: „Identifying the proper point and means of intervention is obviously *the* challenge for policy planners, and it will demand a deep understanding of indigenous norms and local institutions."[46] Welches ‚Verständnis' der Wissenschaftler auch immer selbst von dem zu reformierenden Institutionensystem haben mag: Als Letztinstanz für die Beurteilung seiner Reformvorschläge kommen wiederum nur die Betroffenen selbst in Frage; diese kann er zwar beraten, er hat aber keine Grundlage dafür, sich über ihre Überzeugungen hinwegzusetzen.

4.4.3 Typ-3-Inflexibilität und Regelreform

Wiederum anders gelagert sind die spezifischen Probleme im Zusammenhang mit institutionellen Reformen, wenn die Ursache für Inflexibilität primär auf positive Rückkopplungen vom Typ 3 zurückzuführen ist. Wie wir in Abschnitt 3.4 gesehen haben, kann Selbstverstärkung in der institutionellen Entwicklung auch durch Lernprozesse in der Gesellschaft hervorgerufen werden, bei denen insbesondere *ersatzweises* Lernen eine Rolle spielt: Die Menschen machen sich bestimmte ‚mentale Modelle' oder ‚Paradigmen' zueigen, weil sie entsprechende Verhaltensweisen beobachten, als erfolgreich beurteilen und imitieren. Wie Choi argumentiert, werden dabei auch normative Implikationen dieser mentalen Modelle übernommen, so daß bestimmte Regeln aus der Überzeugung heraus befolgt werden, daß dieses Verhalten ‚angemessen' und ‚gerecht' ist. In dem Maße, in dem dies der Fall ist, können wir dann sagen, daß die Regelgeltungs- und die Regelbefolgungsinteressen der Menschen *zusammenfallen*. Dies aber bedeutet, daß ein Reformbedarf somit nicht mehr ohne weiteres – wie bei positiven Rückkopplungen vom Typ 1 oder 2 – auf der Grundlage einer *Divergenz* von Regelgeltungs- und Regelbefolgungsinteresse diagnostiziert werden kann. Anders formuliert: In dem Maße, in dem Institutionen deshalb befolgt werden, weil das entsprechende Verhalten den normativen Implikationen der gemeinsamen mentalen Modelle der Regelgemeinschaft entspricht, kann eine Legitimierung von Reformen aufgrund eines internen Kriteriums problematisch werden.[47]

---

[46] Ensminger 1997, S. 192. (Hervorhebung im Original.)
[47] Auf dieses Problem scheint auch Dopfer abzuzielen, wenn er schreibt: „The fact that order ‚enslaves' individuals ... poses ... fundamental value problems." (Dopfer 1991, S. 538.)

Stellen wir uns vor, der Ordnungsökonom würde institutionelle Alternativen vorschlagen, von denen er glaubt, daß sie den Interessen der Betroffenen besser gerecht werden. Die Menschen lehnen diese Alternativen jedoch ab, weil sie – auf der Grundlage ihrer gemeinsamen mentalen Modelle – die bestehenden Institutionen für gut und gerecht halten. Sind damit bereits alle Möglichkeiten ausgeschöpft, für ‚besser‘ erachtete Institutionen einzuführen, ohne die Legitimationsbasis des normativen Individualismus zu verlassen? Muß der Ordnungsökonom an diesem Punkt entweder aufgeben – seine Reformhypothese als widerlegt ansehen – oder, um überhaupt von ‚Reformbedarf‘ sprechen zu können, auf ein *externes* Legitimationskriterium zurückgreifen, auf ein Kriterium also, das von den Präferenzen der Betroffenen unabhängig ist? Dieses Problem berührt, darauf sei hingewiesen, nicht nur die Frage der *Legitimation*, sondern zugleich auch die der *Möglichkeit* von Reformen, denn jede institutionelle Reform gegen die Wünsche und ohne die Zustimmung der Betroffenen steht erfahrungsgemäß auf wackligen Füßen. In diesem Sinn schreibt etwa Penz, daß „nur jene Institutionen langfristig viabel sein werden, die nicht mit den internen Normen der Akteure im Widerspruch stehen und an die mentalen Modelle der Akteure anschlußfähig sind."[48]

Einen Ausweg aus dem beschriebenen scheinbaren Dilemma zwischen Typ-3-Inflexibilität und interner Legitimierung von Reformen bietet wiederum die bereits angesprochene Unterscheidung zweier Komponenten des Präferenzbegriffs, und zwar der Interessenkomponente und der Theoriekomponente. Schließlich sind nicht beide Komponenten gleichermaßen subjektiv und unhinterfragbar. Das, was Vanberg und Buchanan die ‚Theoriekomponente‘ nennen, umfaßt faktische Aussagen, die ‚wahr‘ oder ‚falsch‘ sein können – Kategorien, die im Zusammenhang mit rein subjektiven *Wertungen* keinen Sinn ergeben.[49] Zwar sind in praktisch *jeder* Entscheidung *beide* Komponenten enthalten; so ließe sich selbst eine Präferenz etwa für Joghurt in subjektive Wertungen (wie ‚Joghurt ist lecker‘) und in theoretische Aussagen (wie ‚Joghurt ist gut für die Darmflora‘) zerlegen. Doch kann davon ausgegangen werden, daß im Zusammenhang mit Institutionen – Vanberg und Buchanan sprechen von ‚konstitutionellen Präferenzen‘ – die Theoriekomponente von besonderer Bedeutung ist.[50]

Wenn Vanberg und Buchanan argumentieren, daß in dem, was Ökonomen unter ‚Präferenzen‘ verstehen, neben der rein subjektiven ‚Interessen-

---

[48] Penz 1998, S. 162 f. Siehe dazu auch Vanberg 1999.

[49] Vgl. Vanberg und Buchanan 1994a.

[50] Vgl. ebda.: „On the constitutional level, it should be obvious that poeple's *theories* about the working properties of alternative rules and rule-systems, and not just their interests in expected outcomes, are of crucial relevance to their choice behaviour."

komponente' immer auch eine ‚Theoriekomponente' enthalten ist, dann bieten sie zugleich einen Ansatzpunkt dafür, ein Evolutionsversagen bei Typ-3-Inflexibilität zu diagnostizieren. Denn analog zu dem Vanberg und Buchanan'schen Argument, das sich auf Präferenzen bezieht, kann man wohl sagen, daß auch die normativen Implikationen mentaler Modelle unterschiedliche Komponenten enthalten, die in unterschiedlichem Maße ‚wahrheitsfähig' sind. Indem diese Überlegungen auf die zentrale Bedeutung von *Regelwissen* verweisen, machen sie deutlich, daß die Rolle *rationalen Diskurses* als Voraussetzung und Anstoß institutionellen Wandels nicht unterschätzt werden sollte. So schreiben Vanberg und Buchanan, „there is an obvious 'role for reason', for science-like discourse in constitutional choice. (...) To the extent that persons' revealed constitutional preferences are informed by their predictions of the working properties of the rules that are under consideration, constitutional agreement can be facilitated by a process that systematically encourages critical examination and discussion of alternative theoretical constructions (...)."[51]

Es gibt wenig Grund zu der Annahme, daß dies bei Typ-3-Inflexibilität von Institutionen anders sein sollte: Auch bei solchen Institutionen, die wir aufgrund unserer Lernerfahrung im entsprechenden sozialen Umfeld *unreflektiert* für ‚richtig' erachten, kann es möglich sein, einen Schritt zurück zu machen und rational über ihre Funktionseigenschaften zu diskutieren. In ähnlicher Weise mag Mary Douglas' Buch ‚Wie Institutionen denken' als Versuch interpretiert werden, die Voraussetzungen für eine kritische Auseinandersetzung mit Institutionen in Fällen von Typ-3-Inflexibilität zu schaffen. So schreibt sie etwa: „Unsere Hoffnung ist es, die geistige Unabhängigkeit zu bewahren, und der erste Schritt dazu besteht in *der Erkenntnis, auf welche Weise Institutionen unser Denken in den Griff bekommen.*" Die kryptische Wendung, Institutionen könnten ‚unser Denken in den Griff bekommen', kann klarer gefaßt und fruchtbarer Analyse zugänglich gemacht werden, wenn sie – in der hier vorgeschlagenen Weise – als Typ-3-Inflexibilität interpretiert und kognitionswissenschaftlich fundiert wird.[52]

Nun wäre es freilich naiv zu glauben, alle Probleme könnten gelöst werden, wenn man nur ‚lange genug darüber redet'. Dem stehen mindestens zwei grundsätzliche Einwände entgegen:[53] *Erstens* ist nicht damit zu rechnen, daß die Betroffen überhaupt hinreichend *motiviert* sind, Regelwissen zu erwerben – ein Problem, das in der Literatur unter dem

---

[51] Ebda., S. 175.
[52] Douglas 1991, S. 151. (Hervorhebung hinzugefügt). Vergleiche auch die Bemerkungen zum Internalisierungskonzept in Abschnitt 3.4.2.
[53] Zum Folgenden vgl. Vanberg und Buchanan 1994b, S. 181 ff.

Stichwort *rational ignorance* diskutiert wird. *Zweitens* stößt unsere Fähigkeit, die zukünftigen Funktionseigenschaften alternativer Regelarrangements vorauszusagen, an Grenzen, weil unsere kognitiven Fähigkeiten nun einmal begrenzt sind bzw. weil die Zukunft (in einem fundamentaleren Sinn) nicht bekannt sein kann.[54] Hinzu kommt das spezifische Problem bei Typ-3-Inflexibilität, daß es bisweilen schwierig sein kann, erlernte mentale Modelle oder ‚Denkgewohnheiten‘, die in der Vergangenheit ‚funktioniert‘ haben, überhaupt zur Disposition zu stellen und so, wie es Mary Douglas’ Hoffnung ist, „die geistige Unabhängigkeit zu bewahren.“

Diese Schwierigkeiten könnten abgemildert werden, wenn es gelingt, Bedingungen zu schaffen, die es den Betroffenen ermöglichen, verschiedene institutionelle Arrangements zu beobachten und zu möglichst geringen Kosten zwischen ihnen zu wählen.[55] Denn in dem Maße, in dem die Möglichkeit individueller Wahl zwischen institutionellen Alternativen besteht, steigt der Anreiz, sich persönlich zu informieren. Gleichzeitig verringern sich die Anforderungen an die theoretischen Kenntnisse der Betroffenen, wenn sie die Funktionseigenschaften alternativer Institutionen *beobachten* können. Und schließlich kann die Beobachtbarkeit von Alternativen – ebenso wie die Erörterung alternativer historischer Pfade, wie sie in der Pfadabhängigkeitsdiskussion angestellt wird – das Bewußtsein dafür schärfen, daß die Dinge anders sein könnten und *somit* dazu beitragen, daß gemeinsame mentale Modelle *hinterfragt* werden.[56] Der entscheidende Punkt ist, daß *wettbewerbliche Explorationsprozesse*, wie sie unter Bedingungen der freien individuellen Wahl zwischen institutionellen Alternativen zu erwarten wären, als Mechanismen zur Schaffung und Nutzung von Regelwissen eine wichtige Ergänzung zu wissenschaftlichen und politischen Diskursen sein können.[57]

---

[54] Dieses Problem diskutieren Vanberg und Buchanan unter der Rubrik *limits of reason*, siehe ebda., S. 186-188. Für die unhintergehbare Unwissbarkeit der Zukunft vgl. wiederum das Argument in Popper 1965.

[55] Siehe Vanberg und Buchanan 1994b, S. 186 ff. Vanberg entwickelt diesen Gedanken in seinem ‚Modell freier individueller Ordungswahl‘ weiter, das er Modellen der Ordnungswahl hinter einem ‚Schleier der Unwissenheit‘ bzw. der ‚Unsicherheit‘ à la Rawls (1971) oder Buchanan und Tullock (1965) gegenüberstellt. Siehe dazu Vanberg 1996a, S. 27 f. sowie auch Vanberg 1999.

[56] Dieser Punkt sollte nicht unterschätzt werden. So schreiben Swaan und Lissowska zur Veränderung eingefahrener Firmenroutinen in ehemals sozialistischen Ländern: „After some time, conscious awareness that things could be different may have disappeared. Behavioral change requires first of all an awareness of the possibility and feasibility of change as a precondition for the establishment of new routines.“ (Swaan und Lissowska 1996, S. 1042.)

[57] Für eine neuere ausführliche Diskussion der wissensschaffenden Funktion wettbewerblicher Prozesse siehe Kerber 1997. Grundlegend siehe etwa Hayek 1969 sowie die

Nun hat Wissen über die Funktionsweise von Regeln ja bereits in den vorangegangenen Abschnitten eine Rolle gespielt, als es um Regelreformen im Zusammenhang mit dem Koordinationseffekt und dem Komplementaritätseffekt ging. Der neue Aspekt, der bei Typ-3-Inflexibilität hinzutritt, ist, daß hier – aufgrund der normativen Implikationen mentaler Modelle – auch in der Regelgemeinschaft verbreitete Werthaltungen zu bestehenden Institutionen hinterfragt werden müssen, damit überhaupt eine Lock-in-Diagnose gestellt werden kann. Dies impliziert, daß hier ein enger Zusammenhang zwischen Zustimmung und Reform besteht, denn in dem Maße, in dem die Überzeugung Platz greift, daß eine bestimmte Institution unerwünschte Funktionseigenschaften hat, entfällt – in diesem Fall – auch die Ursache für ihre Persistenz. Anders gesagt: Bei den Rückkopplungsmechanismen vom Typ 1 und 2 liegt ja das Problem darin, daß konstitutionelles und subkonstitutionelles Interesse der Beteiligten divergieren, so daß politisches oder kollektives Handeln erforderlich ist; dies ist die (hypothetische) Diagnose, die der Ordnungsökonom in diesen Fällen stellt. Bei Typ-3-Inflexibilität kann dagegen nicht mehr ohne weiteres davon ausgegangen werden, daß eine Diskrepanz zwischen konstitutionellen und subkonstitutionellen Interessen der Beteiligten besteht, weil die Individuen in dem Maße, in dem sie die normativen Implikationen gemeinsamer mentaler Modelle übernehmen, ein konstitutionelles Interesse am Fortbestand von Institutionen entwickeln, die diesen normativen Anforderungen gerecht werden.

Eine hypothetische Diagnose kann in diesem Fall also nicht auf die Divergenz von konstitutionellem und subkonstitutionellem Interesse abstellen, sondern muß – stattdessen – auf eine *Diskrepanz zwischen reflektierten und nicht reflektierten Urteilen* abstellen: Der Ordnungsökonom kann die Hypothese formulieren, daß die Betroffenen in besserer Kenntnis der Funktionseigenschaften des institutionellen Status quo und der verfügbaren Alternativen ihre Beurteilung ändern würden. Wiederum steht hier die Theorie-Komponente im Vordergrund: Er kann dazu beitragen, relevantes Regelwissen weiterzuentwickeln und bereitzustellen, und er kann – in Richtung der Ansätze, die oben skizziert wurden – Vorschläge für die Verbesserung der Schaffung und Verbreitung solchen Wissens unterbreiten. Und wiederum muß die Hypothese, die wohlreflektierten, aufgeklärten Urteile der Betroffenen würden sich von den gegenwärtig geäußerten

---

Argumente aus der evolutionären Epistemologie, wie z.B. Campbell 1960, 1965 und 1974 sowie Popper 1973.

unterscheiden, strikt als *Hypothese* aufgefaßt werden, die sich dann – im Licht verbesserter Informationsbedingungen – durch tatsächlich geäußerte Präferenzen bewähren muß.

5. Kapitel:

Pfadabhängigkeit und Transformation

*5.1   Vorbemerkungen: Transformation als Anwendungsfall von
Pfadabhängigkeit*

Im vorangegangenen Kapitel sind die Möglichkeiten und Grenzen institutioneller Reformen vor dem Hintergrund des hier entwickelten Pfadabhängigkeitsverständnisses beleuchtet worden. In diesem Kapitel sollen nun die gewonnenen Erkenntnisse auf einen besonders spektakulären Fall institutioneller Reformen angewendet werden, und zwar auf die ‚Tranformation‘ ehemals sozialistischer Wirtschaftssysteme. Dabei kann es nicht darum gehen, die vielfältigen theoretischen und praktischen Probleme, die im Zusammenhang mit Transformation auftreten, umfassend zu kommentieren – die Literatur, die sich seit der ‚Wende‘ angesammelt hat, ist dafür bei weitem zu vielfältig und zu umfangreich. In diesem Kapitel kann daher lediglich versucht werden, anhand einzelner Punkte aufzuzeigen, in welcher Weise die hier entwickelte Perspektive zum Verständnis der Transformationsproblematik beitragen könnte.

Dabei stellt sich zunächst die Frage, inwiefern die Transformationsproblematik überhaupt ein geeigneter Anwendungsfall institutioneller Pfadabhängigkeit ist. Wie in Kapitel 1 argumentiert wurde, ist es sinnvoll, zwei Implikationen des Pfadabhängigkeitskonzepts zu unterscheiden, nämlich das History-matters-Argument und die These eines möglichen Evolutionsversagens. Diese Unterscheidung ist auch hier wieder nützlich. So steht die History-matters-These im Vordergrund, wenn argumentiert wird, daß *Transformation selbst* als pfadabhängiger Prozeß aufgefaßt werden kann.[1] In diesem Sinn weist Stark darauf hin, daß es irreführend sein kann, von einem ‚Übergang vom Sozialismus zum Kapitalismus‘ zu sprechen, weil der Begriff des ‚Übergangs‘ allzu deterministisch anmutet und den *Prozeßcharakter* der tatsächlichen Ereignisse nicht angemessen zur Geltung bringt.[2] Wenngleich in allen betroffenen Ländern ein massiver

---

[1] Siehe z.B. Stark 1992, S. 21.

[2] Siehe ebda., S. 22: „Thus, in place of transition (with emphasis on destination) we analyze transformations (with emphasis on actual processes) in which the introduction of new elements takes place most typically in combination with adaptations, rearrangements, permutations, and reconfigurations of already existing institutional forms.“

Bruch mit dem alten System erfolgt ist, handelt es sich dabei doch um historischen Wandel, in dem Sinn, daß jede Reformmaßnahme einen neuen Zustand hervorbringt, dessen Eigenschaften teils beabsichtigt, teils aber auch unbeabsichtigt sind, und der die Ausgangssituation für die weiteren Reformschritte darstellt.[3] Betrachtet man Transformation *in diesem Sinn* als ‚pfadabhängig‘, dann verweist man auf die unvermeidliche Historizität dieses Vorgangs und erinnert daran, daß wir Transformation nur *verstehen* können, wenn wir reale historische Ereignisfolgen mit in die Betrachtung einbeziehen. Der Gedanke institutioneller Inflexibilität und potentiellen Evolutionsversagens steht in dieser Perspektive nicht im Vordergrund.

In diesem Zusammenhang sei an das Argument erinnert, daß ein umfassendes sozio-ökonomisches System nicht ‚am Reißbrett‘ entworfen und umgesetzt werden kann. Wie in Abschnitt 4.3 argumentiert wurde, kann es grundsätzlich als unmöglich angesehen werden, Regelordnungen *in ihrer Gesamtheit* durch neue, ‚bessere‘ zu ersetzen. Auch auf diesen Punkt weist David Stark im Zusammenhang mit Transformation hin, wenn er die Vorstellung kritisiert, man könne kapitalistische Regelsysteme ‚nach Kochbuch‘ (‚cookbook capitalism‘) über Nacht einführen und so einfach vom Status quo zum erwünschten Zustand ‚hinüberspringen‘. Er wendet sich gegen rationalistische Ansätze, die argumentieren „that economic development requires a rapid, radical, extensive (and even exhaustive) replacement of the current institutions, habits, and routines of the former centrally planned economies by an entirely new set of institutions and mentalities."[4] Eine solch umfassende Neugestaltung sei schwerlich durchführbar – und außerdem seien die massiven Eingriffe, die der Versuch mit sich bringen würde, auch kaum wünschenswert.[5] Dieser Kritik geht es freilich nicht darum, umfassende institutionelle Reformen für unmöglich zu erklären. Der Punkt ist vielmehr, daß umfassende Gesellschaftsordnungen nicht einfach durch ‚bessere‘ *ersetzt*, sondern lediglich *reformiert* werden können – in der Hoffnung, daß die Reformen die weitere Entwicklung in wünschenswerte Bahnen lenken.[6]

---

[3] Ein *solches* Verständnis von Pfadabhängigkeit liegt auch zugrunde, wenn etwa Pistor zur Entstehung von Eigentumsrechten in Transformationländern schreibt: „The strategy chosen for the transfer of assets has created an *evolutionary path dependency that will have bearing on the evolving property rights regime for some time to come."* (Pistor 1989, S. 612, Hervorhebung hinzugefügt.)

[4] Stark 1992, S. 21.

[5] Ebda.

[6] So dürfte es zu verstehen sein, wenn Stark schreibt, „the structural innovations that will bring about dynamic transformations are more likely to entail processes of complex reconfigurations of institutional elements rather that their immediate replacement." (Ebda., S. 21 f.)

Wenn das zugrundeliegende Verständnis von Pfadabhängigkeit nun aber institutionelle Inflexibilität und potentielles Evolutionsversagen in den Vordergrund stellt, dann ließe sich ja zunächst einwenden, daß sozialistische Ordnungen gar nicht das Ergebnis einer spontanen Entwicklung waren, sondern vielmehr durch die Umsetzung eines konstruktivistischen Entwurfs entstanden sind. Dem läßt sich allerdings entgegenhalten, daß eine solche Interpretation das komplexe Zusammenspiel übersieht, welches zwischen bewußter Gestaltung und spontaner Entwicklung besteht – oder, anders ausgedrückt, zwischen formellen und informellen Institutionen – und welches jeder faktischen, historischen Ordnung zugrundeliegt. Betrachtet man als Gegenstand von Transformation nicht ein Bündel formaler Gesetze, die praktisch über Nacht geändert werden können, sondern die ‚faktischen‘ Regeln und Institutionen, die – niedergeschrieben oder nicht – das Handeln der Menschen beeinflussen, dann wird es möglich, Transformation *auch* als Problem institutioneller Pfadabhängigkeit und potentiellen Evolutionsversagens aufzufassen.[7] Der Blick richtet sich dann auch auf die informellen Regeln, die sich in sozialistischen Wirtschaftssystemen über die Zeit herausgebildet haben. Dieses ‚Erbe‘ des Sozialismus kann – so das Argument – im Unterschied zu formalen Gesetzen eben *nicht* über Nacht abgeschafft werden, sondern kann durch erhebliche Persistenz gekennzeichnet sein. Dieser Aspekt wird im Mittelpunkt der Betrachtungen dieses Abschnitts stehen.[8]

---

[7] Von ‚faktischen Institutionen‘ (‚factual institutions‘), die das Ergebnis eines Zusammenspiels formaler und informeller Institutionen sind, spricht etwa auch Stahl 1998, S. 24.

[8] Mit der Betonung einer möglichen Persistenz informeller Institutionen soll natürlich nicht behauptet werden, daß ‚Pfadabhängigkeit‘ – so verstanden – die einzige Ursache für Transformationsprobleme darstellt. Wie bereits in Abschnitt 1.4 dargelegt, kann insbesondere Macht als Ursache institutioneller Inflexibilität von Pfadabhängigkeit unterschieden werden. Im Zusammenhang mit der Transformation ehemals sozialistischer Länder könnte hier etwa vermutet werden, daß die Gruppe der ehemals Mächtigen, die sogenannte ‚Nomenklatura‘, im Transformationsprozeß den ihr noch verbliebenen Einfluß in ihrem Interesse geltend zu machen versucht – wenn sie schon die grundsätzliche Abkehr vom Sozialismus nicht verhindern konnte. So äußert etwa Schüller die Vermutung, daß „die Mitglieder der *Nomenklatura* – die Führung und die Kader der kommunistischen Partei, die Mitglieder der ministeriellen und behördlichen Bürokratien, Gewerkschaftsfunktionäre und Sozialwissenschaftler im Bereich des Marxismus-Leninismus –, die nun ihre Privilegien verlieren, .. Anstrengungen unternehmen [werden], damit im neuen System der Bereich diskretionärer leistungsstaatlicher Aufgaben im großen Umfang erhalten bleibt.“ (Schüller 1992, S. 49.)

5.2   Pfadabhängigkeit, informelle Institutionen und die Debatte um ‚Gradualismus oder Big Bang‘

Die Diskussion um die Rolle informeller Institutionen ist eng verwoben mit der Frage nach der zu erwartenden oder anzustrebenden *Geschwindigkeit* des Transformationsprozesses – einer Frage, die in der Literatur unter der Rubrik ‚Gradualismus oder Big Bang‘ diskutiert wird. Vor allem zu Anfang der Transformationsbemühungen dominierte die Vorstellung, daß Transformation am besten durch einen ‚Big Bang‘ oder, wie es manchmal auch genannt wird, durch eine ‚Schocktherapie‘ zu bewerkstelligen sei. Im Mittelpunkt dieser Transformationskonzeption steht die Stabilisierung der Erwartungen der Wirtschaftsakteure durch eine möglichst rasche und unbeirrbare Privatisierung staatseigener Betriebe sowie die Liberalisierung und Deregulierung der Wirtschaft.[9] Als Folge dieser Maßnahmen würden sich, so die Hoffnung, spontane wirtschaftliche Dynamik und Wachstum einstellen.

Inzwischen kann man wohl sagen, daß sich diese Hoffnung überwiegend nicht bewahrheitet hat. Dieser Befund scheint Vertreter eines ‚gradualistischen‘ Ansatzes zu bestätigen, die darauf hinweisen, daß die umfassenden Veränderungen, die mit dem Übergang zu einer marktwirtschaftlichen Wirtschaftsordnung verbunden sind, notwendigerweise viel Zeit brauchen und nur schrittweise zu bewältigen sind. Der Unterschied zwischen Gradualismus und Big Bang läßt sich anhand zweier Metaphern verdeutlichen.[10] Einem Big-Bang-Ansatz zufolge müßte Transformation als das Überwinden eines Abgrunds betrachtet werden, des Abgrunds zwischen ‚Sozialismus‘ und ‚Kapitalismus‘: Es wäre offensichtlich dumm, einen Abgrund mit kleinen Hüpfern überqueren zu wollen. Dem Gradualismus zufolge wäre Transformation eher der Besteigung eines Hügels zu vergleichen, und es wäre ebenso offensichtlich sinnlos, mit einem Sprung den Gipfel erreichen zu wollen, anstatt hinaufzusteigen, Schritt für Schritt.

Nielsen et al. weisen darauf hin, daß *beide* Metaphern – über das bei allen Metaphern unvermeidliche Maß hinaus – irreführend sind, weil *manche Aspekte* von ‚Transformation‘ – wie insbesondere die Änderung formaler Gesetze – im Prinzip in der Tat ‚über Nacht‘ bewerkstelligt werden können, andere jedoch nicht: „In some respects the transformation is like jumping an abyss, in other ways like climbing a hill or even a mountain.“[11] Jenseits der Gradualismus-Schock-Dichotomie scheint ferner die Überzeugung Platz zu greifen, daß die theoretische Grundlage, auf der die

---

[9] Vgl. z.B. Blanchard et al. 1991, Sachs 1993 oder Balcerowicz 1995, S. 178 ff.
[10] Zum Folgenden vgl. Nielsen et al. (1995), S. 9.
[11] Ebda. Vgl. auch Lösch 1992, S. 659.

Hoffnungen eines erfolgreichen Big Bang beruhten – der sogenannte ‚Washington consensus' – Lücken hatte.[12] Der ‚Washington consensus' betonte die Bedeutung der Privatisierung staatseigener Betriebe, von Deregulierung und Handelsliberalisierung. Er beruhte auf der Hoffnung, daß eine weitgehende Beseitigung des alten, die ökonomische Entscheidungsfreiheit massiv einschränkenden sozialistischen Regelrahmens – in Verbindung mit der Schaffung privater Eigentumsrechte – zu wirtschaftlicher Dynamik führen würde; weitere Institutionen, die dafür erforderlich sein würden, müßten nicht durch den Staat geschaffen werden, sondern würden sich spontan aus dem nunmehr ‚entfesselten' ökonomischen Interaktionsprozeß herauskristallisieren.[13]

Aufgrund einer Konzentration auf die *Beseitigung* von Regeln wurde also die zentrale Bedeutung von *Ordnungspolitik* – in einem sehr viel umfassenderen, über die bloße Schaffung von Privateigentum hinausgehenden Sinn – unterschätzt. Inzwischen scheint sich ein ‚neuer Konsens'[14] herauszukristallisieren, demzufolge Transformation – über den Systemsprung, der mit dem Übergang von Kollektiv- zu Privateigentum verbunden ist, hinaus – als systematische *Umgestaltung* der institutionellen Landschaft zu verstehen ist, die nicht nur auf die Abschaffung schädlicher Regeln abstellt, sondern auch die Setzung neuer, wohlstandsfördernder Institutionen beinhaltet.[15]

In diesem Zusammenhang wird bisweilen argumentiert, daß Schocktherapie-Ansätze dazu neigen, die Gesellschaften der Transformationsländer wie eine institutionelle *tabula rasa* zu behandeln – etwa in dem Sinn, daß nicht berücksichtigt wird, ob nach dem Zusammenbruch der sozialistischen Systeme noch informelle institutionelle Strukturen fortbestanden haben mögen, und welche Auswirkungen dies für die Transformationspolitik haben könnte.[16] Kritiker halten dem entgegen, daß frühere Ereignisse

---

[12] Vgl. dazu Kolodko 1999, S. 4 ff.

[13] Siehe ebda., S. 7: „Expectations of growth were based on the assumption that market institutions, if they had not yet appeared automatically, would somehow rise up soon after liberalization and stabilization measures were executed."

[14] Ebda., S. 9 ff.

[15] In diesem Sinn kommentiert Kolodko den ‚Washington consensus': „(...) initially this approach was missing crucial elements necessary for systemic overhaul, stabilization, and growth. These elements included institution building, improvement of corporate governance of the state sector prior to privatization, and the redesign of the role of the state (...). The incorrect asumption that emerging market forces can quickly substitute the government in its role toward new institutional set up, investment in human capital, and development of infrastructure, have caused severe contraction and growing social stress." (Ebda., S. 4.)

[16] Murrell weist auf die Geschichtslosigkeit einer solchen Vorgehensweise hin, wenn er schreibt: „In fact, the irrelevance of history for designing a strategy of reform, or at

in die Betrachtung mit einbezogen werden müssen, will man den Zustand postsozialistischer Gesellschaften verstehen und erfolgversprechende Vorschläge zur Frage der Transformation dieser Gesellschaften machen. Sie betonen, daß diese Gesellschaften eben keine *tabula rasa* waren, sondern daß informelle Regeln und Institutionen – zumindest teilweise – weiter Bestand haben und bei der Ausarbeitung von Politikempfehlungen berücksichtigt werden müssen.[17]

Es zeigt sich also, daß die unterschiedlichen Einschätzungen in der Frage Gradualismus oder Schock vor allem mit unterschiedlichen Annahmen über die Rolle informeller Institutionen zusammenhängen. Von den Annahmen über informelle Institutionen hängt es wiederum ab, ob und in welcher Weise ‚Pfadabhängigkeit' – implizit oder explizit – in der Argumentation eine Rolle spielt.[18] Die drei denkbaren analytischen Extrempositionen – die freilich niemand in dieser Radikalität vertritt – lassen sich zusammenfassend in die Form einfacher Thesen über informelle Institutionen in Transformationsländern gießen:

1. Sie sind nicht von Belang.
2. Sie sind völlig flexibel.
3. Sie sind völlig inflexibel.

Zu 1: Damit ist das bezeichnet, was man die ‚Tabula-rasa-Hypothese' nennen könnte. Es wird davon ausgegangen, daß der Zusammenbruch der formalen sozialistischen Ordnung auch zum Zusammenbruch der informellen Strukturen geführt hat, so daß bei der Schaffung einer neuen Ordnung keine Trümmer der alten Ordnung zu beseitigen oder zu berücksichtigen wären. Es genügt daher, die Grundlagen einer marktwirtschaftlichen Ordnung – Privateigentum, Vertragsfreiheit – zu legen; komplementäre Institutionen werden sich dann im Marktprozeß herausbilden. Eine Schocktherapie erscheint nicht nur möglich, sondern sie empfiehlt sich, da ein schrittweises Vorgehen den Übergang nur verzögern und unnötige Kosten verursachen würde. Institutionelle Pfadabhängigkeit kann dieser Konzeption zufolge offensichtlich kein relevanter Faktor im Transformations-

---

least its minor importance, is ... an essential element of the standard reform prescription." (Murrell 1995, S. 175.)

[17] Vgl. etwa Murrell 1995, S. 175 ff., Nielsen et al. 1995, S. 4 sowie Leipold 1997, S. 44.

[18] Für Beispiele aus der Transformationsliteratur, die explizit auf das Pfadabhängigkeitskonzept zurückgreifen, siehe Stark 1992 und 1995, Hausner et al. 1995, Nielsen et al. 1995, Neuber 1995, Greif und Kandel 1995, Offe 1996, Dallago 1996, Leipold 1997, North 1997b, Stark und Bruszt 1998, Kaufmann 1998, Brockmeier 1998 sowie McFaul 1999.

prozeß sein, weil von einem klaren Bruch mit den Institutionen der Vergangenheit ausgegangen wird.

Zu 2: Hier wird angenommen, daß noch informelle Institutionen aus der Zeit vor der Wende bestehen; sie werden als das Ergebnis der Anpassung an die formalen sozialistischen Strukturen betrachtet. Diese Sichtweise könnte man insofern ‚funktionalistisch‘ nennen, als die Existenz der informellen Institutionen aus der Funktion heraus erklärt wird, die sie unter den Bedingungen sozialistischer Systeme erfüllten. Daher wird davon ausgegangen, daß sie lediglich in der Übergangszeit bis zum Inkrafttreten neuer Gesetze noch fortbestehen, weil – und in dem Maße, in dem – sie eine Stabilisierungsfunktion erfüllen. Sobald neue Gesetze geschaffen sind, werden diese informellen Institutionen entweder verschwinden oder sich in entsprechender Weise verändern, so daß sie mit den neuen Gesetzen kompatibel sind. Diese Perspektive ähnelt der ersten insofern, als es auch hier wiederum keinen Grund gibt, gradualistisch vorzugehen; weil vollkommene Flexibilität informeller Institutionen angenommen wird, spielt auch hier Pfadabhängigkeit keine Rolle.

Zu 3: Einer solchen Position zufolge erscheinen die informellen Institutionen aus der sozialistischen Zeit als harte Beschränkung der Reformpolitik. Im Extremfall würden die einzigen unproblematischen Handlungsoptionen der Politik darin bestehen, die vorzufindenden informellen Regeln zu übernehmen, sie also zu kodifizieren, oder sie in komplementärer Weise zu ergänzen.[19] Gesetze hingegen, die mit den informellen Institutionen in Konflikt geraten, werden zu erheblichen Widersprüchen führen und hohe Kosten verursachen. Die Vorstellung einer Schocktherapie erscheint in dieser Perspektive sinnlos und gefährlich, da sie mit hoher Wahrscheinlichkeit Spannungen im Institutionengefüge verursacht. Transformation kann also nur darin bestehen, das vorgefundene Institutionenmaterial behutsam zu ergänzen und weiterzuentwickeln. Dies muß nicht bedeuten, daß der Übergang zu einem marktwirtschaftlichen System überhaupt nicht möglich wäre – dies würde aus dieser Perspektive nur dann folgen, wenn die formalen Regelstrukturen sozialistischer Systeme in den informellen Regeln fortbestünden. Es bedeutet aber, daß der konkreten Ausgestaltung des marktwirtschaftlichen Systems eines Landes mehr oder weniger enge Grenzen gesetzt sind, die sich aus dem informellen Institutionenerbe aus der sozialistischen Zeit ergeben. Die einfache Transplanta-

---

[19] Einer solchen Positionen scheint etwa Brockmeier nahezustehen, wenn er schreibt, es „darf nicht übersehen werden (...), daß ein formell neues Rechtssystem seine ordnende und wohlfahrtsstiftende Wirkung erst dann voll zu entfalten vermag, wenn es tatsächlich zu den gleichsam darunter liegenden, kulturgebundenen informellen Institutionen ‚paßt‘." (Brockmeier 1998, S. 168.)

tion bewährter kapitalistischer Institutionen wäre demzufolge eindeutig zum Scheitern verurteilt. Das Pfadabhängigkeitskonzept kann in dieser Perspektive offensichtlich eine zentrale Rolle spielen, da es eine Erklärung für die angenommene institutionelle Inflexibilität bietet.

Nun sind diese Positionen freilich Idealtypen; sie mögen jedoch hilfreich sein, um tatsächlich vertretene Positionen besser einordnen zu können. Wenn man einmal davon ausgeht, daß die krude Version einer institutionslosen Tabula-rasa-Begründung von Schocktherapieansätzen sich im Lichte der Erfahrung als unhaltbar erwiesen hat, dann taucht hinter der Frage nach der möglichen bzw. wünschenswerten Transformationsgeschwindigkeit die *Frage nach der relativen Flexibilität oder Inflexibilität informeller Institutionen* auf. Diese Frage sollte aber nicht als ‚Glaubensfrage' behandelt werden, sondern als Faktenfrage, und sie sollte nicht global auf gesamte Wirtschafts- und Gesellschaftssysteme bezogen werden, sondern auf die einzelnen Reformschritte. Die Fragen, die der Reformpolitiker im Transformationprozeß zu beantworten hat, wenn er seine Reformschritte begründen will, wären dann etwa: Welche informellen Institutionen haben sich im Sozialismus herausgebildet, und wie wirken sie? Welche könnten auf dem Weg zur Marktwirtschaft von Nutzen sein, und welche könnten, sollten sie weiter bestehen, die Reformpolitik konterkarieren? Bei welchen informellen Institutionen muß mit hoher Inflexibilität gerechnet werden, und was könnten die Gründe dafür sein?

Insbesondere in Bezug auf die letzte Frage, so wurde hier argumentiert, kann die Pfadabhängigkeitstheorie Erklärungsansätze liefern. In der Folge soll nun darauf eingegangen werden, wie diese aussehen könnten. Im nächsten Abschnitt soll es zunächst um den Mechanismus gehen, den wir ‚positive Rückkopplungen vom Typ 3' genannt haben – wie wir sehen werden, spielen ähnliche Argumente in der Transformationsliteratur eine große Rolle. In Abschnitt 5.4 soll dann eine bestimmte Kategorie informeller Institutionen herausgegriffen und diskutiert werden, und zwar die, die sich in der im Sozialismus weit verbreiteten Schattenwirtschaft herausgebildet haben.

5.3   *Typ-3-Inflexibilität von Institutionen als Erklärung für Transformationsschwierigkeiten*

5.3.1   *Typ-3-Inflexibilität in der Transformationsliteratur*

Eine Begründung für die Persistenz informeller Institutionen, die man in der Transformationsliteratur häufig antrifft, entspricht dem, was in dieser

Arbeit positive Rückkopplung vom Typ 3 genannt wurde. So weist North auf die reformbehindernde Rolle von ‚belief systems' hin, die sich historisch entwickelt haben und kurzfristig nicht zu ändern sind.[20] In ähnlicher Weise argumentiert Offe, daß die sozialistischen Institutionen – in der Sprache von Abschnitt 3.4 – mentale Modelle oder Paradigmen generiert hätten, die gesellschaftlichem Wandel im Wege stünden:

> „(...) state socialist institutions have ... generated a state of mind, a set of expectations and assumptions that now often turn out to be inimical to the growth of democratic capitalist and civil institutions. This state of mind ... is described ... as a combination of apathy, depletion of communal bonds, passivity, unwillingness to accept responsibility, atomization, lack of respect for formal rules, 'short-termism', and a pervasive 'grab and run attitude' toward economic gain. Furthermore, economic attitudes are shaped by zero-sum-assumptions as well as the expectation that success must be, as a rule, due to patronage, corruption, and cooptation, not effort."[21]

Ähnlich vermutet auch Buchanan die Wurzel der Transformationsproblematik darin, daß sich in marktwirtschaftlichen und sozialistischen Ordnungen fundamental unterschiedliche mentale Modelle entwickelt haben. In marktwirtschaftlichen Ordnungen, so Buchanan, dominiert ein ‚Austauschmodell' (*exchange model*), dessen zentrale Elemente die Toleranz für Handel und Handel treibende sowie die Reziprozität menschlicher Beziehungen sind. Das Denken und Handeln der Menschen in sozialistischen Systemen sei dagegen eher von einem ‚Modell der Kollektivherrschaft' (*collective-command model*) geprägt, demzufolge es keine Alternative zur Unterordnung unter eine Befehlsgewalt gibt und welches geringe Toleranz und Neid gegenüber abweichendem Verhalten mit sich bringt.[22]

Die Vorstellung, die Menschen in den Transformationsländern hätten in der Vergangenheit bestimmte mentale Modelle, Paradigmen oder Verhal-

---

[20] Norths Schlußfolgerung klingt in der Tat äußerst skeptisch: „(...) indeed the movement ... from ‚command' economy to market economy entail basic restructuring of belief systems and scaffolds of such fundamental proportions that it may be beyond the adjustment capacity of the existing society." (North 1997a, S, 14.) Siehe auch North 1997b, S. 17: „The difficulty comes from the belief system that has evolved as a result of the cumulative past experiences of that society not equipping its members to confront and solve the new problems. Path dependence, again, is a major factor in constraining our ability to alter performance for the better in the short run."

[21] Offe 1996, S. 217 f.

[22] Siehe Buchanan 1997, S. 95 ff.

tensdispositionen angenommen, die einem Übergang zur Marktwirtschaft
nun im Wege stehen, könnte man auch als ‚Homo-sovieticus-Hypothese'
bezeichnen.[23] Dabei ist freilich zu beachten, daß kulturelle Paradigmen
sehr viel älter sein können als der Sozialismus. Im Fall Rußlands beispielsweise weist Leipold darauf hin, daß die „Unterentwicklung des
Rechts und die über Jahrhunderte bestehende Dominanz des Macht- oder
Befehlsprinzips gegenüber dem Rechtsprinzip .. von allen Kennern der
russischen Geschichte immer wieder als Konstanten herausgestellt" worden sind.[24]

Demgegenüber argumentiert nun etwa Neuber, daß nachhaltige und
glaubwürdige Rechtsreformen dazu führen könnten, daß die Akteure ihr
Verhalten ändern; unter der Voraussetzung der *Glaubwürdigkeit* sei also
durchaus mit einer Readaptation der mentalen Modelle und Verhaltensweisen zu rechnen. Neuber kommt daher zu dem Ergebnis, daß ‚graduali-
stische' Transformationsstrategien aufgrund eines unvermeidlichen
Glaubwürdigkeitsdefizits zum Scheitern verurteilt seien.[25] Er weist mit
Recht auf eine der Homo-sovieticus-Hypothese inhärente Inkonsistenz
hin, wenn er schreibt: „And while it is recognised that these behavioural
attributes have arisen in response to the systemic environment of planning,
their non-adaptability in transition is posited nonetheless." Dieser Punkt
ist uns bereits im Zusammenhang mit dem Internalisierungskonzept begegnet: In Abschnitt 3.4.2 haben wir gesehen, daß ‚Internalisierung' immer etwas mit Lernen zu tun haben muß, in dem Sinn, daß als belohnend
empfundene Handlungsfolgen bestimmte Verhaltensweisen verstärken und
negative Handlungsfolgen mit der Zeit dazu führen, daß ein bestimmtes
Verhalten nicht mehr gezeigt wird. Wenn dies angenommen wird, dann
kann aber nicht gleichzeitig angenommen werden, daß Verhaltensweisen,
wenn sie einmal ‚erlernt' sind, sich angesichts einer Veränderung der äußeren Umstände überhaupt nicht mehr verändern; anders ausgedrückt: Wo
es Lernen gibt, wird es auch *Um*lernen geben.

Basierend auf dieser theoretischen Kritik wendet sich Neuber gegen die
These, die beobachtbar kurzfristige, auf schnelle Gewinne abzielende Ori-

---

[23] Siehe beispielsweise Sztompka 1993, S. 86.

[24] Leipold 1997, S. 64. Leipold führt die Probleme vieler Transformationsländer darauf zurück, daß „die gewachsene Ordnung von Belang ist" und Ordnungspolitik – im
Sinne der Gestaltung formalen Rechts – an Grenzen stößt, weil sich eine der Marktwirtschaft angemessene Rechtskultur nicht dekretieren läßt. Reformpolitik habe daher, so
Leipolds recht pessimistische Schlußfolgerung, „an tieferen Schichten anzusetzen, ohne
daß die Aussicht auf schnelle Reformerfolge besteht." (Ebda.)

[25] Siehe Neuber 1995, S. 134: „(...) gradualism, due to its inherent credibility deficiency, is unlikely to induce the desired changes in behaviour needed to transform the
economic system."

entierung ökonomischer Aktivität sei die Folge institutioneller Persistenz. Neuber führt an, daß es unter den Bedingungen der Transformationsphase – das heißt: in Anbetracht der Unbestimmtheit der im Wandel begriffenen formalen und informellen Institutionen – vollkommen rational sei, sich auf kurzfristige Aktivitäten zu verlegen bzw. daß es irrational wäre, langfristige Projekte einzugehen.[26] Letztlich, so Neuber, verhielten sich die vielen Straßenhändler, Spekulanten und Geldwechsler also „entirely like prudent *homo economicus*"[27] – und keineswegs wie Menschen, die unter den Bedingungen des Sozialismus bestimmte Denk- und Verhaltensmuster angenommen hätten, an denen sie nun festhielten.

Es zeigt sich also, daß die Homo-sovieticus-Hypothese an derselben Oberflächlichkeit und Ungenauigkeit krankt, die wir bereits im Zusammenhang mit dem Internalisierungkonzept festgestellt hatten. Indem selten präzisiert wird, *warum* an bestimmten ‚mentalen Modellen' auch unter veränderten (externen) Bedingungen festgehalten wird, gerät die Hypothese, Transformation gestalte sich deshalb so schwierig, weil der Sozialismus die Menschen in bestimmter Weise geprägt hätte, leicht zur bequemen Scheinerklärung. Wie in Abschnitt 3.4.4 dargelegt wurde, müßte eine genaue Analyse einer Typ-3-Selbstverstärkung erläutern, wie aus *individuellen* mentalen Modellen *gemeinsame* mentale Modelle werden. Dabei wird insbesondere darauf einzugehen sein, wie Individuen von beobachtbaren Handlungen und Äußerungen anderer lernen, und wie bestimmte Denkschemata normatives Gewicht erhalten und so die Ratio ihrer Existenz überleben können. Wenngleich es durchaus denkbar ist, daß solche Mechanismen zu institutioneller Inflexibilität bzw. Hyperstabilität führen, so ist es doch keine leichte Übung, dies schlüssig aufzuzeigen.

Jedoch dürfte auch Neubers Glaubwürdigkeits-Argument zu kurz greifen, wenn es darum geht, konkrete institutionelle Inflexibilitäten zu beseitigen. Denn dies erfordert nicht allein Glaubwürdigkeit der Reformen, sondern vor allem auch *Zielgenauigkeit*: Sie müssen auf einer möglichst präzisen Diagnose der Ursachen von Inflexibilitäten beruhen und auf deren Behebung gerichtet sein. So gesehen ist Glaubwürdigkeit nur eine notwendige, nicht aber eine hinreichende Bedingung für erfolgreiche Reformanstrengungen. Dies hängt damit zusammen, daß in *konkreten* Fällen der Veränderung institutionalisierten Verhaltens bisweilen eben auch die Unsicherheit, die zu beseitigen ist, konkreter ist: Damit Verhaltensänderungen möglich sind, müssen zunächst die Voraussetzungen dafür geschaffen werden, daß kritische Massen überschritten, Komplementaritäten

---

[26] Vgl. ebda., S. 127 f.
[27] Ebda., S. 128

beseitigt und – gegebenenfalls – tiefsitzende Überzeugungen hinterfragt werden können. In Abschnitt 5.4 soll auf diese Punkte zurückgekommen werden. Zunächst soll jedoch auf den Zusammenhang zwischen der Problematik institutioneller Reformen bei Typ-3-Inflexibilität, die in Abschnitt 4.4.3 diskutiert wurde, und der Frage nach dem politischen System, das für die Transformationsaufgabe am besten geeignet scheint, eingegangen werden.

5.3.2 *Typ-3-Inflexibilität und Legitimation: Autoritarismus oder Demokratisierung im Transformationsprozeß?*

Wir haben nun also gesehen, daß eine Homo-sovieticus-Erklärung einer eventuell zu beobachtenden Persistenz marktfeindlicher Institutionen eines solideren Fundaments bedarf, als es zumeist vorliegt; stattdessen erscheint es erforderlich, die Entwicklungsdynamik ‚gemeinsamer mentaler Modelle' näher zu beleuchten. Was würde nun aber aus der Möglichkeit eines marktfeindlichen Erbes an ‚gemeinsamen mentalen Modellen' oder ‚sozialen Paradigmen' für die Transformationspolitik folgen? In Abschnitt 4.4.3 war die besondere Problematik einer Selbstverstärkung dieses Typs ja bereits diskutiert worden: Das Problem besteht darin, daß es sein kann, daß Reformen aufgrund der normativen Implikationen verbreiteter Denkmodelle, und ungeachtet eventuell diagnostizierbarer Dysfunktionalität, von den Betroffenen abgelehnt werden. In dem Maße, in dem dies der Fall wäre, scheint eine normativ-individualistische Legitimation von Reformen in Schwierigkeiten zu geraten, und es stellt sich die Frage, ob ‚Transformation' – zumindest in einigen Teilbereichen – bisweilen nur unter Rückgriff auf ‚externe', das heißt von den momentanen Wünschen der Betroffenen zu unterscheidende, Kriterien legitimiert werden kann.[28]

Der Problemkreis, der damit angesprochen ist, kleidet sich in der Transformationsdiskussion zumeist in die Frage, ob demokratische oder autoritäre Regime am besten in der Lage seien, die für eine erfolgreiche Transformation erforderlichen Maßnahmen umzusetzen. In dieser Frage wird gerne von einem Konflikt zwischen den beiden Zielen ‚Demokratisierung' und ‚marktliche Reformen' ausgegangen. Die These, die ein solcher Zielkonflikt impliziert, ist, daß marktliche Reformen von einem autoritären Regime besser bewerkstelligt werden können als von demokratisch gewählten und abwählbaren Regierungen. In einer gründlichen Darstellung

---

[28] Für die Unterscheidung zwischen ‚internen' und ‚externen' normativen Kriterien vgl. Abschnitt 4.1.

und Kritik dieser These macht Andreas Pickel (unter anderem) deren Verbindung zu Homo-sovieticus-Argumenten deutlich, wenn er schreibt:

„The values, beliefs, and attitudes necessary to sustain a market economy ... are often diametrically opposed to the values, beliefs, and attitudes dominant under communism. (...) A democratically elected government will be incapable of ideologically justifying a fundamental reordering of individual rights and responsibilities if in the eyes of a majority of the population its initial results are perceived as unjust. (...) The process of adaptation to market ethics during the transition period must be guided by a regime that has the power to resist the temptations of responding favorably to demands rooted in socialist or collectivist ethics, and that can continue with the construction of a legal framework that will compel people to change their values and adapt their attitudes to the emerging market environment."[29]

Ungeachtet der einfühlsamen Darstellung steht Pickel dieser Argumentation sehr skeptisch gegenüber. In seiner Kritik zeigt er zunächst auf, daß die scheinbar so überzeugenden Argumente für eine autoritäre Transformationspolitik letztlich auf einer ganz bestimmten Formulierung des Problems ökonomischer Reform beruhen – eine Formulierung, die es erlaubt, Reformen als rein technische Probleme zu betrachen. *Erstens* geht es dieser, wie Pickel es nennt, ‚orthodoxen‘ oder ‚technokratischen‘ Formulierung zufolge bei Transformation darum, ein ökonomisches *System* durch ein anderes zu ersetzen; und *zweitens* wird davon ausgegangen, daß das für einen solchen Systemwechsel erforderliche *Wissen* verfügbar ist, so daß die erforderlichen Schritte ausgearbeitet und planmäßig durchgeführt werden können.[30] Die Aufgabe, mit denen die Reformländer befaßt sind, sieht

---

[29] Pickel 1993, S. 143. Als Beispiel für ‚sozialistische Ethik‘ nennt Pickel etwa eine geringe Toleranz ökonomischer Ungleichheit: „Growing social inequality is an inevitable consequence of successful marketization, yet a population whose values and expectations have been shaped by decades of communist egalitarianism will, at least initially, have a low tolerance of rising inequality." (Ebda., S. 142.)

[30] Vgl. ebda, S. 145. Die Vorstellung eines umfassenden Systemwechsels wurde ja bereits in Abschnitt 4.3 diskutiert und im ersten Abschnitt dieses Kapitels nochmals aufgegriffen. Pickel weist auch auf den Zusammenhang zu Big-Bang-Argumenten hin, wenn er die Forderung nach möglichst schnellen und umfassenden Reformen als Argument für eine ‚starke‘ – lies wiederum: nichtdemokratische – Regierung anführt. (Vgl. ebda., S. 141.) In diesem Sinn schreiben auch Nielsen et al., die Art und Weise, in der die Vertreter einer Big-Bang-Strategie das Transformationsproblem angehen, hätte ein

aber ganz anders aus: Es ist ein komplexer, offener Reformprozeß, den niemand als Ganzes planen und umsetzen kann und der auf höchst umstrittenen Wissensgrundlagen beruht. Aus *dieser* Perspektive stellen sich die vorgeblichen Vorteile des Autoritarismus ganz anders dar: „Where the task is *not* the installation of a system, where expert knowledge of what is to be done is subject to serious limitations (...), and where there is no possibility of implementing a transition blueprint in a technocratic fashion, there is no longer an obvious need for the strong hand of dictatorship."[31]

Auf der Grundlage seiner Reformulierung des Transformationsproblems argumentiert Pickel, daß das politische System insbesondere geeignet sein sollte, das Problem des transformationsrelevanten Wissens anzugehen. Um dieses Wissen zu generieren, sollte eine möglichst große Anzahl institutioneller Experimente ermöglicht werden, und es sollten möglichst günstige Bedingungen für eine kritische öffentliche Debatte geschaffen werden.[32]

Daraus ergeben sich offensichtlich Argumente für Demokratie und Föderalismus; der Punkt, um den es hier vor allem gehen soll, ist jedoch der Zusammenhang zur Diskussion von ‚Typ-3-Reformen‘ aus Abschnitt 4.4.3. Die Frage, um die es dort ging, läßt sich im Zusammenhang mit Transformation so formulieren: Wie können marktliche Reformen auf der Grundlage der Bewertungen der Bürger legitimiert werden, wenn diese aus dem Sozialismus Werthaltungen mitbringen, die letztlich – zumindest teilweise – marktfeindlich sind? Wohlgemerkt: Damit soll nicht behauptet werden, daß die Abwendung vom Sozialismus in irgendeinem Land nicht auf der Zustimmung der überwältigenden Mehrheit der Menschen beruhte. Der Sozialismus war wohl in allen Transformationsländern so gründlich diskreditiert, daß daran kein Zweifel bestehen dürfte. Dennoch könnten sich im Sozialismus bestimmte Einstellungen und Werthaltungen entwickelt haben, die marktlichen Reformen im Wege stehen. Ein solches Fortbestehen ‚sozialistischer‘ Werthaltungen kann als Folge positiver Rückkopplungen vom Typ 3 interpretiert werden, wenn wir sie als normative Implikationen gemeinsamer mentaler Modelle betrachten, die im Sozialismus gepflegt wurden und die nun, trotz des Zusammenbruchs der formalen sozialistischen Strukturen, ‚informell‘ weiterbestehen, weil sie noch verbreitet sind, weiterhin Nachahmer finden und so von weiten Teilen der Bevölkerung nicht hinterfragt werden.

•

„uneasy relationship between economic reforms (marketization) and democracy" geschaffen. (Nielsen et al. 1995, S. 16.)

[31] Pickel 1993, S. 151. (Hervorhebung im Original.)

[32] Ebda., S. 151 f.

In Abschnitt 4.4.3 hatten wir argumentiert, daß Reformen in solchen Fällen auch ohne Rückgriff auf ein externes Legitimationskriterium möglich sein können – und hier zeigt sich nun der Zusammenhang zur Argumentation von Pickel –, wenn man die *Wissenskomponente*, die in ,konstitutionellen Präferenzen' enthalten ist, berücksichtigt: Auf der Grundlage verbesserten Wissens kann es möglich sein, Restposten sozialistischer Werthaltungen zu hinterfragen und gegebenenfalls zu revidieren. Solches Regelwissen kann *erstens* durch einen unvoreingenommen Diskurs geschaffen werden, wie er nur in demokratischen Systemen möglich ist. *Zweitens* wurde auf die Vorzüge wettbewerblicher Explorationsprozesse hingewiesen, die die Funktionsweise alternativer Regelarrangements beobachtbar machen und auch dadurch dazu beitragen können, daß überkommene Werthaltungen hinterfragt werden. Es zeigt sich somit, daß gerade die Persistenz mentaler Modelle aus sozialistischen Zeiten eine Demokratisierung und Dezentralisierung des politischen Prozesses erforderlich macht: Will man Reformen individualistisch legitimieren, gibt es keine andere Möglichkeit, als das Wissen über konstitutionelle Alternativen zu verbessern, in der Hoffnung, daß eine ,interne' Legitimation marktlicher Reformen auf der Grundlage *informierterer* Präferenzen möglich wird.

Wohlgemerkt: Wer das Transformationsproblem ,extern' definiert, wer also glaubt, keiner Legitimation durch die Zustimmung der Betroffenen zu bedürfen, der mag immer noch nicht von den Vorzügen demokratischer Transformationspolitik überzeugt sein. Er sollte aber zur Kenntnis nehmen, daß auch der langfristige *Erfolg* institutioneller Reformen von deren Legitimation abhängt: Langfristig werden nur diejenigen Institutionen stabil sein, die auch die Zustimmung weiter Teile der Bevölkerung finden.[33]

5.4   Transformation und das Erbe der Schattenwirtschaft im Sozialismus

5.4.1   Sozialismus und Schattenwirtschaft

In allen Zentralverwaltungswirtschaften entwickelte sich eine Vielzahl illegaler privatwirtschaftlicher Aktivitäten, die sich zu einer umfangreichen parallelen Wirtschaft verknüpften – „indeed," so Gregory Grossman, „a whole 'second economy' which reaches into almost every corner of

---

[33] Siehe dazu Penz 1998; vgl. auch – wiederum – Abschnitt 4.4.3.

social existence."[34] In diesem Zusammenhang stellt sich die Frage, ob die Existenz einer heimlichen ‚Marktwirtschaft im Sozialismus' für die Transformation sozialistischer Systeme eine eher gute Nachricht ist oder eine eher schlechte. Auf den ersten Blick erscheint das Argument einleuchtend, daß bereits bestehende Untergrundmärkte als Basis für die Bildung einer ‚offiziellen' Marktwirtschaft dienen könnten; wie Litwack diese These formuliert: „In a sense, markets already exist. They simply need to be legalized, expanded, and improved; the high transaction costs imposed by the classical Soviet-type system need to be reduced."[35]

Bei näherer Betrachtung ist diese These von der Legalisierung bereits vorhandener Märkte jedoch nicht mehr ganz so offensichtlich, und wird in der Tat vielfach kontrovers beurteilt. Noch während der Ära Gorbatschow stellte Grossman die Frage, ob die ‚zweite Wirtschaft' Fluch oder Segen für die Reform der ‚ersten Wirtschaft' sei, und kam zu einem zwiespältigen Urteil. Dabei spielten polit-ökonomische Überlegungen eine Rolle: Grossman argumentierte, daß es in erheblichem Maße gerade die Schattenwirtschaft war, die Verantwortlichen und Bevölkerung die Notwendigkeit tiefgreifender Reformen vor Augen führte. Andererseits, so Grossman, hingen die hohen Einkommen einiger weniger vom Fortbestand der Schattenwirtschaft ab. Diese verfügten – aus Notwendigkeit, wie wir noch sehen werden – über hervorragende Kontakte zu den Kreisen der Mächtigen, und es stand zu vermuten, daß sie diese dazu nutzen würden, den Status quo zu erhalten oder zumindest Reformen in ihrem Sinn zu beeinflussen.

Diese polit-ökonomischen Argumente lassen sich unterscheiden von solchen Argumenten, die die Besonderheit der Institutionen, auf denen die zweite Wirtschaft beruhte, in den Mittelpunkt stellen und nach deren Implikationen für Reformmöglichkeiten fragen. In diesem Sinn unterscheidet Maria Los dreierlei informelles Recht, das sich in unterschiedlichen Bereichen der Schattenwirtschaft herausbildete: das Recht der informellen Tauschwirtschaft, das der ‚Kleingüterwirtschaft' (*petty-commodity economy*) und das der organisierten Kriminalität.[36] Mit ‚Tauschwirtschaft' meint Los den umfangreichen Fluß knapper Güter, der sich überwiegend auf einen engeren Kreis von Verwandten, Freunden und Bekannten beschränkte. Dementsprechend basierte er auf Vertrauen und Langfristigkeit; Verpflichtungen wurden gepflegt, die in der Zukunft gegebenenfalls hilf-

---

[34] Grossman 1989a, S. 79. Für Analysen der ‚zweiten Wirtschaft' in verschiedenen sozialistischen Ländern siehe die Beiträge in Los 1990.

[35] Litwack 1991, S. 83.

[36] Vgl. Los 1992, S. 113 ff.

reich sein konnten.[37] Innerhalb dieser informellen Netzwerke entwickelten sich ungeschriebene ‚Gesetze' über den Austausch von Gütern, Gefallen, Dienstleistungen, Information und Unterstützung; sie grenzten auch gerechtfertigte Verletzungen des offiziellen Rechts von solchen Rechtsübertretungen ab, die als inakzeptabel galten.[38]

Neben der informellen Tauschwirtschaft unterscheidet Los eine umfassende (monetarisierte) ‚Kleingüterwirtschaft', die nicht nur eine Antwort auf die alles durchdringende Güterknappheit war, sondern auch aus der Nachfrage der Haushalte nach zusätzlichem Einkommen resultierte. Als Anpassungsstrategie an die Mängel des Systems war auch diese Sphäre in den Augen der Menschen legitimiert, wiewohl – natürlich – offiziell illegal.[39] In einem Wirtschaftssystem, in dem alle ökonomische Aktivität – zumindest im Prinzip – durch behördliche Anordnung koordiniert wird, kann sich eine solche ‚zweite Wirtschaft' gar nicht ohne weitreichende Komplizenschaft aller Gesellschaftsteile entwickeln. Besonders drastisch streicht Simis diese Verbindung zwischen Schattenwirtschaft und Korruption heraus: „No underground enterprise could be created without the venality of the state administration; it would not last a month without the venality both of the organizations charged with combating economic crime and the apparat that rules the country – a venality ranging from the lowest ranks up to the highest elite."[40]

Schließlich führt Los Formen der organisierten Kriminalität als ein Betätigungsfeld mit eigenem informellem Recht an.[41] Auch für diesen Bereich gilt, daß eine zumindest teilweise Verschmelzung offizieller und krimineller Kreise unvermeidlich war, weil die Aktivitäten vielfach zu umfangreich waren, und die erforderlichen Inputs, die ja in aller Regel vom Staat abgezweigt werden mußten, zu knapp waren und zu genau kontrolliert wurden. Dicht geknüpfte und alle gesellschaftlichen Schichten

---

[37] „Exchanges among friends and acquaintances are not simple barter transactions. They entail a system of obligations, often ongoing. People cultivate indebtedness to each other that can be used in the future." (Wedel, The Private Poland, zitiert nach Los 1992, S. 115.)

[38] Vgl. ebda., S. 114.

[39] Vgl. ebda., S. 117.

[40] Simis 1982, S. 179. Ähnlich faßt es Maria Los zusammen: „(...) theft of materials, parts and tools from the workplace, violation of tax regulations, unlawful petty trade, bribery involving law enforcers and various other controllers are all part of the 'normal' operation within the vast moonlighting and petty-commodity economy which compensates for inadequate state wages and services." (Los 1992, S. 118.)

[41] Siehe ebda., S. 119.

durchdringende Netzwerke waren also auch für diesen Bereich kennzeichnend.[42]

5.4.2 Schattenwirtschaft und institutionelle Inflexibilität

Auf welchen informellen Institutionen beruhten nun diese verschiedenen Formen von Schattenwirtschaft? Was könnte aus der Perspektive dieser Arbeit über ihre mögliche Persistenz ausgesagt werden, und was über die Implikationen für die Transformationspolitik? Zunächst ist festzuhalten, daß – insbesondere für den Fall Rußlands – eine gewisse Persistenz einiger struktureller Elemente der Schattenwirtschaft häufig konstatiert wird. So weist wiederum Maria Los auf die herausragende Bedeutung bestimmter unerwünschter Aspekte dieser sozialistischen Erbschaft hin und argumentiert, daß es unwahrscheinlich ist, daß sie ‚von alleine' verschwinden: „Post-communist societies must recognize the pervasiveness of corruption, thievery, economic illegality and organized crime, and seriously address the fact that these particular aspects of the communist legacy are not going simply to wither away in deference to the non-communist government."[43] In einer neueren Analyse argumentiert Pleines, daß sich auch unter veränderten Bedingungen der Stellenwert der Korruption im russischen Bankensektor „nur schrittweise" ändern dürfte, da „die Korruptionsnetzwerke fest verwurzelt" sind und daher „nicht kurzfristig ausgeschaltet" werden können.[44] Ähnlich betrachtet Anderson die ‚Russenmafia' explizit als ‚Erbe des Kommunismus' und wendet sich gegen die verharmlosende These, mafiose Strukturen in Rußland seien lediglich unvermeidliche Begleiterscheinungen einer ‚Frühphase des Kapitalismus' – mit der beruhigenden Implikation, daß sie im weiteren Verlauf der ökonomischen Entwicklung von alleine verschwinden würden.[45]

---

[42] „Nepotism, mutual protection and development of stable patron-client relationships," so schreibt Los, „are crucial to the success of the operations." (Ebda., S. 122.) Für die Verquickung von mafioser und offizieller Wirtschaftsaktivität siehe auch S. 123: „It appears (...) that the party elites in charge of the nationalized economy tend to treat the latter as their own hunting grounds and the criminal underworld as a useful partner in their pursuits. The unique, intimate relationship between the official and underground hierarchies is likely, in turn, to elevate corruption and autocratic despotism to the status of the primary rules of the underground economy."

[43] Ebda., S. 131.

[44] Pleines 1998, S. 32.

[45] Siehe Anderson 1995, insbesondere S. 360 f. Sie weist auch darauf hin, daß Vergleiche mit den Anfängen der Vereinigten Staaten unzutreffend sind, siehe ebda., S. 356 ff.

In der Folge soll nun skizziert werden, wie eine genauere Analyse der Persistenz unerwünschter struktureller Elemente der sozialistischen Schattenwirtschaft aus der hier entwickelten theoretischen Perspektive aussehen könnte. Es soll also versucht werden zu zeigen, wie bestimmte Schwierigkeiten im Transformationsprozeß als Folge einer pfadabhängigkeitsbedingten Hyperstabilität informeller Institutionen der Schattenwirtschaft interpretiert werden können. Dafür ist es zunächst sinnvoll, noch einmal die wesentlichen Elemente der informellen Regelordnung der sozialistischen Schattenwirtschaft modellhaft zu rekonstruieren.

Als Folge der Planwirtschaft hat sich im Sozialismus eine umfangreiche Schattenwirtschaft herausgebildet, die zwar dazu beitrug, die chronische Unterversorgung der Menschen zu lindern, die aber gleichwohl illegal war. Die Akteure konnten sich also nicht auf den Staat als Sanktionsinstanz berufen; sie mußten – im Gegenteil – Vorkehrungen treffen, um nicht vom allgegenwärtigen Staat überführt und verurteilt zu werden. Unter diesen Bedingungen bildeten sich, wie wir gesehen haben, informelle Strukturen heraus, die sich in etwa folgendermaßen zusammenfassen lassen:

Informelle ökonomische Aktivität basierte überwiegend auf persönlichen Beziehungen, wobei Vertrauen eine wesentliche Rolle spielte. Gut funktionierende persönliche Netzwerke waren eine notwendige Voraussetzung für erfolgreiches Agieren in der Schattenwirtschaft. Dementsprechend wurden langfristige, auf Reziprozität beruhende Beziehungen durch Geschenke und Gefallen gepflegt. In diese Netzwerke waren notwendigerweise auch weite Teile des Staates eingebunden, denn Mitwisserschaft von Staatsangestellten war bei einer so umfassenden Schattenwirtschaft, wie sie in Sowjetwirtschaften bestand, unvermeidbar. In Verbindung mit dem erheblichen diskretionären Spielraum, den Behörden de facto hatten, führte dies zu weitreichender Korruption und Bestechung. Schließlich führte die Abwesenheit staatlicher Durchsetzung auch zu einer Untermischung der Schattenwirtschaft mit kriminellen Elementen, die ihre ‚Durchsetzungsdienste' anboten.

Die Bedeutung persönlicher Netzwerke verweist darauf, daß die Einhaltung von Verträgen insbesondere dadurch gesichert wurde, daß bei Nichteinhaltung der Ausschluß aus dem Netzwerk drohte. Verträge wurden somit eingehalten, weil künftige Erträge auf dem Spiel standen: Wer innerhalb eines Netzwerks persönlicher Beziehungen als unzuverlässig galt, der hatte in Zukunft keine Möglichkeit mehr, erfolgreiche Geschäfte zu tätigen. Diesen Punkt hebt auch Grossman hervor, wenn er schreibt, „the ultimate sanction for breach of trust is ostracism from the informal network, from the underground world of business (...)."[46] Einige der informellen Regeln, nach denen ein in einer Sowjetwirtschaft tätiger illegaler Unternehmer handelte, ließen sich dann vielleicht so formulieren:

1. Respektiere Staatseigentum nicht.
2. Pflege langfristige, auf Reziprozität beruhende Beziehungen.
3. Wer sich als nicht vertrauenswürdig erweist, mit dem mache keine Geschäfte.
4. Gib die Information, wer nicht vertrauenswürdig ist, an Deine Geschäftspartner weiter.
5. Pflege insbesondere Beziehungen zu Staatsangestellten.

Aus welchen Gründen könnte es nun sein, daß eine solche Menge von informellen Verhaltensregeln die spezifischen Bedingungen sozialistischer Wirtschaftssysteme, aufgrund derer sie sich entwickelt haben, überlebt? In dieser Arbeit wurde argumentiert, daß diese Frage sinnvoll als die Frage nach positiven Rückkopplungen in der Entwicklungsdynamik von Institutionen angegangen werden kann. Wie könnten hier also positive Rückkopplungen zustandekommen, die eine Anpassung dieser informellen Regeln an eine neue formale Regelumgebung verhindern und so Gesetzesänderungen – zumindest teilweise – konterkarieren? Inwiefern könnten Hypothesen über mögliche Selbstverstärkungseffekte die Erfolgschancen für Reformen verbessern? In der Folge sollen nun einige Antworten auf diese Fragen skizziert werden. Im Zusammenhang mit Regel 1 soll zunächst die Frage der Reform von Eigentumsrechten behandelt werden; anschließend sollen die Regeln 2, 3 und 4 als System der Vertragsdurchsetzung kommentiert werden; und schließlich wird, ausgehend von Regel 5, kurz auf das Problem der Korruption eingegangen.

Zu Regel 1: Eigentumsrechte
Die erste Regel (Respektiere Staatseigentum nicht) liefert zu einem erheblichen Teil die materielle Grundlage der Schattenwirtschaft, indem sie die Entwendung, Unterschlagung und den privaten Gebrauch von Gütern aus der regulären Wirtschaft ermöglicht.[47] In einer Wirtschaft, in der die meisten Produktivgüter Staatseigentum sind, wird die Enfaltung privater ökonomischer Aktivität nahezu zwangsläufig zu einer solchen Regel führen; wie Grossman schreibt, „where nearly all assets are state-owned, *laisser*

---

[46] Grossman 1989a, S. 85.

[47] So schreibt Grossman, Staatseigentum sei „broadly regarded as 'up for grabs' and is thus easily and widely stolen, embezzled, abused, and exploited for private gain." Er fährt fort: „Indeed, the wholesale misappropriation of socialist property (...) constitutes, as it were, the main physical base of a large pyramid of second-economy activity and informal private income." (Grossman 1989b, S. 152.)

faire is also *laisser voler*."[48] Er argumentiert, daß sich informelle Eigentumsrechte herausbildeten – im Sinne einer faktischen Kontrolle über die Nutzung von Gütern und die Aneignung von Erträgen –, die nicht staatlich gesichert waren. Grossman spricht sogar davon, daß ein informelles ‚Recht', bei der Arbeit zu stehlen, häufig als zu erwartender Bestandteil der Arbeitsbedingungen angesehen wurde.[49]

Im Zusammenhang mit der Theorie der Eigentumsentstehung von Robert Sugden, die in Abschnitt 3.2.3 diskutiert wurde, haben wir ja gesehen, daß auch der spontanen Entstehung von Eigentumsrechten ein selbstverstärkender Prozeß zugrundeliegen kann. Welche informellen Eigentumskonventionen sich in einzelnen Fällen etabliert haben, dürfte von den konkreten Umständen abhängen; die in solchen Fällen möglicherweise vorliegenden positiven Rückkopplungen können aber zu einer Hyperstabilität dieser Eigentumsregeln führen. Theoretisch betrachtet wäre diese im Prinzip zu beheben, wenn nur die erforderliche kritische Masse überschritten würde. Wäre eine mögliche Inflexibilität also überwiegend auf den Koordinationseffekt zurückzuführen, dann könnte es daher genügen, wenn neue formale Eigentumsregeln formuliert, bekanntgemacht und durch entsprechende Sanktionsmöglichkeiten gestützt würden. Unzureichende Bekanntheit oder Unklarheit bzw. Inkonsistenz neuer Gesetze kann dagegen dazu führen, daß es auch weiterhin individuell rational ist, sich an die informellen Regeln der Vergangenheit zu halten, so daß die neuen Gesetze faktisch wirkungslos bleiben. Die Auswirkungen des in Rußland häufig beklagten ‚Kriegs der Gesetze'[50] könnten in dieser Weise interpretiert werden.

Außerdem wären bei der Schaffung von Eigentumsrechten insbesondere dann Probleme zu erwarten, wenn im Zusammenhang mit den in der Vergangenheit gewachsenen informellen Eigentumsrechten mit der Zeit gemeinsame mentale Modelle entstanden sind, die diese Eigentumskonventionen legitimieren. Ein solcher Effekt könnte sich durch ein Legitimationsdefizit des Staates, der schließlich für die Schaffung neuer Eigentumsregeln verantwortlich ist, verstärken. Damit ist wiederum der Zusammenhang zwischen der (internen) Legitimation von Regeln – im Sinne der unter diesen Regeln lebenden Menschen – und der Befolgung dieser Regeln angesprochen. In Bezug auf Eigentumsrechte spricht Los diesen Punkt an, wenn sie die möglichen Folgen von Privatisierungsstrategien kommentiert, die vor allem der ehemaligen *Nomenklatura* zugute kommen: „If ordinary

---

[48] Grossman 1989a, S. 86.
[49] Ebda., S. 81. Los spricht in diesem Zusammenhang auch von einer ‚Reprivatisierung von Staatseigentum', siehe Los 1992, S. 116 und 119.
[50] Siehe z.B. Voigt und Kiwit 1995, S. 10 oder Rubin 1998, S. 551.

people perceive such a strategy of privatization as fundamentally unfair, this will give them the licence to continue their workplace 'stealing and dealing', and to seek refuge in the familiar patterns of subversive or evasive legal cultures."[51]

Zu Regeln 2, 3 und 4: Vertragsdurchsetzung
Nun beruht die Möglichkeit einer florierenden Schattenwirtschaft ja nicht nur auf der teilweisen (informellen) Reprivatisierung des Eigentums. Ein weiterer wichtiger Aspekt ist die Frage, wie in Abwesenheit staatlicher Sanktionen Verträge durchgesetzt werden können bzw. wie Vertrauen in die Einhaltung von Verträgen geschaffen werden kann, da sonst viele gewinnbringende Interaktionen unterlassen würden. Um dieses Problem geht es bei den Regeln zwei, drei und vier. Diese bilden ein ähnliches System komplementärer Regeln, wie es uns schon im Zusammenhang von Avner Greifs Analyse mittelalterlicher Händlergruppen begegnet war.[52] Dort hatten wir argumentiert, daß die Lösung des Prinzipal-Agent-Problems im ‚kollektivistischen' Regelrahmen der maghrebinischen Händler im Wesentlichen aus zwei Regeln wie ‚Arbeite nur mit Gruppenmitgliedern zusammen' und ‚Verbreite die Information, wenn Dich jemand betrogen hat' besteht. Zwei solche Regeln sind komplementär: Einerseits war die Beschränkung auf Gruppenmitglieder als Geschäftspartner für den Einzelnen nur dann sinnvoll, wenn Vertragsbrüche innerhalb der Gruppe bekannt wurden, Gruppenmitgliedern also vertraut werden konnte; andererseits mußte die Gruppe hinreichend überschaubar gehalten werden, damit die Information über Vertragsbrüche problemlos kommuniziert werden konnte. In ähnlicher Weise finden wir in den Analysen von Sowjet-Schattenwirtschaften eine weitgehende Beschränkung auf langfristige persönliche Beziehungen, die auch dazu genutzt wurden, die Information über Vertrags- und Vertrauensbrüche zu verbreiten – ein wirkungsvoller Sanktionsmechanismus in Abwesenheit staatlicher Durchsetzung von Verträgen.
Auf diese Ähnlichkeiten mit dem historischen Beispiel der maghrebinischen Händlergruppen weisen Greif und Kandel hin, wenn sie argumentieren, daß sich die informellen Vertragsdurchsetzungsmechanismen, die sich unter den Bedingungen der UDSSR entwickelt hatten, heute – wenn auch teilweise in etwas veränderter Form – in Rußland wiederfinden.[53] Beispielsweise beschreiben sie eine Organisationsform, die sie ‚business groups' nennen. Dabei handelt es sich um Gruppen von Individuen, die in

---

[51] Los 1992, S. 131.
[52] Siehe Abschnitt 3.3.4.
[53] Siehe Greif und Kandel 1995, S. 312 ff.

Kooperation verschiedene Geschäftsprojekte realisieren. Für jedes Projekt kann sich die personelle Zusammensetzung ändern, und jedes Mitglied kann gleichzeitig an mehreren Projekten beteiligt sein. Die Kooperationsverträge sind informell, und bei Vertragsbruch werden niemals legale Schritte erwogen; stattdessen wird der Vertragsbrecher von der Gruppe ausgeschlossen. Dies bedeutet, daß ihm in Zukunft keine Projekte mehr angeboten werden, und weil (oder insofern als) die Projekte lukrativ sind, ist Vertragsbruch selten ein Problem. Wie wir gesehen haben, kann ein solches System erhebliche Persistenz aufweisen, und die Komplementarität der Regeln, auf denen es beruht, könnte in der Tat einen Erklärungsansatz dafür bieten, warum dies so ist.

Indes, warum sollte das Fortbestehen eines solchen Systems überhaupt als Problem angesehen werden? Schließlich vermag es doch eine wichtige Funktion zu erfüllen, die der Staat zumindest in der Vergangenheit nicht erfüllt hat bzw. in vielen Fällen auch in der Gegenwart nicht erfüllt. Gleichwohl kann argumentiert werden, daß es der Entwicklung einer dynamischen Marktwirtschaft im Wege steht, weil es die Ausweitung von Märkten verhindert. Wie Greif und Kandel schreiben: „Despite the effectiveness of these mechanisms, they constitute barriers to entry because there is no information on newly established firms or small enterprises. In such cases self-enforcement of contracts based on expected future gains (or past behavior) is not feasible."[54] Weil die Mehrzahl der Geschäfte in Rußland heute auf der Grundlage solcher oder ähnlicher Mechanismen getätigt wird, sind die Auswirkungen auf die russische Wirtschaft erheblich.[55] Ein Übergang zu einem anderen ‚institutionellen Gleichgewicht', in dem die Mehrzahl der Verträge auf der Grundlage staatlicher Durchsetzung beruht, stellt daher eine wichtige Voraussetzung für eine Verbesserung der Lebensbedingungen in Rußland dar. Ausgehend von einer Situation wie der beschriebenen, in der ein wohlfunktionierendes informelles System komplementärer Regeln, das die Funktion der Vertragsdurchsetzung erfüllt, bereits existiert, ist die Etablierung eines funktionierenden staatlichen Rechts- und Rechtsdurchsetzungssystems aber offensichtlich schwieriger, als wenn man von einer institutionellen *tabula rasa* ausgeht. Die noch unvollkommenen Ansätze russischer Reformpolitik scheinen jedenfalls nicht ausreichend zu sein, um staatliche Sanktionsmechanismen für die Beteiligten attraktiver zu machen. Beispielsweise wird deutlich, in welchem Ausmaß die Aktivitäten der ‚business groups' am Gesetz vorbei unternommen werden, wenn Greif und Kandel schreiben, „legal docu-

---

[54] Ebda., S. 314.
[55] Vgl. ebda.

ments are prepared, frequently after the transaction has been accomplished, for the sole purpose of satisfying the numerous regulatory requirements."[56]

Zu Regel 5: Korruption

Schließlich wird Korruption als zentrales Problem in Rußland angesehen. Auch dies scheint – zumindest teilweise – ein Erbe der informellen Netzwerke zu sein, die sich im sozialistischen Wirtschaftsalltag nahezu zwangsläufig entwickelt haben. Dies spiegelt sich oben in der Regel fünf wider: Jeder informelle Unternehmer mußte Kontakte zu Mitarbeitern des Staates pflegen, deren Allzuständigkeit ihnen ungeheure diskretionäre Macht in die Hand gab. So ist es offensichtlich ein Überbleibsel der sozialistischen Vergangenheit, daß Staatsangestellte in Netzwerke eingebunden sind, deren Zweck geschäftlicher Natur ist; sie sind Teil dieser Netzwerke in ihrer Funktion als Angestellte des Staates, und es dürfte ihnen nur schwer möglich sein, sich dem Erwartungsdruck zu entziehen, den das subtile informelle Regelwerk des ‚Eine-Hand-wäscht-die-andere‘ auf sie ausübt.

Daher überrascht es wenig, daß Korruption auch in der postsozialistischen Zeit ein gravierendes Problem darstellt. Es ist wohl denkbar, daß ein Mitspielen im ‚Korruptionsspiel‘ für die Beteiligten individuell rational ist, obwohl dieses Spiel insgesamt gewiß nicht zum Gemeinwohl beiträgt; ein faktisches – im Gegensatz zu einem bloß formalen – Korruptionsverbot wäre sicherlich im Interesse aller. Ein solches Auseinanderfallen von Handlungs- und Regelinteresse kann als Resultat eines Gefangenen- oder Rent-seeking-Dilemmas betrachtet werden.[57] Möchte man aber erklären, warum Korruption, den tiefgreifenden Veränderungen in Wirtschaft und Gesellschaft zum Trotz, weiter praktiziert wird, dann wird man Pfadabhängigkeit und positive Rückkopplungen mit in die Betrachtung einbeziehen müssen: Wodurch reproduzieren diese Netzwerke sich selbst? Welche institutionalisierten Verhaltensmuster bestehen innerhalb dieser Netzwerke? Genauer: Lassen sich Koordinationseffekte, Komplementaritäten oder gemeinsame mentale Modelle rekonstruieren, die für ein Fortbestehen von Korruption (mit)verantwortlich sein könnten? Präzisere Antworten auf diese Fragen würden zu einem tiefergehenden Verständnis von Korruption führen und die Chancen für eine wirksame Bekämpfung des Phänomens erhöhen. Denn in dem Maße, in dem selbstverstärkende Mechanismen wirksam sind, ist eben nicht zu erwarten, daß ein

---

[56] Ebda., S. 313.
[57] Vgl. dazu auch Abschnitt 1.4.

Problem wie Korruption ganz einfach dadurch verschwindet, daß die Umstände, die es hervorgebracht haben, verändert werden.

5.5   Zusammenfassung

In diesem Kapitel sollte anhand eines Anwendungsbeispiels aufgezeigt werden, in welcher Weise der hier entwickelte theoretische ,Werkzeugkasten' zum besseren Verständnis institutioneller Reformprobleme beitragen kann. Zu diesem Zweck bot sich die Transformationsproblematik an, weil sie reichhaltiges Anschauungsmaterial bietet und den sozialwissenschaftlichen Diskurs der letzten Jahre wie kaum ein anderes Thema beeinflußt hat.

Zunächst stellte sich dabei die Frage, inwieweit Transformation überhaupt als Anwendungsfall von Pfadabhängigkeit verstanden werden kann. Hier zeigte sich wiederum die Nützlichkeit der Unterscheidung zwischen Pfadabhängigkeit ,als Geschichte' und Pfadabhängigkeit als ,Evolutionsversagen': Einerseits kann *Transformation selbst* als ein pfadabhängiger Prozeß betrachtet werden, und um den gegenwärtigen Stand dieses Prozesses zu verstehen, müssen wir in der Tat die historische Abfolge der Reformschritte und ihrer Auswirkungen mit in die Betrachtung einbeziehen. Andererseits kann Pfadabhängigkeit aber auch als *Problem für Transformation* betrachtet werden. Dies ist möglich, wenn als Gegenstand von Transformation nicht allein formale Gesetze angesehen werden – die praktisch über Nacht geändert werden könnten –, sondern auch informelle Institutionen. Ein Evolutionsversagen kann dann in dem Sinn vorliegen, daß die informellen Institutionen der sozialistischen Vergangenheit aufgrund positiver Rückkopplungen so inflexibel sein können, daß sie trotz der Änderung formaler Gesetze weiterbestehen. Dies muß nicht bedeuten, daß Reformen nicht möglich sind; es kann aber bedeuten, daß die Chancen für erfolgreiche Reformen steigen, wenn die Ursachen für das Beharrungsvermögen informeller Institutionen bei der Gestaltung der Reformschritte berücksichtigt werden. Vor dem Hintergrund dieser Überlegungen wurde in Abschnitt 5.2 auf die Frage eingegangen, ob eine erfolgreiche und mit möglichst geringen Kosten verbundene Transformation eher von einem ,gradualistischen' Vorgehen oder von einer ,Schocktherapie' zu erwarten ist.

In den Abschnitten 5.3 und 5.4 wurde dann anhand zweier unterschiedlicher Aspekte aufzuzeigen versucht, welchen Beitrag eine genauere Analyse pfadabhängigkeitsbedingter Inflexibilität informeller Institutionen zum Verständnis von Transformation bzw. von Transformationsschwierigkeiten leisten könnte. Diese beiden Aspekte konstituieren gewissermaßen unterschiedlich angesetzte Schnitte durch die Menge der möglichen Phänomen-Erklärungs-Kombinationen: In Abschnitt 5.3 wurde ein *Mechanismus* herausgegriffen (Typ-3-Inflexibilität), der für verschiedene Beispiele von institutioneller Inflexibilität ursächlich sein kann; in Abschnitt 5.4 dagegen wurde ein *Phänomen* herausgegriffen (die ‚Schattenwirtschaft‘), für dessen Persistenz verschiedene Selbstverstärkungsmechanismen auf institutioneller Ebene ursächlich sein können.

In Abschnitt 5.3 wurde auch auf die Frage eingegangen, ob demokratische oder autoritäre Politiksysteme besser geeignet erscheinen, den schwierigen Transformationsprozeß zu meistern. Anknüpfend an die Diskussion aus Kapitel 4 wurde argumentiert, daß marktliche Regelreformen auch dann möglich und zustimmungsfähig sein können, wenn die Menschen aus dem Sozialismus noch marktfeindliche Werthaltungen mitbringen. Voraussetzung dafür wäre *verbessertes Wissen* über die Funktionseigenschaften marktwirtschaftlicher Institutionen. Solches Wissen kann allerdings, so wurde argumentiert, am ehesten im Rahmen demokratischer und föderaler Systeme geschaffen werden.

In Abschnitt 5.4 schließlich wurde erläutert, warum eine weitverbreitete Schattenwirtschaft für alle sozialistischen Wirtschaftssysteme charakteristisch war und welche informellen Regeln und Institutionen daraus hervorgegangen sind. Anschließend wurde aufzuzeigen versucht, wie eine gegebenenfalls beobachtbare Persistenz dieser informellen Institutionen als Folge positiver Rückkopplungen erklärt werden kann. Es wurde argumentiert, daß die Persistenz informeller privater Eigentumsregeln in Anlehnung an Sugdens Überlegungen zur Eigentumsentstehung als Folge eines Koordinationseffekts interpretiert werden kann; zusätzlich wurde darauf hingewiesen, daß dabei – über die legitimierende Wirkung mentaler Modelle – auch Typ-3-Inflexibilität eine Rolle spielen kann. Eine Persistenz des informellen Systems der Vertragsdurchsetzung in der Schattenwirtschaft wurde – in Anlehnung an Greif – als Folge eines Komplementaritätseffekts interpretiert. Schließlich wurde angedeutet, daß die Analyse positiver Rückkopplungen auch zu einem besseren Verständnis von Korruption beitragen kann, die vielfach ebenfalls als Erbe des Sozialismus und als Folge der Schattenwirtschaft angesehen wird.

Schlußbemerkungen

In dieser Arbeit wurde versucht, das Pfadabhängigkeitskonzept – insbesondere in seiner Anwendung auf Institutionen – zu präzisieren und weiterzuentwickeln. Dafür wurden im ersten Teil der Arbeit einige grundlegende konzeptionelle Klärungen und Unterscheidungen vorgenommen. Es zeigte sich, daß positive Rückkopplungen als Ursache pfadabhängigkeitsbedingter Inflexibilität, und damit potentiellen Evolutionsversagens, angesehen werden können; verschiedene Ursachen positiver Rückkopplungen wurden zunächst für den technologischen Bereich diskutiert, auf den das Pfadabhängigkeitskonzept zuerst angewandt wurde.

Im zweiten, institutionentheoretischen Teil der Arbeit wurden dann mögliche Ursachen positiver Rückkopplungen bei Institutionen diskutiert; dabei wurden drei Kategorien von Selbstverstärkungseffekten unterschieden. Im dritten Teil der Arbeit wurde schließlich versucht, die Frage nach den Möglichkeiten und Grenzen von Reformen in Situationen institutionellen ‚Lock-ins‘ differenziert anzugehen; als Anwendungsbeispiel wurde dafür die Problematik einer ‚Transformation‘ ehemals sozialistischer Länder gewählt.

Die zentrale Frage im Zusammenhang mit Pfadabhängigkeit dürfte wohl sein, welche Implikationen die These von der ‚potentiellen Ineffizienz‘ pfadabhängiger Prozesse für die Wirtschaftspolitik hat. Die in dieser Arbeit entwickelte Perspektive läuft darauf hinaus, daß der Umgang mit der ‚Ineffizienzthese‘ in der Literatur teilweise oberflächlich und undifferenziert ausfällt. Dies gilt für Befürworter und Gegner gleichermaßen, die sich bisweilen eher auf quasi-ideologische Vorurteile zu stützen scheinen als auf kritische Überprüfung: Wer Argumente für eine Ausweitung staatlicher Tätigkeit sucht, schreibt sich ‚Pfadabhängigkeit-als-Ineffizienz‘ auf die Fahnen; wer an die Leistungsfähigkeit von Märkten glaubt, wendet sich dagegen. – Ineffizienz ist wahrlich ein Thema, das die Ökonomen spaltet.

Dabei ist das Pfadabhängigkeitskonzept zunächst keineswegs normativ zu verstehen, sondern vielmehr als *theoretischer* Ansatz, der vor allem einen *methodologischen* Punkt macht: *History matters.* Die *Möglichkeit* des Evolutionsversagens ist letztlich nur eine logische Implikation der Natur pfadabhängiger Prozesse, aus der sich zunächst keinerlei Schlüsse für wirtschaftspolitisches Handeln ziehen lassen. In dieser Arbeit wurde daher auch zu präzisieren versucht, was mit pfadabhängigkeitsbedingter ‚potentieller Ineffizienz‘ gemeint sein kann und welche Schlüsse daraus gezogen werden können. So wurde zwischen Ineffizienz ex ante und ex post unterschieden: Wenig spricht für den Staat als ‚weisen Pfadwähler‘ *ex ante*, denn dabei liegen in der Tat unüberwindliche Wissensprobleme vor. Häufig wird aber auch übersehen, daß die Möglichkeit falscher Pfade erheblich davon abhängen kann, unter welchen institutionellen Voraussetzungen sich evolutorische Prozesse vollziehen; dies gilt grundsätzlich für die Entwicklung technologischer Märkte ebenso wie für die Entwicklung von Institutionen, für die gewöhnlich kein marktliches Umfeld gegeben ist. Die Frage lautet dann, wie die Institutionen *auf höherer Ebene* gestaltet werden können, damit die institutionelle Entwicklung der darunterliegenden Ebenen mit möglichst großer Wahrscheinlichkeit in wünschenswerte Bahnen kanalisiert wird. Aus der Sicht der Pfadabhängigkeitstheorie müßte so die Leitfrage etwa für die Weiterentwicklung der Institutionen auf europäischer Ebene lauten.

Es ist also nicht so, daß wir ex ante *gar nichts* tun könnten. Andererseits werden sich aber auch immer Fehlentwicklungen ereignen, und es wird immer Inflexibilitäten geben, die eine Selbstkorrektur verhindern; somit kann eine Ex-post-Reformpolitik *auf höherer Ebene* erforderlich werden. Dabei muß jedoch beachtet werden, daß ein subtiler Zusammenhang zwischen ‚Ineffizienz‘ (im Sinne der subjektiven Bewertungen der Betroffenen) und ‚Inflexibilität‘ besteht. Wenn wir davon ausgehen, daß prinzipiell auch im institutionellen Bereich die Möglichkeit des Experimentierens gegeben ist – sei es in Untergruppen mit hoher Wiederbegegnungswahrscheinlichkeit, sei es durch individuelle Regelübertretung, oder auch durch marginale Variationen, die zunächst gar nicht als Regelübertretung wahrgenommen werden – dann kann mit einer gewissen spontanen Anpassungsflexibilität von Institutionen durchaus gerechnet werden – zumindest über längere Zeiträume. Vor diesem Hintergrund kann Stabilität auch ein Zeichen impliziter Zustimmung sein und muß nicht als ‚Lock-in‘ interpretiert werden. Vielmehr wird *begründungsbedürftig*, warum in konkreten Fällen von beobachteter institutioneller Inflexibilität zu vermuten ist, daß diese *nicht* auf Zustimmung beruht, und daß Regelinteresse und Handlungsinteresse der Betroffenen divergieren. Anders formuliert: In dem Maße, in dem Inflexibilität herrscht, kann nicht davon ausgegangen werden, daß das Fortbestehen eines institutionellen Status quo auf impliziter Zustimmung beruht. Legt man ein ‚internes‘ Kriterium zur Beurteilung von Ordnungen zugrunde, kann eine Lock-in-Diagnose daher nur dann handlungsleitend sein, wenn sie auf einer sorgfältigen Analyse institutioneller Inflexibilitäten beruht, und wenn durch geeignete kollektive Abstimmungsverfahren gewährleistet ist, daß Alternativvorschläge tatsächlich die Zustimmung der Betroffenen finden.

Vor diesem Hintergund war ein großer Teil dieser Arbeit der Frage gewidmet, was die Idee der Pfadabhängigkeit und positiver Rückkopplungen zum Verständnis institutioneller Inflexibilität beitragen kann. Die Hoffnung ist, daß sich die vorgeschlagene Kategorisierung positiver Rückkopplungen als Ausgangspunkt für empirische Analysen eignet, sowie als Orientierungshilfe für eine systematische, problemorientierte Suche nach Ordnungsmängeln, die nur auf höherer Ebene behoben werden können. Die Hoffnung ist weiter, daß genauere Kenntnis der Ursachen institutioneller Inflexibilität auch die Erfolgschancen institutioneller Reformen erhöht, weil sich, wie erläutert, je nach Art der Selbstverstärkung unterschiedliche Reformprobleme stellen.

Abschließend sei angemerkt, daß die hier vorgeschlagene Sichtweise institutioneller Reformen m.E. *nicht* auf einen ‚konstruktivistischen Rationalismus' im Sinne Hayeks hinausläuft. Hayeks Kritik richtete sich gegen die Vorstellung, umfassende gesellschaftliche Regelsysteme könnten ‚am Reißbrett' komplett neu entworfen und umgesetzt werden; in ähnlicher Weise wurde hier argumentiert, daß die Erfolgschancen institutioneller Umgestaltung systematisch steigen, je klarer ein Reformprojekt eingegrenzt ist und je näher es dem ‚Ein-Regel-Ende' eines Kontinuums zunehmender Systemhaftigkeit ist. Wenngleich, wie Hayek betont hat, unserem Ordnungswissen immer Grenzen gesetzt sind, so können wir doch hoffen, es mit der Zeit zu verbessern. Verbessertes Wissen über die Ursachen von Selbstverstärkung und Pfadabhängigkeit ist mag bisweilen der beste Schutz vor reformerischem Übereifer sein, wenn es uns nämlich davor bewahrt, das Unmögliche zu wollen. Zugleich bietet solches Wissen aber auch die Chance, *mögliche* Verbesserungen der Regelordnung zu identifizieren.

Literaturverzeichnis

Adams, Michael (1994): Rechte und Normen als Standards, in: Homo oeconomicus XI (3), München, S.501-552.

Anderson, Annelise (1995): The Red Mafia: A Legacy of Communism, in: Edward P. Lazear (Hg.), Economic Tansition in Eastern Europe and Russia, Stanford: Hoover Institution Press, S. 340-366.

Aoki, Masahiko (1994): The Contingent Governance of Teams: Analysis of Institutional Complementarity, in: International Economic Review 35 (3), S. 657-676.

Arthur, W. Brian (1988): Competing Technologies: An Overview, in: Giovanni Dosi, Christopher Freeman, Richard Nelson, Gerald Silverberg und Luc Soete: Technical Change and Economic Theory, London: Pinter, S. 590-607.

- (1993): On Designing Economic Agents that Behave Like Human Agents, in: Journal of Evolutionary Economics 3 (1), S. 1-22.

- (1994a): Increasing Returns and Path Dependence in the Economy, Ann Arbor: University of Michigan Press.

- (1994b): Inductive Reasoning and Bounded Rationality, in: American Economic Review 84 (2), S. 406-411.

- (1996): Increasing Returns and the Two Worlds of Business, in: Harvard Business Review 74 (4), S. 100-109.

- (1997): Beyond Rational Expectations: Indeterminacy in Economic and Financial Markets, in: John N. Drobak und John V.C. Nye (Hg.), The Frontiers of the New Institutional Economics, San Diego et al.: Academic Press, S. 291-304.

Arthur, W. Brian, Yu. M. *Ermoliev* und Yu. M. *Kaniovski* (1994): Path-dependent Processes and the Emergence of Macro-Structure, in: Arthur 1994a, S. 33-48.

Arthur, W. Brian und David A. *Lane* (1994): Information Contagion, in: Arthur 1994a, S. 69-97.

Axelrod, Robert (1984): The Evolution of Cooperation, New York: Basic Books.

Balcerowicz, Leszek (1995): Socialism, Capitalism, Transformation, Budapest et al.: Central European University Press.

Bandura, Albert (1979): Sozial-kognitive Lerntheorie, Stuttgart: Klett-Cotta.

Basalla, George (1988): The Evolution of Technology, Cambridge, UK: University Press.

Baumann, Bernd (1993): Offene Gesellschaft, Marktprozeß und Staatsaufgaben, Baden-Baden: Nomos.

Berger, Peter L. und Thomas *Luckmann* (1980): Die gesellschaftliche Konstruktion der Wirklichkeit, Frankfurt/Main: Fischer Taschenbuch Verlag.

Bertalanffy, Ludwig von (1968): General System Theory. Foundations, Development, Applications, New York: Braziller.

Besen, Stanley M. und Joseph *Farrell* (1994): Choosing How to Compete: Strategies and Tactics in Standardization, in: Journal of Economic Perspectives 8 (2), S. 117-131.

Bijker, Wiebe E. (1995): Of Bycicles, Bakelites, and Bulbs. Toward a Theory of Sociotechnical Change, Cambridge, Mass.: MIT Press.

Bijker, Wiebe E., Thomas P. *Hughes* und Trevor *Pinch* (Hg.) (1989): The Social Construction of Technological Systems, Cambridge, Mass.: MIT Press.

Binger, Brian R. und Elizabeth *Hoffman* (1989): Institutional Persistence and Change: The Question of Efficiency, in: Journal of Institutional and Theoretical Economics 145 (1), S. 67-84.

Binmore, Ken (1992): Fun and Games. A Text on Game Theory, Lexington und Toronto: D.C. Heath.

- (1994): Game Theory and the Social Contract, Vol. I: Playing Fair, Cambridge, Mass.: MIT Press.

Blanchard, Olivier, Rudiger *Dornbusch*, Paul *Krugman*, Richard *Layard* und Lawrence *Summerns* (1991): Reform in Eastern Europe, Cambridge, Mass.: MIT Press.

Blankart, Charles B. und Günter *Knieps* (1992): The Critical Mass Problem in a Dynamic World: Theory and Applications to Telecommunication, in: Franca Klaver und Paul Slaa (Hg.), Telecommunication. New Signposts to Old Roads, Amsterdam et al.: IOS Press, S. 55-63.

- (1993): State and Standards, in: Public Choice 77 (1), S. 39-52.

Böhm, Franz (1966): Privatrechtsgesellschaft und Marktwirtschaft, in: ORDO 17, S. 75-151.

- (1980): Freiheit und Ordnung in der Marktwirtschaft, Baden-Baden: Nomos.

Böhm, Franz, Walter *Eucken* und Hans *Großmann-Doerth* (1937): Unsere Aufgabe, in: Franz Böhm, Die Ordnung der Wirtschaft als geschichtliche Aufgabe und rechtsschöpferische Leistung, Stuttgart und Berlin: W. Kohlhammer.

Boyer, Robert (1997): French Statism at the Crossroads, in: Colin Crouch und Wolfgang Streeck (Hg.), Political Economy of Modern Capitalism, London et al.: SAGE Publications, S. 71-101.

Boyer, Robert und André *Orléan* (1993): How do Conventions Evolve?, in: Ulrich Witt (Hg.), Evolution in Markets and Institutions, Heidelberg: Physica-Verlag, S. 17-29.

Brennan, Geoffrey und James M. *Buchanan* (1985): The Reason of Rules, Cambridge, UK: University Press.

Brockmeier, Thomas (1998): Wettbewerb und Unternehmertum in der Systemtransformation, Stuttgart: Lucius & Lucius.

Buchanan, James M. (1960): Positive Economics, Welfare Economics, and Political Economy, in: Ders., Fiscal Theory and Political Economy, Chapel Hill: The University of North Carolina Press, S. 105-124.

- (1975): The Limits of Liberty. Between Anarchy and Leviathan, Chicago und London: University of Chicago Press.

- (1977): Freedom in Constitutional Contract, College Station: Texas A&M University Press.
- (1980): Reform in the Rent-Seeking Society, in: Ders., Robert D. Tollison und Gordon Tullock (Hg.), Toward a Theory of the Rent-Seeking Society, College Station: Texas A&M University Press, S. 359-67, wieder abgedruckt in Tollison und Congleton 1995.
- (1985): Cultural Evolution and Economic Reform, in: Ders., Liberty, Market and State – Political Economy in the 1980ies, New York: University Press, S. 75-86.
- (1987): What Should Economists Do? In: Ders., Economics. Between Predictive Science and Moral Philosophy, College Station: Texas A&M University Press, S. 21-33.
- (1997): Tacit Presuppositions of Political Economy: Implications for Societies in Transition, in: Ders., Post-Socialist Political Economy: Selected Essays, Aldershot: Edward Elgar, S. 93-107.

Buchanan, James M. und Wm. Craig *Stubblebine* (1962): Externality, in: Economica 29, S. 71-84.

Buchanan, James M. und Gordon *Tullock* (1965): The Calculus of Consent, Ann Arbor: University of Michigan Press.

Buchanan, James M. und Viktor J. *Vanberg* (1991): The Market as a Creative Process, in: Economics and Philosophy 7 (2), S. 167-186.

- (1997): Constitutional Implications of Radical Subjectivism, in: Stephan Boehm, St. F. Frowen und J. Pheby (Hg.), Economics as the Art of Thought – Essays in Memory of G.L.S. Shackle, London und New York: Routledge.

Campbell, Donald T. (1960): Blind Variation and Selective Retention in Creative Thought as in Other Knowledge Processes, in: Psychological Review 67 (6), S. 380-400.

- (1965): Variation and Selective Retention in Socio-Cultural Evolution, in: Herbert R. Barringer, George I. Blanksten und Raymond W. Mack, Social Change in Developing Areas, Cambridge, Mass.: Schenkman Publishing, S. 19-49.
- (1974): Evolutionary Epistemology, in: Paul Arthur Schilpp (Hg.), The Philosophy of Karl Popper, La Salle: Open Court, S. 413-463.

Choi, Young Back (1993): Paradigms and Conventions, Ann Arbor: University of Michigan Press.

Churchland, Paul M. (1989): A Neurocomputational Perspective. The Nature of Mind and the Structure of Science, Cambridge, Mass.: MIT Press.

Cimoli, Mario und Giovanni *Dosi* (1996): Technological Paradigms, Patterns of Learning and Development: An Introductory Roadmap, in: Kurt Dopfer (Hg.), The Global Dimension of Economic Evolution: Knowledge Variety and Diffusion in Economic Growth and Development, Heidelberg: Physica-Verlag, S. 63-88.

Clark, Andy (1997): Economic Reason: The Interplay of Individual Learning and External Structure, in: John N. Drobak und John V.C. Nye (Hg.), The Frontiers of the New Institutional Economics, San Diego et al.: Academic Press, S. 269-290.

Coleman, James S. (1990): Foundations of Social Theory, Cambridge, Mass. und London: Belknap Press.

Cowan, Robin (1990): Nuclear Power Reactors: A Study in Technological Lock-in, in: Journal of Economic History 50 (3), S. 541-567.

Cowan, Robin und Philip *Gunby* (1996): Sprayed to Death: Path Dependence, Lock-in and Pest Control Strategies, in: The Economic Journal 106, S. 521-542.

Costello, Barbara Jean (1995): Social Order and the Internalization of Norms, Ann Arbor: UMI Dissertation Services.

Cramer, Friedrich (1989): Chaos und Ordnung. Die komplexe Struktur des Lebendigen, 3. Auflage, Stuttgart: Deutsche Verlags-Anstalt.

Croskery, Patrick (1995): Conventions and Norms in Institutional Design, in: David L. Weimer (Hg.), Institutional Design, Boston: Kluwer, S. 95-112.

Cusumano, Michael A., Yiorgos *Mylonadis* und Richard S. *Rosenbloom* (1992): Strategic Maneuvering and Mass-Market Dynamics: The Triumph of VHS over Beta, in: Business History Review 66 (1), S. 51-94.

Dallago, Bruno (1996): Between Spontaneity and Economic Engineering: Path Dependence in the Process of Economic Transition, NATO Economics Colloquium in Brüssel, im Internet unter http://www.nato.int/docu/colloqu/1996/96-1-6.htm, abgedruckt in: R. Weichhardt (Hg.), Economic Developments and Reforms in Cooperation Partner Countries: the Social and Human Dimension.

David, Paul A. (1975): The Landscape and the Machine: Technical Interrelatedness, Land Tenure and the Mechanization of the Corn Harvest in Victorian Britain, in: Ders., Technical Choice, Innovation and Economic Growth, Cambridge, UK: University Press, S. 233-275.

- (1985): Clio and the Economics of QWERTY, in: American Economic Review 75 (2), S. 332-337.

- (1986): Understanding the Economics of QWERTY: the Necessity of History, in: W.N. Parker, Economic History and the Modern Economist, Oxford: Blackwell, S. 30-49.

- (1987): Some New Standards for the Economics of Standardization in the Information Age, in: Partha Dasgupta und Paul Stoneman, Economic Policy and Technological Performance, Cambridge, UK: University Press, S. 206-239.

- (1991): The Hero and the Herd in Technological History: Reflections on Thomas Edison and the Battle of the Systems, in: Patrice Higonnet, David S. Landes und Henry Rosovsky (Hg.), Favorites of Fortune. Technology, Growth, and Economic Development since the Industrial Revolution, Cambridge, Mass.: Harvard University Press, S. 72-119.

- (1993a): Historical Economics in the Longrun: Some Implications of Path-Dependence, in: Graeme Donald Snooks (Hg.), Historical Analysis in Economics, London und New York: Routledge, S. 29-40.

- (1993b): Path-Dependence and Predictability in Dynamic Systems with Local Network Externalities: a Paradigm for Historical Economics, in: Dominique Foray und Christopher Freeman (Hg.), Technology and the Wealth of Nations: the Dynamics of Constructed Advantage, London: Pinter, S. 208-231.

- (1994a): Why are Institutions the 'Carriers of History'?: Path Dependence and the Evolution of Conventions, Organizations and Institutions, in: Structural Change and Economic Dynamics 5 (2), S. 205-220.

- (1994b): The Evolution of Intellectual Property Institutions, in: Abel Aganbegian und Oleg Bogomolov (Hg.), Economics in a Changing World, Bd. 1: System Transformation: Eastern and Western, London und Basingstoke: Macmillan, S. 126-149.

- (1997): Path Dependence and the Quest for Historical Economics: One More Chorus of the Ballad of QWERTY, Discussion Papers in Economic and Social History, Nr. 20, University of Oxford, November 1997.

David, Paul A. und Shane *Greenstein* (1990): The Economics of Compatibility Standards: An Introduction to Recent Research, in: Economics of Innovation and New Technology 1 (1-2), S. 3-41.

David, Paul A. und W. Edward *Steinmueller* (1994): Economics of Compatibility Standards and Competition in Telecommunication Networks, in: Information Economics and Policy 6 (3-4), S. 217-241.

David, Paul A. und Dominique *Foray* (1994): Dynamics of Competitive Technology Diffusion Through Local Network Structures: The Case of EDI Document Standards, in: Loet Leydesdorff und Peter Van den Besselaar (Hg.), Evolutionary Economics and Chaos Theory, London: Pinter, S. 63-78.

Demsetz, Harold (1969): Information and Efficiency: Another Viewpoint, in: Journal of Law and Economics XII (1), S. 1-22.

Denzau, Arthur T. und Douglass C. *North* (1994): Shared Mental Models: Ideologies and Institutions, in: Kyklos 47 (1), S. 3-31.

Dierkes, Meinolf, Ute *Hoffmann* und Lutz *Marz* (1992): Leitbild und Technik, Berlin: Edition Sigma.

Dierkes, Meinolf (Hg.) (1997): Technikgenese. Befunde aus einem Forschungsprogramm, Berlin: Edition Sigma.

Dopfer, Kurt (1991): Toward a Theory of Economic Institutions: Synergy and Path Dependency, in: Journal of Economic Issues XXV (2), S. 535-550.

Dore, Ronald (1997): The Distinctiveness of Japan, in: Colin Crouch und Wolfgang Streeck (Hg.), Political Economy of Modern Capitalism, London et al.: SAGE Publications, S. 19-32.

Dosi, Giovanni (1982): Technological Paradigms and Technological Trajectories, in: Research Policy 11, S. 147-162.

- (1984): Technical Change and Industrial Transformation, New York: St. Martin's Press.

- (1988a): Sources, Procedures, and Microeconomic Effects of Innovation, in: Journal of Economic Literature XXVI (3), S. 1120-1171.

- (1988b): The Nature of the Innovative Process, in: Giovanni Dosi et al., Technical Change and Economic Theory, London: Pinter, S. 221-238.

Dosi, Giovanni und J. Stanley *Metcalfe* (1991): On Some Notions of Irreversibility in Economics, in: P. Paolo Saviotti und J.Stanley Metcalfe (Hg.), Evolutionary Theories of Economic and Technological Change, Chur: Harwood, S. 133-159.

Dosi, Giovanni, Luigi *Marengo* und Giorgio *Fagiolo* (1996): Learning in Evolutionary Environments, Working Paper, International Institute for Applied Systems Analysis (IIASA), Laxenburg (Österreich).

Douglas, Mary (1991): Wie Institutionen denken, Frankfurt/Main: Suhrkamp.

Drösser, Christoph (1997): Der Pfad ins Unglück, DIE ZEIT Nr. 4, 17.1.1997.

The Economist (1995): Big is Back. A Survey of Multinationals, Heft vom 24. Juni 1995.

Eggertsson, Thráinn (1990): Economic Behavior and Institutions, Cambridge, UK: University Press.

Egidi, Massimo und Alessandro *Narduzzo* (1997): The Emergence of Path-dependent Behaviors in Cooperative Contexts, in: International Journal of Industrial Organization 15 (6), S. 677-709.

Eising, Rainer und Beate *Kohler-Koch* (1994): Inflation und Zerfaserung: Trends der Interessenvermittlung in der Europäischen Gemeinschaft, in: Wolfgang Streeck, Staat und Verbände, Opladen: Westdeutscher Verlag, S. 175-206.

Eldredge, Niles und Stephen Jay *Gould* (1972): Punctuated Equilibria: An Alternative to Phyletic Gradualism, in: Thomas J.M. Schopf (Hg.), Models in Paleobiology, San Francisco: Freeman, Cooper & Company, S. 82-115.

Elster, Jon (1989a): The Cement of Society. A Study of Social Order, Cambridge, UK: University Press.

- (1989b): Social Norms and Economic Theory, in: Journal of Economic Perspectives 3 (4), S. 99-117.

Ensminger, Jean (1997): Changing Property Rights: Reconciling Formal and Informal Rights to Land in Africa, in: John N. Drobak und John V.C. Nye (Hg.), The Frontiers of the New Institutional Economics, San Diego et al.: Academic Press, S. 165-196.

Eucken, Walter (1947): Die Grundlagen der Nationalökonomie, 5. Auflage, Godesberg: Verlag Helmut Küpper.

- (1952): Grundsätze der Wirtschaftspolitik, Tübingen: Mohr (Siebeck).

Farrell, Joseph und Garth *Saloner* (1985): Standardization, Compatibility, and Innovation, in: Rand Journal of Economics 16 (1), S. 70-83.

- (1986): Installed Base and Compatibility: Innovation, Product Preannouncements, and Predation, in: American Economic Review 76 (5), S. 940-955.

- (1987): Competition, Compatibility and Standards: The Economics of Horses, Penguins and Lemmings, in: H. Landis Gabel (Hg.), Product Standardization and Competitive Strategy, Amsterdam: North-Holland, S. 1-21.

Foray, Dominique (1997): The dynamic implications of increasing returns: Technological change and path dependent inefficiency, in: International Journal of Industial
Organization 15 (6), S. 733-752.

Frankel, Marvin (1955): Obsolescence and Technological Change in a Maturing Economy, in: American Economic Review 45 (3), S. 296-319.

Galbraith, John Kenneth (1985): The Affluent Society, 4. Aufl., New York: Mentor
Books.

Gardner, Howard (1989): Dem Denken auf der Spur. Der Weg der Kognitionswissenschaft, Stuttgart: Klett-Cotta.

Goodin, Robert E. (1996): Institutions and their Design, in: Ders. (Hg.), The Theory of
Institutional Design, Cambridge, UK: University Press, S. 1-53.

Goodstein, Eban (1995): The Economic Roots of Environmental Decline: Property
Rights or Path Dependence?, in: Journal of Economic Issues XXIX (4), S. 1029-
1043.

Gould, Stephen Jay (1987): The Panda's Thumb of Technology, in: Natural History
1/87, S. 14-23.

- (1994): Zufall Mensch. Das Wunder des Lebens als Spiel der Natur, München: dtv.

Granovetter, Mark (1985): Economic Action and Social Structure: The Problem of Embeddedness, in: American Journal of Sociology 91 (3), S. 481-510.

- (1992): Economic Institutions as Social Constructions: A Framework for Analysis,
in: Acta Sociologica 35 (1), S. 3-11.

Greif, Avner (1994): Cultural Beliefs and the Organization of Society: A Historical and
Theoretical Reflection on Collectivist and Individualist Societies, in: Journal of
Political Economy 102 (5), S. 912-950.

- (1997): On the Interrelations and Economic Implications of Economic, Social,
Political, and Normative Factors: Reflections from Two Late Medieval Societies,
in: Drobak, John N. und John V.C. Nye (Hg.), The Frontiers of the New Institutional Economics, San Diego et al.: Academic Press, S. 57-94.

Greif, Avner und Eugene *Kandel* (1995): Contract Enforcement Institutions: Historical
Perspective and Current Status in Russia, in: Edward P. Lazear (Hg.), Economic
Tansition in Eastern Europe and Russia, Stanford: Hoover Institution Press, S.
291-321.

Groenewegen, John, Frans *Kerstholt* und Ad *Nagelkerke* (1995): On Integrating New
and Old Institutionalism: Douglass North Building Bridges, in: Journal of Economic Issues XXIX (2), S. 467-475.

Gröhn, Andreas (1997): Netzwerkeffekte: eine neue Begründung für die strategische
Handelspolitik? Kieler Arbeitspapiere des Instituts für Weltwirtschaft an der Universität Kiel, Nr. 826.

Grossman, Gregory (1989a): The Second Economy: Boon or Bane for the Reform of the
First Economy? In: Stanislaw Gomulka, Yong Chool Ha und Cae One Kim, Economic Reforms in the Socialist World, Armonk: Sharpe, S. 79-96.

-      (1989b): Informal Personal Incomes and Outlays of the Soviet Urban Population, in: Alejandro Portes, Manuel Castells und Lauren A. Brenton, The Informal Economy, Baltimore und London: The John Hopkins University Press, S. 150-170.

Guinnane, Timothy W. (1994): A Failed Institutional Transplant: Raiffeisen's Credit Cooperatives in Ireland, 1894-1914, in: Explorations in Economic History 31 (1), S. 38-61.

Habermeier, Karl F. (1992): The Learning Curve and Competition. A Stochastic Model of Duopolistic Rivalry, in: International Journal of Industrial Organization 10 (3), S. 369-392.

Hausner, Jerzy, Bob *Jessop* und Klaus *Nielsen* (1995): Strategic Choice and Path-Dependency in Post-Socialism, Aldershot: Edward Elgar.

Hayek, Friedrich August v. (1967): Notes on the Evolution of Systems of Rules of Conduct, in: Ders., Studies in Philosophy, Politics and Economics, London: Routledge & Kegan Paul, S. 66-81.

-      (1969): Der Wettbewerb als Entdeckungsverfahren, in: Ders., Freiburger Studien, Tübingen: Mohr (Siebeck), S. 249-265.

-      (1971): Die Verfassung der Freiheit, Tübingen: Mohr (Siebeck).

-      (1979): Wissenschaft und Sozialismus, Tübingen: Mohr (Siebeck).

-      (1980): Recht, Gesetzgebung und Freiheit, 3 Bände, München: mi-Verlag.

Heiner, Ronald A. (1983): The Origin of Predictable Behavior, in: American Economic Review 83 (4), S. 560-595.

Henttonen, Heikki und Asko *Kaikusalo* (1993): Lemming Movements, in: Nils Chr. Stenseth und Rolf Anker Ims (Hg.), The Biology of Lemmings, London et al.: Academic Press, S. 157-186.

Hodgson, Geoffrey (1988): Economics and Institutions. A Manifesto for a Modern Institutional Economics, Cambridge, UK: Polity Press.

-      (1993a):Institutional Economics: Surveying the 'Old' and the 'New', in: Metroeconomica 44 (1), S. 1-28.

-      (1993b): Economics and Evolution. Bringing Life Back to Economics, Cambridge, UK: Polity Press.

-      (1994): Institutionalism, 'Old' and 'New', in: Hodgson, Geoffrey M., Warren J. Samuels und Marc R. Tool (Hg.), The Elgar Companion to Institutional and Evolutionary Economics, Aldershot: Edward Elgar, Band 1, S. 397-402.

Hirshleifer, Jack (1982): Evolutionary Models in Economics and the Law: Cooperation versus Conflict Strategies, in: Research in Law and Economics 4, S. 1-60.

Holland, John H., Keith J. *Holyoak*, Richard E. *Nisbett* und Paul R. *Thagard* (1986): Induction. Processes of Inference, Learning, and Discovery, Cambridge, Mass.: MIT Press.

Holler, Manfred J. und Jacques-Francois *Thisse*, Hg. (1996): The Economics of Standardization, in: European Journal of Political Economy 12 (2), S. 177-182.

Homans, George C. (1972): Grundfragen soziologischer Theorie, Opladen: Westdeutscher Verlag.

Hughes, Thomas P. (1989): The Evolution of Large Technological Systems, in: Bijker et al. 1989, S. 51-82.

- (1992): The Dynamics of Technological Change: Salients, Critical Problems, and Industrial Revolutions, in: Giovanni Dosi, Renato Giannetti und Pier Angelo Toninelli, Technology and Enterprise in a Historical Perspective, Oxford: Clarendon Press, S. 97-118.

Jervis, Robert (1997): System effects: Complexity in Political and Social Life, Princeton: University Press.

Johnson-Laird, Philip N. (1983): Mental Models, Cambridge, UK: University Press.

Junius, Karsten (1997): Economies of Scale: A Survey of the Empirical Literature, Kieler Arbeitspapiere des Instituts für Weltwirtschaft an der Universität Kiel, Nr. 813.

Kapp, K. William (1976): The Nature and Significance of Institutional Economics, in: Kyklos 29, S. 209-232.

Katz, Michael L. und Carl *Shapiro* (1985): Network Externalities, Competition, and Compatibility, in: American Economic Review 75 (3), S. 424-440.

- (1986a): Technology Adoption in the Presence of Network Externalities, in: Journal of Political Economy 94 (4), S. 822-841.

- (1986b): Product Compatibility Choice in a Market with Technological Progress, in: Oxford Economic Papers 38, S. 146-165.

- (1994): Systems Competition and Network Effects, in: Journal of Economic Perspectives 8 (2), S. 93-115.

Kaufmann, Daniel (1998): Corruption in Transition Economies, in: The New Palgrave Dictionary of Economics and the Law, London und Basingstoke: Macmillan, Band 1, S. 522-539.

Kerber, Wolfgang (1997): Wettbewerb als Hypothesentest: Eine evolutorische Konzeption wissenschaffenden Wettbewerbs, in: Karl von Delhaes und Ulrich Fehl (Hg.), Dimensionen des Wettbewerbs, Stuttgart: Lucius & Lucius, S. 29-78.

Kirsch, Guy (1998): Verantwortung und Solidarität ... wenn sich Ordnung nicht mehr von selbst versteht, in: Ackermann et al., Offen für Reformen? Institutionelle Voraussetzungen für gesellschaftlichen Wandel im modernen Wohlfahrtsstaat, Baden-Baden: Nomos, S. 77-97.

Kiwit, Daniel (1996): Path-Dependence in Technological and Institutional Change – Some Criticisms and Suggestions, in: Journal des Economistes et des Etudes Humaines VII (1), S. 69-93.

Kiwit, Daniel und Stefan *Voigt* (1995): Überlegungen zum institutionellen Wandel unter Berücksichtigung des Verhältnisses interner und externer Institutionen, in: ORDO 46, S. 117-147.

- (1998): The Role and Evolution of Beliefs, Habits, Moral Norms, and Institutions, in: Herbert Giersch (Hg.), Merits and Limits of Markets, Berlin et al.: Springer, S. 83-108.

Klein, Daniel B. (1997): Convention, Social Order, and the two Coordinations, in: Constitutional Political Economy 8 (4), S. 319-335.

Kliemt, Hartmut (1986): Individualism, Libertarianism and Non-Cognitivism, in: Analyse & Kritik 8, S. 211-228.

Knight, Jack (1997): Institutionen und gesellschaftlicher Konflikt, Tübingen: Mohr (Siebeck).

Kobayashi, Bruce H. und Larry E. *Ribstein* (1996): Evolution and Spontaneous Uniformity: Evidence from the Evolution of the Limited Liability Company, in: Economic Inquiry 34 (3), S. 464-483.

Kolodko, Grzegorz W. (1999): Ten Years of Postsocialist Transition: the Lessons for Policy Reforms, The World Bank Development Economics Research Group, Paper Nr. 2095.

König, René (1995): Einleitung, in: Durkheim, Die Regeln der soziologischen Methode, 3. Auflage, Frankfurt am Main: Suhrkamp, S. 21-82.

Krugman, Paul (1994): Peddling Prosperity, New York und London: W.W. Norton.

Kuhn, Thomas (1996): Die Struktur wissenschaftlicher Revolutionen, 13. um das Postscriptum von 1969 erweiterte Auflage, Frankfurt/Main: Suhrkamp.

Kuran, Timur (1988): The Tenacious Past: Theories of Personal and Collective Conservatism, in: Journal of Economic Behavior and Organization 10 (2), S. 143-171.

- (1989): Sparks and Prairie Fires: A Theory of Unanticipated Political Revolution, in: Public Choice 61 (1), S. 41-74.

- (1991): Cognitive Limitations and Preference Evolution, in: Journal of Institutional and Theoretical Economics 147, S. 241-273.

- (1995): Private Truths, Public Lies, Cambridge, Mass.: Harvard University Press.

Lakoff, George (1987): Women, Fire, and Dangerous Things. What Categories Reveal about the Mind, Chicago und London: University of Chicago Press.

Leibenstein, Harvey (1984): On the Economics of Conventions and Institutions: An Exploratory Essay, in: Zeitschrift für die gesamte Staatswissenschaft 140 (1), S. 74-86.

Leipold, Helmut (1996): Zur Pfadabhängigkeit der institutionellen Entwicklung. Erklärungsansätze des Wandels von Ordnungen, in: Dieter Cassel (Hg.), Entstehung und Wettbewerb von Systemen, Berlin: Duncker und Humblot, S. 93-115.

- (1997): Der Zusammenhang zwischen gewachsener und gesetzter Ordnung: Einige Lehren aus den postsozialistischen Reformerfahrungen, in: Dieter Cassel (Hg.), Institutionelle Probleme der Systemtransformation, Berlin: Duncker und Humblot, S. 43-68.

Lewis, David (1975): Konventionen. Eine sprachphilosophische Abhandlung, Berlin und New York: de Gruyter.

Liebowitz, S.J. und S.E. *Margolis* (1990): The Fable of the Keys, in: Journal of Law and Economics, XXXIII (1), S. 1-25.

- (1994): Network Externality: An Uncommon Tragedy, in: Journal of Economic Perspectives 8 (2), S. 133-150.

- (1995a): Are Network Externalities a New Source of Market Failure?, in: Research in Law and Economics 17, S. 1-22.
- (1995b): Path Dependence, Lock-in, and History, in: The Journal of Law, Economics, and Organization, 11 (1), S. 205-226.
- (1997): Why We Write the Title Last: An Overview of Path Dependence, Paper prepared for presentation at George Mason University, 31. März 1997.
- (1998a): Network Effects and Externalities, The New Palgrave Dictionary of Economics and the Law, London und Basingstoke: Macmillan, Band 2, S. 671-674.
- (1998b): Path Dependence, The New Palgrave Dictionary of Economics and the Law, London und Basingstoke: Macmillan, Band 3, S. 17-23.

Lindbeck, Assar (1995): Welfare State Disincentives with Endogenous Habits and Norms, in: Scandinavian Journal of Economics 97 (4), S. 477-494.

Litwack, John M. (1991): Legality and Market Reform in Soviet-Type Economies, in: Journal of Economic Perspectives 5 (4), S. 77-89.

Löchel, Horst (1995): Institutionen, Transaktionskosten und wirtschaftliche Entwicklung: Ein Beitrag zur neuen Institutionenökonomik und zur Theorie von Douglass C. North, Berlin: Duncker & Humblot.

Los, Maria (Hg.)(1990): The Second Economy in Marxist States, London und Basingstoke: Macmillan.

- (1992): From Underground to Legitimacy: The Normative Dilemmas of Post-Communist Marketization, in: Bruno Dallago, Gianmaria Ajani und Bruno Grancelli (Hg.), Privatization and Entrepreneurship in Post-Socialist Countries, New York: St. Martin's Press, S. 111-142.

Lösch, Dieter (1992): Der Weg zur Marktwirtschaft. Eine anwendungsbezogene Theorie der Systemtransformation, in: Wirtschaftsdienst 1992/XII, S. 656-664.

Lukes, Steven (1974): Power: A Radical View, London und Basingstoke: Macmillan.

Lundvall, Bengt-Ake (1992): Introduction, in: Ders. (Hg.), National Systems of Innovation. Towards a Theory of Innovation and Interactive Learning, London: Pinter, S. 1-19.

Mackenzie, Donald A. (1996): Economic and Sociological Explanations of Technological Change, in: Ders., Knowing Machines: Essays on Technical Change, Cambridge, Mass.: MIT Press, S. 49-65.

Maggi, Giovanni (1993): Technology Gap and International Trade: An Evolutionary Model, in: Journal of Evolutionary Economics 3 (2), S. 109-126.

Margolis, Howard (1987): Patterns, Thinking and Cognition. A Theory of Judgment, Chicago und London: University of Chicago Press.

Matsuyama, Kiminori (1997): Economic Development as Coordination Problems, in: Aoki, Masahiko (Hg.), The Role of Government in East Asian Economic Development: Comparative Institutional Analysis, Oxford: Clarendon Press, S. 134-160.

Maynard Smith, John (1990): Spieltheorie und die Evolution von Konfliktstrategien, in: Ulrich Mueller, Evolution und Spieltheorie, München: Oldenbourg, S. 25-28.

Maynard Smith, John und Geoffrey A. *Parker* (1990): Die Logik asymmetrischer Auseinandersetzungen, in: Ulrich Mueller, Evolution und Spieltheorie, München: Oldenbourg, S. 169-198.

Maynard Smith, John und G. R. *Price* (1990): Die Logik des Konflikts, in: Ulrich
Mueller, Evolution und Spieltheorie, München: Oldenbourg, S. 15-23.

Mazzoleni, Roberto (1997): Learning and Path-Dependence in the Diffusion of Innovations: Comparative Evidence on Numerically Controlled Machine Tools, in: Research Policy 26, S. 405-428.

McFaul, Michael (1999): Institutional Design, Uncertainty, and Path Dependency during Transitions: Cases from Russia, in: Constitutional Political Economy 10 (1),
S. 27-52.

Mueller, Dennis C. (1997): First-mover Advantages and Path Dependence, in: International Journal of Industrial Organization 15 (6), S. 827-850.

Müller, Christian (1998): The Veil of Uncertainty Unveiled, in: Constitutional Political
Economy 9 (1), S. 5-17.

Murrell, Peter (1995): The Transition According to Cambridge, Mass., in: Journal of
Economic Literature XXXIII (1), S. 164-178.

Nelson, Richard R. (1995): Recent Evolutionary Theorizing about Economic Change, in:
Journal of Economic Literature XXXIII (1), S. 48-90.

Nelson, Richard R. und Sidney G. *Winter* (1982): An Evolutionary Theory of Economic
Change, Cambridge, Mass. und London: Belknap Press.

Neuber, Alexander (1995): Adapting the Economies of Eastern Europe: Behavioural and
Institutional Aspects of Flexibility, in: Tony Killick (Hg.), The Flexible Economy,
London und New York: Routledge, S. 111-153.

Nielsen, Klaus, Bob *Jessop* und Jerzy *Hausner* (1995): Institutional Change in Post-
Socialism, in: Dies. (Hg.), Strategic Choice and Path-Dependency in Post-
Socialism, Aldershot: Edward Elgar, S. 3-44.

North, Douglass C.: (1989a): Institutional Change and Economic History, in: Journal of
Institutional and Theoretical Economics 145/1, S. 238-245.

-      (1989b): A Transaction Cost Approach to the Historical Development of Polities
and Economies, in: Journal of Institutional and Theoretical Economics 145 (4), S.
661-668.

-      (1990) Institutions, Institutional Change and Economic Performance, Cambridge,
UK: University Press.

-      (1991): Institutions, in: Journal of Economic Perspectives 5 (1), S. 97-112.

-      (1994): Economic Performance Through Time, in: American Economic Review 84
(3), S. 359-368.

-      (1995): Five Propositions about Institutional Change, in: Jack Knight und Itai Se-
ned (Hg.), Explaining Social Institutions, Ann Arbor: University of Michigan
Press, S. 15-26.

- (1996): Economic Performance Through Time: The Limits to Knowledge, Paper prepared for a conference on fundamental limits to knowledge in economics at the Santa Fe Institute, Santa Fe, New Mexico, 31. Juli - 3. August 1996.

- (1997a): The Process of Economic Change, Helsinki: UNU World Institute for Development Economics Research, Working Paper 128.

- (1997b): The Contribution of the New Institutional Economics to an Understanding of the Transition Problem, Helsinki: UNU World Institute for Development Economics Research, Annual Lectures 1.

O'Driscoll, Gerald P. und Mario *Rizzo* (1996): The Economics of Time and Ignorance, New York: Routlegde.

Offe, Claus (1996): Designing Institutions in East European Transitions, in: Robert E. Goodin, The Theory of Institutional Design, Cambridge, UK: University Press, S. 199-226.

Olson, Mancur (1968): Die Logik des kollektiven Handelns, Tübingen: Mohr (Siebeck).

- (1991) Aufstieg und Niedergang von Nationen, 2. Auflage, Tübingen: Mohr (Siebeck).

Ostrom, Elinor (1986): An Agenda for the Study of Institutions, in: Public Choice, 48 (1), S. 3-25.

Parsons, Talcott (1951): The Social System, London: Routledge & Kegan Paul.

Penz, Reinhard (1999): Legitimität und Viabilität. Zur Theorie der institutionellen Steuerung der Wirtschaft, Marburg: Metropolis-Verlag.

Pfeiffer, Günther H. (1988): Kompatibilität und Markt. Ansätze zu einer ökonomischen Theorie der Standardisierung, Baden-Baden: Nomos.

Pickel, Andreas (1993): Authoritarianism or Democracy? Marketization as a Political Problem, in: Policy Sciences 26 (3), S. 139-163.

Pinch, Trevor J. und Wiebe E. *Bijker* (1989): The Social Construction of Facts and Artifacts: Or How the Sociology of Science and the Sociology of Technology Might Benefit Each Other, in: Bijker et al. 1989, S.17-50.

Pistor, Katharina (1998): Transfer of Property Rights in Eastern Europe, in: The New Palgrave Dictionary of Economics and the Law, London und Basingstoke: Macmillan, Band 3, S. 607-617.

Pleines, Heiko (1998): Korruption und Kriminalität im russischen Bankensektor, Berichte des Bundesinstituts für ostwissenschaftliche und internationale Studien (BIOst), Nr. 28/1998.

Popper, Karl Raimund (1965): Das Elend des Historizismus, Tübingen: Mohr.

- (1973): Objektive Erkenntnis. Ein evolutionärer Entwurf, Hamburg: Hoffmann und Campe.

PreText Magazine (1998): 'The PreText Interview: W. Brian Arthur talks to Dominic Gates', auf dem Internet unter http://www.pretext.com/may98/columns/intview.htm, Zugriff am 26.8.1998.

Prigogine, Ilya (1993): Zeit, Entropie und der Evolutionsbegriff in der Physik, in: Walter Zimmerli (Hg.), Klassiker der modernen Zeitphilosophie, Darmstadt: Wissenschaftliche Buchgesellschaft.

Prigogine, Ilya und Isabelle *Stengers* (1993): Dialog mit der Natur. Neue Wege naturwissenschaftlichen Denkens, 7. Auflage, München: Piper.

Putnam, Robert (1993): Making Democracy Work, Princeton: University Press.

Radzicki, Michael J. (1994): Chaos Theory and Economics, in: Geoffrey M. Hodgson, Warren J. Samuels und Marc R. Tool (Hg.), The Elgar Companion to Institutional and Evolutionary Economics, Aldershot: Edward Elgar, Band 1, S. 42-50.

Rawls, John (1971): A Theory of Justice, Cambridge, Mass.: Harvard University Press.

Richter, Rudolf und Eirik *Furubotn* (1996): Neue Institutionenökonomik. Eine Einführung und kritische Würdigung, Tübingen: Mohr (Siebeck).

Ricken, Friedo (1989): Allgemeine Ethik, 2. Auflage, Stuttgart et al.: Kohlhammer.

Rieck, Christian (1993): Spieltheorie. Einführung für Wirtschafts- und Sozialwissenschaftler, Wiesbaden: Gabler.

Roe, Mark J. (1996): Chaos and Evolution in Law and Economics, in: Harvard Law Review 109, S. 641-668.

Röpke, Jochen (1987): Möglichkeiten und Grenzen der Steuerung wirtschaftlicher Entwicklung in komplexen Systemen, in: Manfred Borchert, Ulrich Fehl und Peter Oberender (Hg.), Markt und Wettbewerb, Bern und Stuttgart: Paul Haupt, S. 227-243.

Rosenberg, Nathan (1982): Inside the Black Box: Technology and Economics, Cambridge, UK: University Press.

-       (1994): Exploring the Black Box; Technology, Economics, and History, Cambridge, UK: University Press.

-       (1996): Uncertainty and Technological Change, in: Ralph Landau (Hg.), The Mosaic of Economic Growth, Stanford: University Press, S. 334-353.

Rowe, Nicholas (1989): Rules and Institutions, New York et al.: Philip Allan.

Rubin, Paul (1998): Legal Reform in Eastern Europe, in: The New Palgrave Dictionary of Economics and the Law, London und Basingstoke: Macmillan, Band 2, S. 549-559.

Rubio, Mauricio (1997): Perverse Social Capital – Some Evidence from Columbia, in: Journal of Economic Issues XXXI (3), S. 805-816.

Rutherford, Malcolm (1989): What is Wrong with the New Institutional Economics (and what is still Wrong with the Old)?, in: Review of Political Economy 1, S. 299-318.

-       (1996): Institutions in Economics. The Old and the New Institutionalism, Cambridge, UK: University Press.

Sachs, Jeffrey (1993): Poland's Jump to the Market Economy, Cambridge, Mass.: MIT Press.

Sachverständigenrat (1993): Zeit zum Handeln – Antriebskräfte stärken, Sachverständigenrat zur Begutachtung der Gesamtwirtschaftlichen Entwicklung, Jahresgutachten 1993/94, Stuttgart: Metzler-Poeschel.

Schelling, Thomas (1960): The Strategy of Conflict, London : Oxford University Press.

- (1978): Micromotives and Macrobehavior, New York und London: W.W. Norton.

Schotter, Andrew (1981): The Economic Theory of Social Institutions, Cambridge, UK: University Press.

Schüller, Alfred (1992): Ansätze einer Theorie der Transformation, in: ORDO 43, S. 35-63.

Scott, John (1995): Sociological Theory. Contemporary Debates, Aldershot: Edward Elgar.

Setterfield, Mark (1993): A Model of Institutional Hysteresis, in: Journal of Economic Issues, Vol XXVII (3), S. 755-774.

Shackle, George L. S. (1961): Decision, Order and Time in Human Affairs, Cambridge, UK: University Press.

- (1990): Time and Choice, in: J.L. Ford (Hg.), Time, Expectations and Uncertainty in Economics, Selected Essays of G.L.S. Shackle, Aldershot: Edward Elgar, S. 28-48.

Simis, Konstantin M. (1982): USSR: The Corrupt Society, New York: Simon and Schuster.

Simon, Herbert A. (1962): The Architecture of Complexity, in: Proceedings of the American Philosophical Society 106 (6), S. 467-482.

- (1979): From Substantive to Procedural Rationality, in: Frank Hahn und Martin Hollis (Hg.), Philosophy and Economic Theory, Oxford, UK: Oxford University Press, S.65-86.

- (1982): Economics and Psychology, in: Ders. (Hg.), Models of Bounded Rationality, Bd. 2, Behavioral Economics and Business Organization, Cambridge, Mass.: MIT Press, S. 715-752.

- (1987): Rationality in Psychology and Economics, in: Robin M. Hogarth und Melvin W. Reder (Hg.), Rational Choice. The Contrast between Economics and Psychology, Chicago und London: University of Chicago Press, S. 25-40.

Snooks, Graeme Donald (1993): What can Historical Analysis Contribute to the Science of Economics?, in: Ders. (Hg.), Historical Analysis in Economics, London und New York: Routledge, S. 1-25.

Stahl, Silke (1998): An Evolutionary Perspective in Transition Theory, Max-Planck-Institut zur Erforschung von Wirtschaftssystemen, Papers on Economics and Evolution, Nr. 9804, Jena.

Stark, David (1992): Path Dependence and Privatization Strategies in East Central Europe, in: East European Politics and Societies 6 (1), S. 17-54.

- (1995): Not by Design: The Myth of Designer Capitalism in Eastern Europe, in: Hausner et al. 1995, S. 67-83.

Stark, David und László *Bruszt* (1998): Postsocialist Pathways, Cambridge, UK: University Press.

Streit, Manfred E. (1991): Theorie der Wirtschaftspolitik, 4. Auflage, Düsseldorf: Werner-Verlag.

Sugden, Robert (1986): The Economics of Rights, Co-operation and Welfare, Oxford (UK): Basil Blackwell.

- (1989): Spontaneous Order, in: Journal of Economic Perspectives 3 (4), S. 85-97.

- (1995): Normative Judgments and Spontaneous Order: The Contractarian Element in Hayek's Thought, in: Constitutional Political Economy 4 (3), S. 393-424.

- (1998): Conventions, in: The New Palgrave Dictionary of Economics and the Law, London und Basingstoke: Macmillan, Band 1, S. 453-460.

Sutton, John (1994): History Matters. So What?, in: Journal of the Economics of Business 1 (1), S. 41-44.

Swaan, Wim und Maria *Lissowska* (1996): Capabilities, Routines, and East European Economic Reform: Hungary and Poland before and after the 1989 Revolutions, in: Journal of Economic Issues XXX (4), S. 1031-1056.

Sztompka, Piotr (1993): Civilizational Incompetence: The Trap of Post-Communist Societies, in: Zeitschrift für Soziologie 22 (2), S. 85-95.

Thum, Marcel (1994): Möglichkeiten und Grenzen staatlicher Standardsetzung, in: Homo oeconomicus XI (3), München: ACCEDO Verlagsgesellschaft, S. 465-499.

Tietzel, Manfred (1994): Einleitung: Von Schreibmaschinen, Lemmingen und verärgerten Waisen, Homo oeconomicus XI (3), München: ACCEDO Verlagsgesellschaft, S. 340-347.

Tollison, Robert D. und Roger D. *Congleton* (Hg.) (1995): The Economic Analysis of Rent Seeking, Aldershot: Edward Elgar.

Tool, Marc (1990): An Institutionalist View of the Evolution of Economic Systems, in: Dopfer, Kurt und Karl-F. Raible (Hg.), The Evolution of Economic Systems, London und Basingstoke: Macmillan, S. 165-174.

Tversky, Amos und Daniel *Kahnemann* (1987): Rational Choice and the Framing of Decisions, in: Robin M. Hogarth und Melvin W. Reder (Hg.), Rational Choice. The Contrast Between Economics and Psychology, Chicago und London: University of Chicago Press.

Ullmann-Margalit, Edna (1977): The Emergence of Norms, Oxford: Clarendon Press.

Vanberg, Viktor J. (1975): Die zwei Soziologien. Individualismus und Kollektivismus in der Sozialtheorie, Tübingen: Mohr (Siebeck).

- (1981): Liberaler Evolutionismus oder vertragstheoretischer Konstitutionalismus? Zum Problem institutioneller Reformen bei F.A. von Hayek und J.M. Buchanan, Tübingen: Mohr (Siebeck).

- (1988): 'Ordnungstheorie' as Constitutional Economics – The German Conception of a 'Social Market Economy', in: ORDO 39, S. 17-31.

- (1993): Rational Choice, Rule-Following and Institutions. An Evolutionary Perspective, in: Uskula Mäki, Bo Gustafson und Christian Knudsen, Rationality, Institutions and Economic Methodology, London und New York: Routledge, S. 171-200.

- (1994a): Rules and Choice in Economics, London und New York: Routledge.

- (1994b): Cultural Evolution, Collective Learning, and Constitutional Design, in: David Reisman (Hg.), Economic Thought and Political Theory, Boston: Kluwer, S. 171-204.

- (1994c): Kulturelle Evolution und die Gestaltung von Regeln, Tübingen: Mohr (Siebeck).

- (1996a): Ökonomische Rationalität und politische Opportunität. Zur praktischen Relevanz der Ordnungsökonomie, Schriftenreihe des Max-Planck-Instituts zur Erforschung von Wirtschaftssystemen, Heft 8, Jena.

- (1996b): Korreferat zum Referat von Helmut Leipold, in: Dieter Cassel (Hg.), Entstehung und Wettbewerb von Systemen, Berlin: Duncker und Humblot, S. 117-121.

- (1996c): Institutional Evolution Within Constraints, in: Journal of Institutional and Theoretical Economics 152 (4), S. 690-696.

- (1997): Die normativen Grundlagen von Ordnungspolitik, in: ORDO 48, S. 707-726.

- (1998): Konstitutionelle Ökonomik, Ethik und Ordnungspolitik, in: Ackermann et al. (Hg.), Offen für Reformen? Institutionelle Voraussetzungen für gesellschaftlichen Wandel im modernen Wohlfahrtsstaat, Baden-Baden: Nomos, S. 99-119.

- (1999): Die Akzeptanz von Institutionen, in: Wilhelm Korff et al. (Hg.), Handbuch der Wirtschaftsethik, Gütersloher Verlagshaus.

Vanberg, Viktor J. und Roger D. *Congleton* (1992): Rationality, Morality, and Exit, in: American Political Science Review 86 (2), S. 418-431.

Vanberg, Viktor J. und *Buchanan*, James M. (1994a): Interests and Theories in Constitutional Choice, in: Vanberg 1994a, S. 167-177.

- (1994b): Constitutional Choice, Rational Ignorance and the Limits of Reason, in: Vanberg 1994a, S. 178-191.

Vincenti, Walter G. (1994): The Retractable Airplane Landing Gear and the Northrop 'Anomaly': Variation-Selection and the Shaping of Technology, in: Technology and Culture 35, S. 1-33.

Voigt, Stefan und Daniel *Kiwit* (1995): Black Markets, Mafiosi and the Prospects for Economic Development in Russia – Analyzing the Interplay of External and Internal Institutions, Max-Planck-Institut zur Erforschung von Wirtschaftssystemen, Diskussionsbeitrag 05-95, Jena.

Vromen, Jack (1995): Economic Evolution. An Enquiry into the Foundations of New Institutional Economics, London und New York: Routledge.

Waddington, Conrad H. (1970): Der gegenwärtige Stand der Evolutionsbiologie, in: Koestler, Arthur (Hg.), Das neue Menschenbild: Die Revolutionierung der Wissenschaften vom Leben, Wien: Molden, S. 342-356.

Wangenheim, Georg v. (1995): Die Evolution von Recht. Ursachen und Wirkungen häufigkeitsabhängigen Verhaltens in der Rechtsfortbildung, Tübingen: Mohr (Siebeck).

Wärneryd, Karl (1990a): Economic Conventions. Essays in Institutional Evolution, Stockholm: Economic Research Institute.

- (1990b): Conventions: An Evolutionary Approach, in: Constitutional Political Economy 1 (3), S. 83-107.

Weiner, Jonathan (1994): Der Schnabel des Finken oder der kurze Atem der Evolution: was Darwin noch nicht wußte, München: Droemer Knaur.

Williams, Thomas Rhys (1983): Socialization, Englewood Cliffs: Prentice-Hall.

Williamson, Oliver E. (1987): The Economic Institutions of Capitalism, New York und London: The Free Press.

- (1993): Transaction Cost Economics and Organization Theory, in: Ders. (Hg.), Organization Theory: From Chester Barnard to the Present and Beyond, Oxford: University Press, S. 107-156.

Witt, Ulrich (1986): Evolution and Stability of Cooperation without Enforcable Contracts, in: Kyklos 39 (2), S. 245-266.

- (1987): Individualistische Grundlagen der evolutorischen Ökonomik, Tübingen: Mohr (Siebeck).

- (1988): Eine individualistische Theorie der Entwicklung ökonomischer Institutionen, in: Jahrbuch für Neue Politische Ökonomie 7, S. 72-95.

- (1992): The Endogenous Public Choice Theorist, in: Public Choice 73 (1), S. 117-129.

- (1993): Path-dependence in Institutional Change, Papers on Economics and Evolution der European Study Group for Evolutionary Economics (ESGEE), Nr. 9306.

- (1996): Moral Norms and Rationality within Populations: An Evolutionary Theory, in: José Casas Pardo und Friedrich Schneider (Hg.), Current Issues in Public Choice, Aldershot: Edward Elgar, S. 237-256.

- (1997): 'Lock-in' vs. 'Critical Masses' – Industrial Change under Network Externalities, in: International Journal of Industrial Organization 15 (6), S. 753-773.

Zimbardo, Philip G. (1995): Psychologie, Berlin et al.: Springer.

Personenregister

Sachregister

Die Einheit der Gesellschaftswissenschaften
Alphabetische Übersicht

Dölken, Clemens: Katholische Sozialtheorie und liberale Ökonomik. 1992. *Band 77.*

Downs, Anthony: Ökonomische Theorie der Demokratie. Hrsg. von R. Wildenmann. 1968. *Band 8.*

Eckardt, Martina: Technischer Wandel und Rechtsevolution. 2001. *Band 118.*

Eidenmüller, Horst: Effizienz als Rechtsprinzip. 1995, [2]1998. *Band 90.*

Engel, Gerhard: Zur Logik der Musiksoziologie. 1990. *Band 62.*

Erdmann, Georg: Elemente einer evolutorischen Innovationstheorie. 1993. *Band 80.*

Eschenburg, Rolf: Der ökonomische Ansatz zu einer Theorie der Verfassung. 1977. *Band 21.*

Esser, Hartmut: Alltagshandeln und Verstehen. 1991. *Band 73.*

Falkinger, Josef: Sättigung. 1985. *Band 44.*

Fleischmann, Gerd: Nationalökonomie und sozialwissenschaftliche Integration. 1966. *Band 5.*

Franck, Egon: Künstliche Intelligenz. 1991. *Band 70.*

Funk, Patricia: Kriminalitätsbekämpfung. 2001. *Band 121.*

Gadenne, Volker: Theorie und Erfahrung in der psychologischen Forschung. 1984. *Band 36.*

Gahlen, Bernhard: Der Informationsgehalt der neoklassischen Wachstumstheorie für die Wirtschaftspolitik. 1972. *Band 12.*

Geismann, Georg: Ethik und Herrschaftsordnung. 1974. *Band 14.*

Gerecke, Uwe: Soziale Ordnung in der modernen Gesellschaft. 1998. *Band 103.*

Grün, O.: siehe *Witte, E.*

Hauschildt, J.: siehe *Witte, E.*

Homann, Karl: Die Interdependenz von Zielen und Mitteln. 1980. *Band 27.*

– Rationalität und Demokratie. 1988. *Band 57.*

Hutter, Michael: Die Produktion von Recht. 1989. *Band 60.*

Jones, Eric Lionel: Das Wunder Europa. 1991. *Band 72.*

Kaufmann, Walter: Tragödie und Philosophie. 1980. *Band 26.*

Keuth, Herbert: Wissenschaft und Werturteil. 1989. *Band 59.*

– Erkenntnis oder Entscheidung. 1993. *Band 82.*

Kirchgässner, Gebhard: Homo oeconomicus. 1991, _2000. *Band 74.*

Knight, Jack: Institutionen und gesellschaftlicher Konflikt. 1997. *Band 99.*

Koboldt, Christian: Ökonomik der Versuchung. 1995. *Band 87.*

Kobler, Markus: Der Staat und die Eigentumsrechte. 2000. *Band 110.*

Kuran, Timur: Leben in Lüge. 1997. *Band 100.*

Ladeur, Karl-Heinz: Negative Freiheitsrechte und gesellschaftliche Selbstorganisation. 2000. *Band 114.*

Leker, Jens: Die Neuausrichtung der Unternehmensstrategie. 2000. *Band 115.*

Lübbe, Weyma: Legitimität kraft Legalität. 1991. *Band 67.*

Luig, Rainer: Vermögenspolitik in der Wettbewerbswirtschaft. 1980. *Band 30.*

Malewski, Andrzej: Verhalten und Interaktion. 1967, ²1977. *Band 6.*

Mark, Michael: Psychische Mechanismen und sozialwissenschaftliche Erklärung. 2001. *Band 117.*

Mettenheim, Christoph von: Recht und Rationalität. 1984. *Band 35.*

Neumann, Manfred: Zukunftsperspektiven im Wandel. 1990. *Band 66.*

North, Douglass C.: Theorie des institutionellen Wandels. 1988. *Band 56.*

– Institutionen, institutioneller Wandel und Wirtschaftsleistung. 1992. *Band 76.*

Olson, Mancur: Die Logik des kollektiven Handelns. 1968, ⁴1998. *Band 10.*

– Aufstieg und Niedergang von Nationen. 1985, ²1991. *Band 42.*

– Umfassende Ökonomie. 1991. *Band 68.*

Ostrom, Elinor: Die Verfassung der Allmende. 1999. *Band 104.*

Opp, Karl-Dieter: Die Entstehung sozialer Normen. 1983. *Band 33.*

Pähler, Klaus: Qualitätsmerkmale wissenschaftlicher Theorien. 1986. *Band 43.*

Petersen, Thomas: Individuelle Freiheit und allgemeiner Wille. 1996. *Band 93.*

Pies, Ingo: Normative Institutionenökonomik. 1993. *Band 78.*

– Ordnungspolitik in der Demokratie. 2001. *Band 116.*

Pöttker, Horst: Entfremdung und Illusion. 1996. *Band 95.*

Pommerehne, Werner W.: Präferenzen für öffentliche Güter. 1987. *Band 50.*

Popper, Karl R.: Das Elend des Historizismus. 1965, ⁶1987. *Band 3.*

– Logik der Forschung. 1934, ¹⁰1994. *Band 4.*

– Die beiden Grundprobleme der Erkenntnistheorie. 1979, ²1994. *Band 18.*

– Vermutungen und Widerlegungen. Teilband 1: Vermutungen. 1994. *Band 86.*

– Vermutungen und Widerlegungen. Teilband 2: Widerlegungen. 1997. *Band 97.*

Radnitzky, G. und *Andersson, G.* (Hrsg.): Fortschritt und Rationalität der Wissenschaft. 1980. *Band 24.*

– Voraussetzungen und Grenzen der Wissenschaft. 1981. *Band 25.*

Rese, Mario: Anbietergruppen in Märkten. 2000. *Band 112.*

Ribhegge, Hermann: Grenzen der Theorie rationaler Erwartungen. 1987. *Band 49.*

Ripperger, Tanja: Ökonomik des Vertrauens. 1998. *Band 101.*

Röpke, Jochen: Die Strategie der Innovation. 1977. *Band 19.*

Schewe, Gerhard: Strategie und Struktur. 1998. *Band 102.*

Schluchter, Wolfgang: Die Entwicklung des okzidentalen Rationalismus. 1979. *Band 23.*

Schmidt-Trenz, Hans-Jörg: Die Logik kollektiven Handelns bei Delegation. 1996. *Band 94.*

Schrader, Stephan: Spitzenführungskräfte, Unternehmensstrategie und Unternehmenserfolg. 1995. *Band 89.*

Schultz, Theodore W.: In Menschen investieren. 1987. *Band 45.*

Siegenthaler, Hansjörg: Regelvertrauen, Prosperität und Krisen. 1993. *Band 81.*

Sinn, Hans-Werner: Ökonomische Entscheidungen bei Ungewißheit. 1980. *Band 28.*

Söllner, Albrecht: Die Schmutzigen Hände. 2000. *Band 113.*

Suchanek, Andreas: Ökonomischer Ansatz und theoretische Integration. 1994. *Band 84.*

– Normative Umweltökonomik. 2000. *Band 111.*

Sukale, Michael: Denken, Sprechen und Wissen. 1988. *Band 55.*

Tietzel, Manfred: Wirtschaftstheorie und Unwissen. 1985. *Band 39.*

Vanberg, Viktor: Die zwei Soziologien. 1975. *Band 17.*

– Markt und Organisation. 1982. *Band 31.*

Vetter, Hermann: Wahrscheinlichkeit und logischer Spielraum. 1967. *Band 7.*

Vieler, Alexander: Interessen, Gruppen und Demokratie. 1986. *Band 41.*

Wangenheim, Georg von: Die Evolution von Recht. 1995. *Band 88.*

Watkins, John W.: Freiheit und Entscheidung. 1978. *Band 20.*

– Wissenschaft und Skeptizismus. 1992. *Band 75.*

Watrin, Chr.: siehe *Brennan, Geoffrey.*

Weede, Erich: Wirtschaft, Staat und Gesellschaft. 1990. *Band 63.*

Wegner, Gerhard: Wohlfahrtsaspekte evolutorischen Marktgeschehens. 1991. *Band 69.*

Wendel, Hans Jürgen: Moderner Relativismus. 1990. *Band 61.*

Wessling, Ewald: Individuum und Information. 1991. *Band 71.*

Wieland, Josef: Ökonomische Organisation, Allokation und Status. 1996. *Band 92.*

Wildenmann, R.: siehe *Downs, Anthony.*

Williamson, Oliver E.: Die ökonomischen Institutionen des Kapitalismus. 1990. *Band 64.*

Witt, Ulrich: Individualistische Grundlagen der evolutorischen Ökonomik. 1987. *Band 47.*

Witte, E., Hauschildt, J. und *Grün, O.* (Hrsg.): Innovative Entscheidungs-prozesse. 1988. *Band 58.*

Wüstemann, Jens: Institutionenökonomik und internationale Rechnungslegungsordnungen. 2001. *Band 119.*

Einen Gesamtkatalog erhalten Sie gerne vom Verlag Mohr Siebeck, Postfach 2040, D-72010 Tübingen.